朱小蔓——著

第一卷 道德与价值观教育

朱小蔓文集

北京师范大学出版集团
BEIJING NORMAL UNIVERSITY PUBLISHING GROUP
北京师范大学出版社

《朱小蔓文集》
顾问、编委会与工作组成员名单

（按姓氏拼音排序）

顾问：
顾明远 王湛

编委会主任：
朱旭东

编委会成员：
黄　斌　李　琼　刘贵华　缪建东
宋　萑　吴　姗　朱小棣

工作组成员：
戴联荣　丁锦宏　侯晶晶　李亚娟
廖　伟　刘次林　刘　慧　刘正伟
马多秀　裴　淼　王　慧　王　坤
王　平　王善峰　袁　丽　张华军
钟晓琳　朱　曦

总序一

朱小蔓同志是一位燃烧自己生命谱写教育诗篇的优秀教育家。她一生经历多个教育岗位，在每个岗位上都为教育事业做出了卓越的贡献。

小蔓同志是一位杰出的教师。她先后在安徽师范大学、南京铁道医学院（已并入东南大学）、南京师范大学、北京师范大学执教，40余年的职业生涯从来没有离开她挚爱的教书育人岗位。她在担任行政领导工作的30多年间，始终坚持"双肩挑"；她在生命的最后岁月，重病在床，仍念念不忘为前来探视的学生指导学业，帮助他们联系就业。她以深厚的学养传道、授业、解惑；更以博大的爱心、高尚的师德和富有魅力的人格为许许多多学生树立了人生的榜样。

小蔓同志是一位优秀的教育工作领导干部。她先后担任过南京师范大学副校长、中央教育科学研究所所长兼党委书记、联合国教科文组织国际农村教育研究与培训中心主任、中国陶行知研究会会长等职。她担任南京师范大学副校长期间，正值全国高校大扩招。在学校扩招、基础建设轰轰烈烈、学校办学规模急剧扩张之际，小蔓同志分管学校教学科研工作，以"咬定青山不放松"的执着精神，潜心抓内涵建设，为南京师范大学这所百年名校巩固提高教学科研水平贡献甚大。2002年，她奉调进京，出任中央教育科学研究所所长兼党委书记。任职5年间，她团结带领全所同志，凝心聚力，坚持为教育部决策服务、为基层学校教育教学改革服务的宗旨，强化科研工作的中心地位，创建中国教育科学论坛、校长发展学校等新的工作平台，成立博士后科研工作站，壮大专业队伍，使中央教育科学研究所的工作领域有了新的拓展，服务效能得到空前提升。 她提出的"求真、笃行、弘道、创新"的所训，成为全所同志的共同追求和践行、恪守的工作精神。 小蔓同志 2005 年起担任中国陶行知研究会会长，长达 15 年。此间她身患重病屡次住院手术治疗，但她仍一如既往地全身心投入工作。 丰富多彩的学陶研陶活动的开展，推动广大基层学校传承行知思想，弘扬行知精神，把学陶研陶与深化教育教学改革、发展素质教育生动结合起来。 她领导的中国陶行知研究会的工作，在教育社团参与改革发展中堪称典范。 小蔓同志当领导干部，极具亲和力。 她以身作则，勇于担当；她平等待人，从无倨傲之色；她乐于倾听，善于集众人智慧；她急人之所急，乐于助人；她一尘不染，清风正气浩然。她令人亲近，更令人敬重。

小蔓同志是一位学养深厚、成就卓著的学者。 她在东南大学完成硕士研究生学业期间，师从著名伦理学家王育殊先生与著名哲学家萧焜焘先生；她的博士生导师是著名的教育学家鲁洁先生。 20 世纪 90 年代，她曾赴莫斯科大学做访问学者，得到国际知名学者阿·依·吉塔连柯教授等的指导。 她的专业基础宽厚扎实。 1986 年，小蔓同志立足自己从事的教育事业，融汇自己对教育学、哲学、伦理学等多个学科学习钻研的所得，确定将情感教育作为自己的研究方向。 这是一个全新的领域。 她在这个领域里跋涉攀登 30 余年，全方位地建构了情感教育体系，并将情感教育与道德教育、教师教育有机结合，开展了广泛的实验推广工作。 小蔓同志是学界公认的我国情感教育研究的开拓者和引领者。

汇集小蔓同志学术成果的《朱小蔓文集》，经小蔓同志女儿吴姗、女婿黄斌和多位一直追随小蔓的弟子们辛勤收集整理，后期将由北京师范大学出版社出版。 这部文集的出版寄托了小蔓同志亲人和弟子对她的深切怀念，也向我们集中展示了小蔓同志卓越的学术成就。

《朱小蔓文集》共七卷。前三卷①收集的学术论文是从她 200 多篇论文中遴选出来的，是她在道德教育、情感教育、教师教育三个领域的主要研究成果。第四卷是她的博士学位论文《情感教育论纲》②，这是她的代表作。这篇论纲对情感教育做了系统研究，尤其对情感的发生机制、情感教育的内在过程做了开创性的研究，确立了她在这个领域的开拓者的学术地位。第五卷《教育的问题与挑战》③，是她和自己的研究生们通过对话的方式开展教学形成的一本对话体著作，用海内外前沿的教育理论探讨我国教育领域的问题。这本书的单行本多次印刷，深受读者喜爱。第六卷《与世界著名教育学者对话》④，记录了小蔓同志与世界多位知名学者的专业性对话，话题丰富，观点多元。学者们话语风格多样，他们对教育问题的思考判断启发我们深思。第七卷《情感德育论》⑤是小蔓同志从情感的视角对德育做出的系统论述。她从情感理解道德和用情感涵育道德的思想，是她教育研究重要而且富有光彩的成果。

《朱小蔓文集》丰富厚重的成果不仅让我们领略到小蔓同志卓越的学术造诣，还让我们感受到她勤奋刻苦的治学精神。小蔓同志进入学术研究领域的时间是比较晚的。她 41 岁硕士毕业，45 岁博士毕

---

①②③④⑤ 《朱小蔓文集》第一、二、三卷是在北京师范大学出版社于 2012 年出版的《关注心灵成长的教育：道德与情感教育的哲思》基础上进行的修订与充实；第四卷是在《情感教育论纲》第三版基础上进行的修订，该书第一版由南京出版社于 1993 年出版，第二版由人民出版社于 2007 年出版，第三版由南京师范大学出版社于 2019 年出版；第五卷是在《教育的问题与挑战——思想的回应》基础上进行的修订，该书由南京师范大学出版社于 2000 年出版；第六卷是在《与世界著名教育学者对话（第一辑）》基础上进行的修订，该书由教育科学出版社于 2014 年出版；第七卷是在《情感德育论》基础上进行的修订，该书由人民教育出版社于 2005 年出版。

业，20 世纪 90 年代初开始发表学术论文，到 2020 年去世，学术生涯大致 30 年。 而在这 30 年里，她绝大多数时间是"双肩挑"的，肩负着行政领导工作。 她一肩挑着的行政工作担子之重，平常人全力以赴亦难承受。 而她另一肩挑着教学科研的担子，其中教学的分量同样不轻。 她的教学风格是常与学生在一起，互相讨论，有问必答，答必周详，费时定然不少。 而在近 20 年间，她还主编或参与编写过几套中小学德育教材。 对于现在正在全国统一使用的初中道德与法治教材，她是总主编。 当然，她的这些工作与她的研究是有联系的，但是忙完这些工作，留下给她做研究、撰写学术论著的时间就不多了。 与专业科研工作者相比，她做科研的时间可以说是很少的。 但是，小蔓同志却进行了如此深入广泛的研究，留下如此丰厚的学术成果。 这背后必定有超常的辛勤工作、超常的夙兴夜寐。 小蔓同志治学的刻苦与坚强令人感动。

《朱小蔓文集》荟萃了小蔓同志 30 余年丰硕的研究成果，展示了她可贵的学术品格和学术特征。

以情感之眼看教育，形成了小蔓同志学术思想的鲜明标识。 她的研究涉猎的教育领域很广，不散杂，放得开，收得拢，其中情感是统摄。 有学者评价她是以情感之眼看教育，我是很赞同的。 小蔓同志追溯情感思维学说在中国传统文化中的源流，从脑科学、心理科学角度探究情感发生的机理机制，从教育的实践活动角度剖析情感的育人功能和育人特征。 她在总结自己的学术道路时说她自己一直把情感教育看成一个辐射教育活动全域、全程的理论和实践问题。 于是，她透过情感之眼对教育的全域、全程进行观察、思考和阐释。 这种观察、思考和阐释是广泛的、深刻的；是理性的、睿智的，又是满怀深情的。 小蔓同志的情感之眼聚焦学生成长和发展的全域、全程；她的情感之眼中满含着期盼学生健康成长的真挚情感。这种情感是小蔓同志学术研究的动力、学术思想的灵魂。以情感之眼看教育也成为小蔓同志学术思想的光彩夺目的标识。

学术研究与育人实践紧密结合，赋予了小蔓同志学术事业蓬勃的生命力。小蔓同志从来就不是埋头书斋的学究，她是一位在教育改革发展大潮中奋力搏击、锐意进取的教育家。她的学术研究立身风起云涌的时代，扎根在世纪之交中国大地生机盎然的教育实践之中。小蔓同志一直强调她情感教育研究的灵感来自她从事的教育工作实践，情感教育的理论与模式与她总结提炼江苏和华东地区素质教育的典型经验密切关联。世纪之交开启的我国第八次基础教育课程改革是我国基础教育领域一项意义重大、影响深远的变革。这次课程改革将培育学生正确的情感、态度和价值观，同让学生获得基础知识与基本技能、形成正确的学习过程与方法作为课程的三维目标。这让小蔓同志获得了情感教育研究新的灵感，明确了研究的新任务，更加坚定了研究的信心。她积极参与基础教育新课程方案及有关学科课程标准的研制和新教材的编写工作，指导新课程的实施。她把指导新课程实施和开展情感教育实验结合起来，在南通田家炳中学、北京中学、海安市实验小学等学校开展"教师情感表达与师生关系建构""情感交往课堂"等教学实验。小蔓同志经常深入这些学校，走进校园，走进教室，和校长、教师研究讨论，和学生交流互动。这些实验推动了学校新课程的实施，推动了学校育人方式的变革。小蔓同志的情感教育理论在这些富有创造性的生机勃勃的教育实验中发挥了重要的指导作用，也得到了新的拓展和升华。

视野开阔，包容汇通，显示了小蔓同志学术研究的宽广胸怀。情感教育涉及多个学科，涵盖教育全程。小蔓同志谦虚好学，思想开放。 她学术基础宽厚，融合多学科思想构建情感教育的理论框架；她汲取基层学校丰富生动的典型经验，探索情感教育实施的路径。 她在与国内同行深入的交流研讨以及与一届又一届学生的教学互动中，锤炼提升自己的学术思想。 她与多个国家的学者开展合作交流，借鉴国际教育经验，讲述中国教育故事，赢得了国际声誉。 小蔓同志转益多师，开放包容，善于传承借鉴。 有此宽广胸怀，方能守正创新，开辟新路径，攀登新高度。

为人与为学的高度统一造就了小蔓同志学术生涯的崇高境界。 小蔓同志对教育事业充满爱心，满怀激情。 与她相处过的人，无论是她的同事、学生，还是她深入基层学校指导过的校长、教师和学生，都对她的认真务实、谦虚热情、坦诚善良深表敬佩。 小蔓同志的高尚人品在她的学术研究中得到充分的体现。 她全身心地教诲指导学生，她无保留地与同行学者坦诚交流，她不辞辛劳奔走各地倾心倾力指导基层学校的改革实验。 她数十年执着坚持以情感之眼观察教育、思考教育、研究教育，创建情感教育理论，实践情感教育思想，促进青少年学生健康成长、全面发展。 她满怀大爱之心，春蚕吐丝尽，蜡炬泪滴干，将自己的一生奉献给了教育事业。 2014 年 5 月，小蔓同志化疗期间抱病到一所小学做情感教育的学术报告。 她深情地说，近代实业家、教育家张謇对学者提出的要求就是"道德优美，学术纯粹"，这是何等美好的一种希冀！ "道德优美、学术纯粹"，这是小蔓同志崇尚的学者为人与为学的至高境界，也是她自己追求的境界。 她在自己几十年的学术生涯中，坚持为人与为学的高度统一，一身正气做人，锲而不舍治学，将自己铸造成道德优美、学术纯粹的学者，登临了为人治学的至高境界。

《朱小蔓文集》在小蔓同志逝世三周年之际编辑出版，是对她最好的纪念。 我和小蔓同志在 30 多年前就有工作上的联系和合作,当时我们都在江苏工作。 2002 年她到中央教育科学研究所工作时,我在教育部任副部长,分管中央教育科学研究所工作。 这样我们的联系和合作就更多了。 她是一位优秀的同事,也是一位令我敬重的教育家。 应小蔓同志女儿吴姗、女婿黄斌之约,我为《朱小蔓文集》作序,借此表达对小蔓同志的怀念和敬意。

小蔓同志燃烧生命谱写的教育诗篇,写在她多个工作岗位的不平凡业绩之中,也写在她丰厚的学术著作之中。 《朱小蔓文集》是她留给我们的美丽的教育诗篇。 读文集中的著作,怀念她的亲人、同事、学生和教育界的许多友人仿佛又听到她优美的声音,听她吟诵充满情感、给人智慧、给人力量的教育诗篇。

王湛

2022 年 6 月

总序二

我很高兴能有机会为《朱小蔓文集》的出版撰写序言。

朱小蔓先生是我国杰出的教育学家、教育家，她对我国当代情感教育研究具有开创之功。她的专著《情感教育论纲》构建了情感教育基本理论框架，为我国情感教育学做出了奠基性贡献。不仅如此，她在德育理论、教师教育理论、课程与教学理论、教育管理理论等多个研究领域突出情感维度，彰显教育理论的终极关怀，为建构有哲学之眼、人文性突出的理论话语做出了突出贡献。朱小蔓先生的教育思想超越于技术的兴趣，偏好于哲学深处探究教育的根基性与终极性问题，注重唯物辩证法在教育研究中的运用，具有鲜明永久的历史生命力。熟悉朱小蔓先生的人都知道，她具有深厚的公共情怀，始终关心现代化进程中人的生存与成长状态，关心学校环境与公共品质，注重与世界优秀教育思想对话，学术思维守正鼎新。此外，在她的学术人生道路上，朱小蔓先生有大半的时间在一线学校，为探索具有中国特色的教育实践改进范式而辛劳，积累了丰硕且有深远影响的实践性成果。《朱小蔓文集》的出版既是对朱小蔓先生的怀念与纪念，也希望通过梳理先生的学术人生进程，整理她的代表性成果，为丰富并深化我国的情感教育研究提供一种系统、全面的学术资源。

《朱小蔓文集》（以下简称《文集》）共七卷，第一、二、三卷是朱小蔓先生的论文集，是在她 2012 年出版的专著《关注心灵成长的教育：道德与情感教育的哲思》基础上的整理与丰富。《关注心灵成长的教育：道德与情感教育的哲思》囊括了她在 2012 年之前撰写的 69 篇论文。《文集》选编了她已发表和未发表的论文、硕士学位论文等代表性论文，形成了《道德与价值观教育》《情感发展与素质教育》《教师人文素养与教师教育》三卷。第四卷收录的是她的博士学位论文《情感教育论纲》。《情感教育论纲》第一版于 1993 年出版，在国内外引起广泛关注，是学术界公认的开启当代中国情感教育研究的奠基之作。朱小蔓先生注重对话育人，亦是当代较早开辟教育学术研究的对话探究范式的学者。《文集》第五、六卷是教育对话集，分别为《教育的问题与挑战》《与世界著名教育学者对话》。朱小蔓先生的学术研究起步并专攻于道德情感，情感性德育是她的德育思想的标志性理论。《文集》第七卷是《情感德育论》，作为她的学术思想的重要支撑，系统呈现其情感德育理论。

朱小蔓先生一生著述颇丰。《文集》虽没有呈现她的全部作品，但集中代表了她的教育思想与理论风骨，也集中代表了她在教育思想风格、教育研究范式、教育理论话语三个方面的突出特征与重要贡献。

第一，朱小蔓先生教育思想的核心命题是情感教育，但情感教育思想不是建基于抽象的概念，而是建基于生命情感和人的发展，是一种兼具生命激情与理性沉思的人文主义、人道主义思想。具有如此思想特点源于两个方面：一方面因为她出生于革命的红色家庭；另一方面因为她自大学教育起依次专攻于文学、自然辩证法和教育基本理论专业领域，跨学科、跨领域的专业学科训练使得她既富有感觉敏感性，又兼具知觉辨识性与历史综合性的辩证思维风格。她的情感教育思想发端于她的道德情感哲学研究。她以美德伦理学为论述底色，对情感教育形态做人类学历史建构，探究情感与人的发展的本体性、价值性问题，在此基础上探索适宜的情感教育操作模式。因此，她在教育思想领域的主要贡献在于以一套全面、系统的情感教育理论开启了中国情感教育的学术话语实践，推动情感教育成为中国教育改革中的主要思想形态，开辟了自 20 世纪 90 年代至今以情感审美和以情育人为思想标识、以唯物辩证法为思维逻辑、对教育实践葆有终极关怀的中国情感教育思想流派。该思想流派与教育的情感心理学、情感社会学等学术思想相互补充，构筑为中国情感教育思想的整体脉络，也为世界理解中国教育贡献了情感性思想示例。

第二，朱小蔓先生充分认识到中国现代教育研究在走向科学化、理性化的同时，也会带来过于技术化的倾向，从而引发教育研究的亲和性、真实性和深刻性的流失问题。如何对中国教育发问并切实解答中国教育问题，不仅是摆在当前中国教育学术、学科体系前的紧迫问题，也一直是她从事教育研究工作的问题来源。她对教育现象葆有足够的敏感，也总是能从哲学的视角审视个人困惑，在恰当的历史格局中提出适切的教育公共问题与教育命题，如情感德育、教师情感人文素质、教育的情感文明等。这一系列原创的教育概念、命题代表了一位有深度教育情怀的老一辈教育研究工作者对中国教育的忧虑、追问与期待。她对待教育理论、现象与实践所具有的天然的价值情感促使她为教育正义而研究，她以批判性包容的立场游走于教育理论与实践之中提出研究问题、回应教育理论、追问教育良知、再生产教育理论。因此，她的教育理论研究指向实践性教育理论，她的教育实践研究指向理论性教育实践，她的教育研究为教育理论界与一线教育实践结为有效、负责的探究共同体搭建了桥梁。

第三，不同于建基于心理学、工程学、经营导向话语的教育理论，从文学、哲学背景中成长起来的朱小蔓先生的教育理论话语脱胎于对人的关切，像一双眼睛，能帮助读者从可见的现象看向可知的世界，从中看见良知。这体现的是教育理论话语的亲和性特征。教育理论建设不仅是一种理性探究过程，也是一种健全的他心想象过程。她总是在做为他者着想、为学科负责、为实践改进的理论建设，而非贡献出某种理论的理论建设。因此，她的教育理论话语亲和性强，能被广为接受。朱小蔓先生秉持以人的发展为核心的原则，自觉维护教育理论的真实性。正因如此，她的教育理论话语自然对技术旨趣与理论神秘性祛魅，是富有价值情感的真实发问以及负责任的深刻回应。

朱小蔓先生于 2011 年加入教育部普通高校人文社会科学重点研究基地北京师范大学教师教育研究中心并担任特聘教授。在长期的生活、研究与求索过程中，朱小蔓先生养成了有理想、有担当、有作为的现代中国知识分子的优秀品质。她纯真赤诚、与人为善、平易近人、心胸宽广、充满人格魅力，深得朋友、同事、学生的敬仰和爱戴。与她共事期间，我深深地敬佩她的学术成就和教书育人的精神。

《文集》的出版不仅是对她学术成果的一次总结，还是对她在教育领域所做出的贡献的肯定。我们整理、结集出版她的代表作，希望这种中国化的情感人文主义教育学术研究范式与理论学说能很好地传承下去，也相信这些作品在教育研究与实践领域会结出更璀璨的成果。

最后，我要特别感谢《文集》编委会成员和工作小组成员，感谢北京师范大学出版社。他们的付出和努力使《文集》得以顺利出版，同时也为朱小蔓先生的学术成就和教育贡献做出了最好的诠释。我相信，《文集》的出版将为学术界和广大教育工作者提供有益的参考和借鉴。

是为序。

朱旭东

2023 年 5 月

目
录

教育的重量与承载[①]

　　关于教育的作用、功能的说法及论述，各种教育、人文社会科学文献有无数种表述，对于一个教育学者来说不算陌生。但是让我感到震撼和有一种特别感觉的是温家宝同志在汶川大地震前线指挥时说的那段话："有了孩子们，教育在继续，我们的民族就有希望!"根据我们"听"的经验，我相信这句话不是准备好的，它是特定时刻、特定场景下个人真心想说的话。我们感觉得出，那是温家宝同志内心坚实、强烈的信念。

　　温家宝同志把孩子、教育、民族这三个词连在一起，自然地组构成三组关系，即教育与孩子的关系、教育与民族的关系、孩子与民族的关系。如此，教育的重量与承载立刻显现出来。它可以隐喻为纽带、桥梁，也可以隐喻为进入关系整体的钥匙、基石乃至核心。

　　哲学家康德断言：人是可受教育的动物。人类因为有文化进化的基因，只有人才能受教育(不是动物般地受训练)。同时，文化人类学家兰德曼基于人类在进化过程中生存力的先天不足而给出断言：只有人最需要受教育(以文化弥补其生存力的不足)。如果孩子不通过有目的、有方向的认知活动、情感活动的锻炼，他的脑神经元如何能构成

---

① 　本文是作者发表在《江西教育》2012 年第 28 期上的文章。

有一定方向性的、结构良好的、富有活力和弹性、可不断持续学习的物质—生理基础。心理学家早就有过实验，为一群儿童提供阳光、空气、食物和水分，但如果阻断他们接收信息、接受书籍和玩具，其生物学意义上的发育仍然会受到威胁。汶川大地震中，那么多的孩子遇难，现在想起来仍感到揪心的痛。但只要孩子还在，中华民族就有未来；只要孩子在，他们便一定要受教育，学校重建、教育重建的任务便迫在眉睫。正如智利诗人加布里拉·米斯特尔所说：我们所需要的很多东西都可以等待，但孩子所需要的东西不能等待。他的骨骼正在成形，他的血液正在生成，他的心灵正在发展。我们不能对他说明天，他的名字叫今天。

我从温家宝同志的话里听出以下的意味。

信任孩子。孩子是祖国的希望、民族的未来。在他看来，孩子存，则民族存。因此他期待废墟里的孩子尚存活着，期待多救出一个孩子，期待孩子肉身健全，更期待孩子精神饱满。

信任教育。教育是成长的摇篮、阶梯，是人一生幸福的保障；同时，教育是社会进步的钥匙，是民族复兴的基石。在他看来，教育存，则民族存。因此，他期待战胜灾难、教育继续下去，期待学校早一天复课，期待那里教育业界的人们振作起来，重建更理想的教育。

信任民族。一个具有五千多年灿烂文明的民族值得骄傲；一个经历战争，经历"文化大革命"的严重破坏，短短三十多年改革开放便重新站起来的民族值得信赖；一个在人性深处沉淀着善良、关爱和奉献品质的民族值得自豪。在他看来，民族精神存，则民族存。

面对灭顶之灾，由人类文化进化而来的自然—社会性情感和关爱、利他行为便得到最大程度的彰显，由中华文化延续而来的伦理道德情感、行为得到最美丽动人的绽放。教师、校长、教育行政干部的情感、行为都明显地刻印着中国传统道德精神及其方式的标记。

在汶川大地震带来的震撼渐渐平静之后，我们还会持续地感动、持续地信任、持续地奋斗吗？我们还依然热爱和信任我们的孩子、热爱和信任我们的教育、热爱和信任我们的民族和国家吗？当我们重新回到现实的利益关系的存在和博弈中，回到除生命价值之外各种各样的其他价值仍有需求、仍在追求时，回到经济、科技水平等发展阶段的客观限制里，我们会复归于可能存在的不信任的心态吗？会复归于可能存在的日复一日、司空见惯的陈规陋习吗？当我们恢复教学、重建学校时，会复归于那种对之不满而又无可奈何的教育模式，延续那种"负担重、质量低、发展偏"的学生学习方式、教师工作方式、家长生活方式吗？人们一定不情愿那样的复归，然而人们的担心又不是没有缘由和理由的。

　　无论是历史唯物主义，还是当代复杂的科学，都无法逃避物质与精神、存在与价值、数量与质量、眼前与长远、局部与整体等在具体时空里的相互纠缠，任何时候矛盾总会存在。如何不断地冲出困境、走向生机？我们依然寄望于教育，寄望于教育培养有理性、有激情、能行动的人。不过，它指的不是狭义的教育，更不是传统封闭式、灌输式的学校教育，而是广义的教育，是连接着社会经济、政治、文化生活之广，承载着人类创造进步之重的大教育。汶川大地震时人们的表现最有力地证明了：人有完善道德的本能，人有生存与学习的巨大潜能。中国需要重视人的道德本能和学习兴趣的教育，中国需要以更大的财力和精神关怀支持教师职业的幸福和创造力，中国更需要在国力竞争和国民终身学习及其幸福的视野和胸怀中谋求一场广义教育之改革。最重要的是，特别需要从国家领导人到普通民众对教育的重量与承载有高度的认同和理解。

关于学校道德教育的思考^①

一、道德、道德教育与学校道德教育

时代发展到现在，人们对于道德教育的重要性已经认识得越来越清楚。但对于诸如"什么是道德""什么是道德教育""学校道德教育旨在达到何种目的"等一些更本源的问题却很少做进一步的追问。而在我们看来，一种缺失了思想根基的道德教育实践只能是"以其昏昏，使人昭昭"。

关于"什么是道德"，人类思想史上曾经有过很多讨论。比较晚近的是苏联道德哲学家德罗布尼斯基在 20 世纪 70 年代所做的研究。与以往不同的是，德罗布尼斯基把对道德概念的分析建基于人类发生和发展的全部历史，从属人的真实历史过程中把握道德起源的实际脉络。借助于这一研究成果，我们认为，道德是人的一种文化性的创造。人之所以要创造道德这种文化形式，是出于人自身的需要；而人的各种需要是在人作为一种高级生命的演化过程中不断产生和变化的。现代生物学研究表明，从低等生命到高级生命的进化，尤其是从哺乳动物

---

① 本文是作者与其东合作发表在《中国教育学刊》2014 年第 10 期上的文章。

到灵长类动物，从猿到人，真正的发展标志是脑的进化。和古猿的脑部结构相比较，人的脑细胞数量成倍增加，神经元相对活跃，神经元之间的突触明显增多，各联合区得到迅速发展，每个区域之间都建立了紧密联系，并且这种联系使得人脑聚集信息的密度特别高。脑科学的研究还表明，把人和猿进一步区别开来的是人脑额叶皮层的发展。正因为额叶皮层的生成和发育，人才能面对复杂的问题情境做出最恰当的反应。换句话说，额叶皮层的条件越好，人对复杂情境做出反应的基础条件也就越好。进言之，正是由于生物种系的不断进化，以及相伴随的大脑构造和机能复杂程度的不断进化，人才具备了对复杂问题做出准确判断和适当反应的能力。

大脑作为一个基本的生理条件，毕竟只提供了一种可能性。大脑基于人体，人体则基于文化环境，甚至人一出生就在某种社会关系中生活。十多年前①，哲学家们根据生理学研究发现人在一岁的时候能产生联系感。但根据美国加州大学伯克利分校神经心理学家20世纪90年代的研究报告发现，胎儿在发育到三个月的时候就已经开始和他人产生联系。如果胎儿的父亲每周有两次对着胎儿说话，和胎儿进行交流，那么胎儿出生后对人的声音和生命气息就特别敏感，想要和他人联系的愿望就比较强。这证明人作为高级生物，由于其脑部的特殊构造，与生俱来地就有一种要和他人发生联系的需求。据此，我们认为人的社会性本身就是一种自然天性。传统的观点往往把两者割裂开来，似乎人的自然天性是与生俱来的，而社会性是后天环境和教育给予的。所以过去常常把教育的目的规定为把一个自然人变成社会的人，似乎人性天生只有自然天性而没有社会性。其实，在人类进化过程中，社会性联结的需求也是与生俱来的。从这个意义上讲，人的社会性需求

_____

① 指20世纪70年代末。

和自然天性的需求在基础层次上是一致的。当然，越往上发展，它们之间的矛盾会越突出，而教育存在和发生作用的根据也在此。

既然人需要结成一种关系，要靠集群的方式生活，于是就渐渐形成了彼此间的契约关系。人们在考察道德起源时发现，契约概念最早出现在古希腊罗马时期。它和人类早期的经济生活相联系，起初是一个经济学概念，后来发展为政治学的概念，最后才被引入伦理学。可以说，道德就是在这个过程中逐渐产生的。由于日常生活中的相互交换以及交换中的彼此交往需要一种相互承诺，进而要求守信和遵守规则，从中就演绎出一系列的风俗习惯，形成一定的社会舆论，之后舆论又演变为更大范围内的社会意识形态。所以考察道德的起源，我们发现存在两个视点。一是社会视点。由生活中的契约关系生发出诚实、守信、善待他人等日常生活要求，这种要求又不断积淀发展成风俗、习惯、舆论和社会意识。二是个体视点。生理学和文化人类学的考察都一再证明，在高级生命中，人是最孤立和最弱小的，因为人的很多器官的外在功能在进化过程中以大脑的发育为代价丧失了。为了生存，人需要一定的受教育期，也更需要他人的扶持。在这个过程中，人和外部世界构成各种关系（包括人与自然、人与社会、人与他人的关系），在关系中生活的个人需要有一种自我要求，于是便形成道德的观念。可见，道德所要求的规则终究要靠个人把握并给予主动遵守，道德应当归属于个人。如果道德不是个人能够遵守的，那它就会成为外部的强加和强制，因而也就不能够变成个人真正的德行和内在的习惯。实际上，对道德理解的分歧在亚里士多德时代就已经产生了。归纳起来说，亚里士多德的"德性论"道德哲学和后来康德的"律则论"道德哲学的取向是不同的。亚里士多德强调，道德是习惯，是在人的早期生活中养成的，通过个人持守变成内在态度，不依赖于外在的规约和要求。所以，他很重视道德习惯和道德态度，重视个人美德，甚至也重视道德情感。他提出，人对外部情境的情感反应模式会逐渐变成对道德的一种态度。可见，亚里士多德的"德性论"道德哲学突出的是道德形成的个体性线索。而"律则论"道德哲学开启的则是社会性的视角，它强调道德是维系人与人关系的准则，由准则而至舆论，由舆论而至社会意识形态，并进而成为一种道德律令。

当我们在对道德起源的考察述及道德概念的时候，有必要对道德的基本范畴做一个梳理。美国哈佛大学心理学家 H. 加登纳 (H. Gardner)在"七智理论"基础上又相继提出"自然生态智慧"和"道德智慧"。他认为："一旦我们继续研究多元智慧的观念，迟早会有人提出'道德智慧'的看法。事实上，如果我们把智慧的标准推广至包括对全人类的知识，那么在道德范畴内的智慧是很可能的。"①加登纳承认，在建立原始的智慧清单时并没有认真考虑道德智慧，而把智慧看作"道德中立"的，但后来发现人在道德领域中的确存在智慧高低的差异。这一命题的提出迫使我们必须考虑，学校教育中是否存在道德作为智慧而不仅是社会品性的培养问题。当然，加登纳认为提出这一问题在理论和实践上都是有风险的，因为至少目前还无法对这种智慧进行测量。他尝试把道德范畴和其他范畴区别开来，认为物理范畴是探讨支配物体以及物体彼此之间的关系的规则；生物范畴是探讨支配有生命个体的基本生理现象的规则；社会范畴是探讨支配人类所有活动和人际关系的规则；心理范畴是探讨支配个人思想、行为、感情和行动的规则。但当一个人考虑到尊重人类生命(或任何生命)以及如何对待其他人、探讨个人生存机会和如何生活得更好这样一些问题时，他就进入了道德的领域。显然，加登纳是想提出一种独特的并且能够表达道德特殊

---

① ［美］H. 加登纳：《道德的范畴》，李心莹译，见南京师范大学道德教育研究所：《道德教育研究》，2001(1)。

意味的范畴。按我们的理解，其中核心的范畴，一是尊重。主要是指尊重生命，包括尊重自己的生命，以及他人和其他物种的生命。二是公正。因为人在社会生活中要过得美好和幸福必须依赖制度安排和其他社会条件是否有益于个人生活和成长，所以道德必须要关注人怎样去追求一个好的、比较善的社会秩序。当一个人尊重生命、追求公正的社会秩序，并进而把它们内化为对自己的根本要求时，我们就可以说，他已经有了道德的考虑。值得注意的是，道德不是法，道德本质上要求的是在各种关系中个人的自觉行动，即自持。既然人必须过社会集群性生活，那么社会生活就必然存在某种规约，存在更大社会关系中更多人的利益，所以道德或多或少就一定包含着对自我的约束和自我牺牲。当然，在不同时代条件、不同文化条件下对这两个核心范畴的具体解释和它们的具体表现方式都存在客观差别。不仅如此，这两个范畴对不同年龄段的人来说也还有不同的理解。由此可见，道德的范畴虽然是思维抽象的产物，但它们绝不是道德教条，因而不能抽象和教条地在道德实践中加以运用。换言之，对道德范畴的具体把握首先需要对不同的道德生活情境给予必要的、适当的尊重和理解。这才是我们提出道德核心范畴的本意。

基于对道德概念的清理，我们认为应当把道德教育的内涵界定为"指向人的德性培养的教育"，以区别于过去人们对道德教育所做的笼统理解。这样说来，当我们意在开展道德教育的时候就有必要首先反躬自省：我们究竟在做什么？这样做的目的又是什么？虽然目前的学校道德教育由于国情需要还不得不受制于某种外在的目的或要求，但这丝毫无损道德教育内在本性的自然绽露；相反，它和德性培养的本质关联必将随着道德教育实践的不断展开而被我们认识得越来越清楚。一旦我们从理论上恢复了道德教育的本来面目，那么它对于教育的整体而言就必然具有统摄性。进一步说，针对长期以来教育管理体制上的分割和"五育"划分导致道德教育在整个学校教育中的错位，现在我们有必要重申：道德教育是学校教育的灵魂。众所周知，现代学校教育立足于完整生命的塑造和健全人格的培养，道德教育是主宰、凝聚和支撑整个生命成长进而获得幸福人生的决定性因素。倘若缺失了德性的生长，那么人生命的其他部分的发展都会受到限制。教育中人生命的完整性规定了道德教育的统摄性，居于统摄地位的道德教育必然是通过渗透的方式而非依赖于独立时空展开的。这个问题的认识上长期以来存有误区：有些人认为只有安排了单独的时空，道德教育才有了现实的抓手。其实，正如德罗布尼斯基认为的那样，道德并不是一个独立的社会现象；它无时不在、无处不在，浸入社会生活的各个方面；而且道德的表达方式也是多样的。因此，真正的道德教育更多地只能借助于各种复杂的渗透的方式完成，由此产生的影响最终将变成人的内在稳定的心性品质。

那么，学校对道德教育的作用何在？20世纪六七十年代以来，人们在反思制度化教育的各种局限性的同时提出了"非学校化"的主张。针对这一思潮，联合国教科文组织认为学校的功能是不可以取消的，青少年一代不能够拒绝学校教育。2001年，香港教育署明确提出学校是社会发展的摇篮，认为学校教育对青少年发展具有不可替代的作用。研究表明，人的道德发展存在三个台阶：第一个台阶是人在早期发展中对自己父母或养护人的道德标准加以内化；第二个台阶是人在扩展了的公共生活中由于不断做出同情共享的反应而掌握价值标准；第三个台阶是人能够主动判断、选择价值标准并加以持守。显然，家庭教育是人发展的第一个摇篮。而学校作为公共教育机构超越了家庭教育中包含的血缘关系，为现代人的成长提供了最初的公共生活领域，因此学校教育旨在为现代文明社会培养公民。它要求一个人会过民主和法制的生活，会在民主和法制的社会条件下过尊重法律、尊重道德和尊重他人的生活。而这种公民的基本素质是需要在学校生活中逐步养成的。与家庭教育不同的是，学校教育有明确的价值导向，它不光要考虑教什么和怎样教，考虑为什么而教的问题，还要考虑在此之后学生去过何种有意义的生活。所以学校教育始终是和价值、和追求生活的意义相关联的。就此而论，只有经过完善的学校教育的人才能够适应未来社会，并不断创造出新的生活样态。

学校道德教育从根本上说是为了人的发展。在我们看来，道德教育是发展性的事业，道德教育着眼于人的发展，着眼于学生的整体发展。学校道德教育既是以人为目的的，就应当通过创造一个合乎人性、宽松、健康、向善的环境发展人。如果道德教育的结果是使受教育者恐惧道德，或者厌恶道德，那就恰恰违背了道德教育的初衷而沦为反道德的教育。因为道德的根本在于尊重生命，尊重生命成长的自然规律，尊重人的正常需求。学校道德教育不应当成为一种外部强加，而应是青少年学生主动理解规约、选择价值和体验意义的过程，它同样构成一种重要的学习经历。从这个意义上说，现在的道德教育需要调整到以人的发展为目的。倘若如此，道德教育就会与人的生命息息相关，因而一定会是可爱的和有魅力的。

二、学校道德教育的目标、工作与方法

学校道德教育应当传递正向价值、培养良好习惯和态度。在这个问题上，世界道德教育界曾经走过一段弯路。比如，在美国，人们为了突破传统的单一价值传递的"美德袋"式的道德教育模式，曾一度认为道德教育的核心在于发展学生的道德判断能力，进而使其学会在多元文化中进行自主的价值选择，而不必明确提出传递某种正向价值。这在理论上主要以皮亚杰和柯尔伯格的道德认知发展理论为支持。但

经过短短的一二十年的实践之后，就有学者开始对这种道德教育模式提出质疑。一种意见认为，道德判断能力固然很重要，但当一个人尚不能清醒地、健全地和理智地区分各种价值的时候，他是无法具备基本的价值观念的。另一种意见则认为，既然存在多元的文化价值背景，那么是否意味着各种价值是无法沟通和相互认同的。换言之，多元价值中是否还包含一些基础性的价值。基于这种责难，有加拿大学者明确提出，人类要过美好生活就需要传递正向价值，而其中包含的一些基础性价值又具有相对的恒常性，因而在不同时代和不同民族中都是需要尊崇的。① 2001 年，香港教育署制定的《21 世纪香港的德育及公民教育(初稿)》建议把由一些核心价值、辅助价值和态度构成的正向价值体系纳入学校课程。这些都可以看作对我们主张的一种积极回应。

围绕这一基本目标，我们认为当前学校道德教育应当着重于如下三方面的工作。

第一，执行国家德育大纲，确定校本德育目标，设计和推行相关课程。在新的国家德育大纲的基本框架内，学校道德教育首先必须借助法定的德育专设课程、包含德育要求的各学科课程以及活动载体实现正向价值的传递。同时，随着基础教育课程改革的不断深入，一种比较灵活、因而更加强调地方学校自主权的课程思想和课程模式开始受到重视。我们认为，当前的学校道德教育应当着力于订立校本德育目标，并在此基础上设计和推行校本德育课程，从而形成一定的办学特色和风格。道德教育是塑造人的道德文化生命的过程，任何生命都是独特的，在一个缺失了道德文化风格的教育氛围中要凝聚这种独特

---

① 参见［加拿大］克里夫·贝克：《学会过美好生活——人的价值世界》，詹万生等译，北京，中央编译出版社，1997。

的生命几乎是不可想象的。从这个意义上说，道德教育塑造的其实就是一种风格和特色，并且只有依赖于经过历史积淀形成的不同的校本文化风格，道德教育才可能真正得以实现。因此，需要通过课程的方式逐步形成相对稳定的校本文化。学生浸润其中获得的是一种表现真实人性的独特方式（包括语言、情感和行为），是一种不竭的生命滋养。它最终将融入个体的血脉和精神，内化为人的心性品质，从而形成独立的道德个性。可以说，没有道德个性就意味着道德的失落，没有校本文化支撑的学校道德教育就不可能真正实现道德教育的目的。

第二，灵活调度时间表、学校空间、环境和各种资源，充分满足德育工作（包括德育课程）需要。这是由道德教育固有的渗透性和全时空性特点决定的。在一个日益现代化和民主化的教育体系中，校长被赋予比较多的决策自主权，他可以通过创造性地调度各种教育资源和教育时空达成具有校本特色的教育目标。遗憾的是，传统的"应试教育"思维仍然束缚着一些校长，使学生禁锢在枯燥的课堂和"题海"中。他们既没有时间阅读课外书籍，也没有时间去丰富自己的人际交往经验。对此，苏霍姆林斯基早有批评。他认为，如果教师安排了学生所有的时间而使学生无法到图书馆去阅读他喜爱的书籍的话，那么这种教育是令人悲哀的。不仅如此，倘若学生没有时间和多彩的历史文化交往，没有时间和身边的同学、朋友交往，那么他就不可能获得由这种交往所生发的心灵体验。没有交往，没有体验，一个人就不可能真正懂得尊重他人和尊重自己，同样也就不可能懂得有道德生活的真正意味。因此，当人与人生动的社会关系被枯燥的人与课本、"题海"之间的认知关系取代，属于生命的真正意义上的道德也就不复存在了。由此可见，灵活地调度和安排教育时空直接关系到学校道德教育的实效性。事实上在这方面还有很大的潜力可供挖掘。

第三，检视学校的文化、校规、各种制度和措施，营造有利的环境，让学生在学习生活中体验这些价值与态度。我们有一个基本观点：创造一个合理、向善和健康的道德文化环境对于道德成长至关重要。虽然现在的社会环境十分复杂，但是我们相信，学校作为社会发展的摇篮，可以通过精雕细刻和符合道德成长规律的日常教育活动为学生营造一个相对稳定的道德文化氛围。这种校园文化环境可以潜移默化地刺激学生的合理动机，可以激活作为动机核心的心理需要。苏联心理学家鲍诺维奇就认为，人和外部存在之间的关系构筑起一种文化，由文化刺激产生了各种需要并形成了所谓"动机圈"；动机的强弱直接影响人的行为和态度。校园文化对学生而言是一个很强的文化刺激情境，学生浸淫其中就会在某些方面形成比较高的成就动机。应当注意的是，有生物学家提出"基因表达"理论，认为大脑中的神经元需要被激活发挥功能；如果某一部分的神经元长期不被激活，它就不能进入某种功能的工作区，而被其他的神经元替代。推广之，如果一个人在某方面长期处于高成就动机状态，那么他在这方面所做的表达就越来越多，他的这种智能就能获得呈现；而其他方面如果长期不被表达，那么这些方面的能力就越来越弱。既然学校教育注重的是人的均衡发展，而人的发展性向和潜能又是多种多样的，不同的人、不同年龄段的人、处于不同境遇中的人会产生不同的价值需求和道德认识，因此学校道德教育要求形成一种刺激多种动机、满足多种需要的多层次的文化环境。

检讨现行的学校道德教育，存在一些不尽如人意的地方。比如，人为表浅化、孤立封闭化、课程知识化；单向灌输多，双向理解少；集体受教多，个体选择少；僵化而少活力，实效性不够，缺少魅力；德育未能成为有助于人生命发展、生活质量提高和精神心灵成长的工作；等等。有鉴于此，我们认为应当在方法上进行如下调整。

第一，从知识化、认知化调整到重视情感体验和情感发展。20世纪五六十年代以后的长时间里，世界上流行的是重视认知发展的道德教育模式。它虽然具有一定的历史合理性，但对着眼于发展人的道德教育而言显然是不够完整的，因而需要向重视人的情感、态度扩展。黑格尔就提出，与伦理不同，道德必须落实到个人的精神世界。道德是个人化的，道德学习是个人在关系中的自我把握，道德教育从本质上讲是为了影响人、化育人的心性品质的。因此，必须重视人的情感体验，它是个体在特定情境中的一种经历。如果没有这种属人的经历和由经历所构成的切身体验，那么个体就不可能对道德产生深刻的认同并进一步渗入内心。根据我们的研究，生命发展的不同阶段存在不同类型的与道德教育相关的情感体验。在生命早期，联系感、依恋感和归属感的体验对道德的最初成长有着非常重要的意义。依恋、归属并在其中产生自我认同，这是人性的基本需求。幼儿从悦纳自己的身体开始，在一个宽松和友善的气氛中逐步形成对身边环境的信赖，在这个过程中产生的体验使他懂得自我尊重。相反，一个从小自卑的孩子，他和身边环境的关系是紧张的，内心的过度焦虑不可能使他产生正确的自我感和对他人的信任感。随着生命的逐步成熟，和道德有关的同情感、他在感、分享、友谊等情感体验开始不断丰富。俄国哲学家索洛维约夫通过文化人类学的考察认为存在三种基本的道德情感：当人把自己和动物区分开来，人就获得了作为人的尊严，也就有了羞耻感，就产生了道德的愿望；当人和同类相处，人就产生了同情感、怜悯感；当人面对神性感到自身的渺小，并试图超越自己，追求精神成长的时候，人就产生了敬畏感。[1] 这些道德情感都需要在一定的教育情境中培养。我们认为现实教育活动中存在三种情境：自然情境、

---

① ［俄］索洛维约夫：《道德的原始材料》，见王岳川、刘小枫、韩德力：《东西方文化评论》第四辑，341～349 页，北京，北京大学出版社，1992。

创设情境和介入情境（直逼生活真实的情境），最关键的是教师要善于灵活运用这三类情境来培养学生的道德情感。

第二，从单向灌输调整到双向互动。这是道德教育在方法甚至立场上的一个改变。过去有一种观点认为，成人比孩子、老师比学生掌握更多的道德真理，因此道德教育只能是单向度地灌输。直到20世纪末，这种看似天经地义的观念才发生动摇。根据孙云晓等人的研究，各个年龄阶段的孩子中都具有一些较成人更为可贵的道德品质。他们提出了一个崭新的道德教育理念：向孩子学习，两代人共同成长。现在的道德教育是需要在代际交往和互动中进行的，是需要在对话和讨论中展开的。这要求我们一方面承认现实的代际年限在迅速缩短；另一方面在向学生传递正向价值的时候同时承认他们有质疑这种教育的权利。只有这样，道德教育才可能真正成为精神生命之间的相互碰撞，才可能生发出更多鲜活的道德个性。

第三，从封闭的校园转向社会生活实践。道德原本就产生于现实的社会生活关系中，离开了生活就不可能滋养德性。生活有酸甜苦辣，只有通过体验百味人生，人才能不断超越自身，从而扩展和丰富精神世界。现在，已经有越来越多的学校在开设社会实践课程，开展各种社区活动，目的就是让道德回归生活，让生活成为道德最重要的老师。

理论德育学的建构
——试谈德育研究的哲学型、科学型与工程学型①

经过十多年②的努力，德育学科已经开始形成以德育原理为核心的学科群了。作为教育学科的二级学科，它的分化轨道类似它所隶属的教育学科：横向分化有德育社会学、德育心理学以及按教育对象的不同年龄分化的大学德育、青少年德育、幼儿德育等，纵向分化有德育哲学(尚在创建中)、德育工艺学等。我们认为，一门学科(或学科群)的发展既取决于学科以外的条件，也取决于学科内部的条件。就内部条件本身涉及许多因素而言，我们仅从方法论的角度思考德育理论研究的类型及其任务，探讨如何以整体辩证思维建构既体现德育学科的多重性质、多种功能，又具有内在统一性、完整性的理论体系。

德育学科由于其特殊的学科性质和特殊的学科功能，它的基本理论不是单一的理论层次、单一的理论样式，而是按不同的理论等级，由不同的理论样式构成的理论统一体。可以把它们区分为哲学型、科学型以及工程学型，并分别看作德育理论体系中的一级理论、二级理论和三级理论。它们有各自不同的理论抽象程度、不同的理论功用、

---

① 本文是作者发表在《上海教育科研》1995年第4期上的文章。
② 指20世纪80年代以来至作者写作的1994年。

不同的研究范式，与经验生活和德育工作的实际有不同的联结方式。

一、哲学型的德育研究

中华优秀传统文化及传统教育思想中，有关德育的思考主要是思辨的、规范的，也可以说基本上是哲学型的。其中，不论是界说目的、目标，还是界说方法，都充满哲理的睿智、生活的情趣。但是，传统德育观念、德育操作的思路缺少科学实证的根据。一些主要的命题和概念显得直观、笼统，未经严密的分析论证，且分散而不成体系。改革开放以来，在追赶世界科技文明的大潮中，德育研究积极探索科学化的道路。面对德育实践做经验科学的研究，使德育的科学理论建设取得了长足的进步。总体看，德育学科建设却明显地缺少哲学型的研究，将德育的一般科学理论替代哲学层次的理论。同时，把对德育的哲学研究让给伦理学包揽，造成一方面伦理学无力将德育的哲学思考做教育工程性质的转化；另一方面德育学本身既缺乏价值—意义层面宏观定向上的深入研究，又少有哲学—方法层面的指导。

对德育做哲学型研究的基本任务在于：全方位地考察世界性德育发展的历史、现状及趋向，把握德育时代精神与时代特色，借鉴西方现代化进程中对传统德育改造的经验和教训，以中华民族博大精深的教育学说为思想母体，为当代中国的德育提供价值目标、确立价值定格。也就是说，用哲学的总体性思维、辩证发展性思维、具体历史性思维在中西古今纵横交错的时空坐标上寻求和把握当代中国德育建设的价值取向、方法论取向，从而努力实现我们孜孜以求的中国德育现代化、现代德育中国化的伟大目标。它具体包括以下几项任务。

第一，分析不同国家德育的哲学思想基础，比较研究其运行轨迹，是德育哲学的基础研究。东西方关于人的道德成长、人的社会过程中德育之必需、德育在推动社会进步与个体成长中的作用等有关命题的思考源远流长，学说众多。在当代，由于科学所揭示的人的知识的大量增长，同时也由于现代文明造成的社会发展中人的问题的大量出现，思考道德问题几乎已是所有中外哲学流派研究的旨趣和热点。中国德育研究不能不分析各流派哲学思考的基点、立论根据，其民族文化的、经济政治的背景。比如，以伦理文化哲学—心性哲学—人生哲学的哲学线索为立论依据是中国传统德育的思路。而以理性文化哲学—生命哲学—社会批判哲学的哲学线索为立论依据，则是德国德育从古至今不断扬弃发展的思路，同样是文化哲学的视野。德国的文化哲学以理性主义为强大传统，以生活经历、生命体验为生命哲学的重要范畴，以现代工业社会人的异化为批判矛头，将德育看成人与社会精神重建、理性重建的基本途径。其哲学与教育概括（包括德育概括）及其实践之密切关联十分明显。相比之下，我们对教育思考的哲学依据从传统哲学走向马克思主义哲学，其内在的历史传承关系、逻辑发展链环是否清晰、明确、连贯呢？

第二，甄别我国德育传统中仍有生命力和已经过时的东西，对原有德育理论中的一系列概念，特别是对核心概念、基本的德育范畴和术语进行认真的哲学审视。比如，什么是德性，什么是个体的道德社会化，怎样界说道德理性、道德情感、道德意志，道德教育的真谛是什么，等等。现有德育理论概念体系基本上是从马克思主义哲学的历史唯物主义和马克思主义伦理学中沿袭转化的。现在需要集中西方哲学思想之精华，集当代自然科学、社会科学全部新的发现，对它们做出现代的、有中国特色的诠释。这一工作是极其艰巨的思想清理过程，应当由哲学、德育理论和教育史的研究者共同承担。

第三，中国市场经济的完善是一个长期的过程。这是一个社会在经济、文化、教育方面充满矛盾的过程。德育在这个过程中，通过培养思想道德健全的人来发挥作用，调节其间的矛盾，使社会统整有序地前进。因此，如何把握社会稳定与发展相同一的原则，如何保持道德中最稳定的内核与丰富道德新的内涵之张力，如何处理道德的人类普遍性特征与道德民族化、地域化、政治化的关系，以及从根本上说在社会、人与德育之间如何找到互动的最佳理论模式，都必须由哲学型研究加以实现。

第四，由上述三项工作，我们才可能为德育的科学型研究、德育的工程学型研究建立统一的解释系统，提供合理的逻辑认识前提。当前，德育学已经在纵向的层次和横向的层次上分化出一批分支学科。有哲学型的研究，才可能为分支学科中的观念、律则确定统一的、普遍的解释原则，避免把各具体"科学"的解释折中纠合为"统一的"科学。不仅如此，在实际的德育工作中，人民积累和创造了丰富的经验，但对成功和有效的含义如何把握，对有效的机制如何分析，也还是需要哲学型的研究提供本体论、认识论和方法论的证明。

区别于其他类型的研究，哲学型的研究应当始终表现出一种超然的气质，即它是对德育中那些最基本的问题做终极意义上的探究，如"道德对于人的生命意义何在""什么表征着人的道德发展""怎样的德育才真正促进人的思想道德发展"等。哲学研究的成果呈现为概念清晰、内在逻辑一致、有实证科学和生活经验作为论证根据的严密的思想体系。这一思想体系形式上具有理想性质，是对现实经验世界本然具有的理想倾向的观念表达。哲学型的研究本质上是一项建设性的和永远开放的精神性生产活动，它通过吸纳、比较人类不同文化对德育的哲学思想，不断地从中发掘新的联系、新的意义，通过密切关注现实德育实践的成就与问题，不断提出质疑、提出问题，探索这些现象背后所反映的带有普遍性、根本性、终极性的问题，由此而不断建树德育的新观念、新概念、新思路。

二、科学型的德育研究

科学型的德育研究指的是在经验观察和各经验科学研究的基础上对德育基本规律的探索及其理论概括。它的研究目标是直接面对德育现象做经验研究，同时在德育各分支学科以及相关学科研究的基础上，分析形成一个揭示影响德育过程全部参数之间的相互联系方式及其规律性特征和有关德育科学规律的概念框架，以及受这一概念框架制约的若干组基础理论。

强调加强科学型的德育研究，主要基于以下认识：只停留在哲学抽象阶段，而不重视非哲学性的认识活动，不可能形成完整的德育理论体系。哲学就其基本性质和功能来说，无法只从自身内部产生对人的思想、道德形成及其发展的规律性的认识，并且也无法在社会的意识形态和伦理结构发生变化的情况下对德育活动所表现出来的新形式、新问题加以认识。由于传统文化及其思维方式的影响，我国德育研究在一定程度上缺少科学实证研究的历史和经验。而如果没有实证科学概念的经验效准，仅靠哲学的方式解释德育，容易走向无意义的形而上学独断，或者陷于封闭的自成起结的循环论证。它在实际上遮蔽了与生活世界的真正关联。科学型的德育研究主要包括如下两种类型的研究。

（一）科学实证性研究

实证性研究是向一切与德育有关的社会领域、生活范围、活生生的个人做调查、做观察、做可能的统计测量，对现象加以描述。此外，还包括必要的实验（尽管德育方面的实验难度很大，局限因素也很多）。德育的科学实证性研究不仅使用自然科学研究方法和研究规范，而且使用社会、人文科学的研究方法和研究规范。

目前，我们在德育研究中使用的一些概念、术语，如操作变量、类型、操作模式、控制、效应量、相关性、理论模型、随机因素等，主要来自自然科学。这类研究不仅对事物的质的关系进行描述，而且还在可能的条件下反映其量的关系；不仅对线性关系加以反映，而且依据复杂系统理论，用引入宏观变量的概率描述等具体方法来说明诸现象和诸原因之间的变量关系。

我们认为，科学实证概念的含义，乃至教育研究中的"科学观"，即是否符合科学性标准，在现在显然应当大大扩展。社会、人文科学的研究方法在德育研究中同样具有经验科学研究的价值，如民意测验、观察日记、跟踪调查、个案研究、情景创设法、投射法、文献法、溯因法、跨文化比较法、田野工作法以及具有具体方法论意义的反复研究法、行动研究法等。只有包含社会、人文科学研究方法的科学型研究才可能使德育科学包含全部人类经验和全部民族文化，才可能使德育科学更接近具体多样的人的生活经验、人的情感和意志，以达到全面、多角度地透视并理解人类德育活动。

(二)科学解释性研究

德育科学是以德育现象为研究对象，运用一般原理的系统化的知识体系。这种知识总体上看是能够被验证的。因此，科学解释性研究既是德育作为科学的重要功能，又是德育研究的基本范式。

从目前的条件看，德育的科学解释性研究主要有移植性解释、交叉复合性解释和"运用解释的解释"三种解释方式。综合、应用性质明显的德育科学，要直接移植与德育相关的具体科学中的解释方法，如W. I. B. 贝弗里奇所说移植是科学发展的一种主要方法。[1] 同时需要将

---

[1] ［英］W. I. B. 贝弗里奇：《科学研究的艺术》，陈捷译，133 页，北京，科学出版社，1979。

不同具体学科中的某些解释形成交叉复合型解释，最重要还是对相关学科的解释加以整合，形成"运用解释的解释"。它不是相关学科解释各取所需的罗列并行，而是一种全新意义上的解释和新的创造。目前，德育研究中的科学解释性研究最困难、最艰巨的正在于消化、理解、融合相关学科中可以利用的解释方法，形成有自己学科特点、特色的，相对独立的解释系统。科学解释性研究不仅依赖于各相关学科的解释，而且需要直接面对德育的丰富实践，从经验中直接提炼科学解释。德育科学解释完善化的过程正是学科性解释与实践经验性解释反复印证、不断同一化的过程。哲学型研究的结果也产生哲学解释。如何区分哲学解释与科学解释呢？如果说哲学型研究主要通过对德育本体的研究揭示出意义的层面，其解释模型为"最高原则（设定）—演绎"的话，则科学型研究主要关心德育过程的研究，揭示其运行规律与机制，其解释模型为"律则—演绎"模型。科学型研究所包括的实证性研究与解释性研究遵循具体科学与一般科学研究方法相统一的原则。其研究成果以反映规律的概念框架和若干组基础理论及其解释为形态标志，它们可看作哲学层次之下的二级理论。

三、工程学型的德育研究

工程学型的德育研究是指对德育实施操作的研究，它是最需要也最便于广大实际的德育工作者参与的研究类型。由于现在的德育已突破原有的学校德育的格局，实际上成为涵盖家庭、学校以及社区、职业团体、非正式人际群体等各社会共同体在内的德育网络的社会工程，采用工程学的视野是符合德育实际的。德育工艺学理论可视为德育工程理论的一部分，但不能替代完整的工程学型研究。

工程学型研究包括对德育操作和总体思路的可行性研究、对德育操作技艺流程的研究以及对德育操作效应的研究。可行性研究主要有两个矢量：第一，理解设计的目的和构思；第二，了解设计在现实中变性的实际可能，预料那些将实现这些变性的人们的准备程度和能力。对德育操作技艺流程的研究，国内外已有德育工艺学作为分支学科出现。现在，有些小学和幼儿园在专业工作者的指导下，把相关学科的理论应用到操作中。如运用心理学首次印象的印刻效应，探索迎新生中一系列首次印象的操作步骤：第一次通知、第一次点名、第一次家访等。在大量观察、分析动态过程及其机制的基础上，可望建立一套符合中国学校德育实际的工艺学理论。

工程学型研究的成果概括为德育理论体系中的实用理论，属于德育理论体系中的三级理论。这一形态的理论以计划、运作、创造、效应为基本的理论范畴，特别突出创造这一范畴。它的研究从大量创造性的经验入手，筛选出典型经验；从大量操作原型入手，提炼出操作范例与类型，结合对其操作思路、操作效应的分析研究，构成较为完整的操作理论及其操作模式。由于工程学型研究是关于德育价值及其规律的理论转化为人的思想品德变化的过程中人为干预的研究，与科学型研究相比，它更加重视德育实施中民族文化的因素、不同区域经济发展的因素、具体时空场合的因素以及德育承担者的个人素质研究，如情感品质、人格等素质的研究。

四、三者的关系及其划分意义

德育研究是人的认识活动，它遵循具体—抽象—具体的认识逻辑道路。德育学科的建设是一个理论建构、发展的艰巨过程。上述分析的三种研究类型在建构理论体系的过程中有各自独立的价值。

哲学型研究既是科学型研究、工程学型研究的前提，又是科学型研究、工程学型研究的结果。它包容丰富的感性直观，经由科学的知性概念分析，上升为理性综合程度最高的形态。只有哲学型研究及成果才可能为科学型研究和工程学型研究揭示德育意义层面，提供价值导引和逻辑前提，确定后两种研究的方法论原则、认识潜力和适用范围。由于科学分化、知识增长，也由于道德生活前所未有的丰富、复杂，科学型研究现在有了越来越多的科学知识材料和经验知识材料以及研究手段，因此越来越具备了在大量事实的基础上提出假设，按德育的实际过程中的全部参数及彼此相互转化关系，把相应的概念、判断、推理组织成相对严格的逻辑体系的条件。因为德育理论鲜明的应用目的，工程学型研究最具体、最直接地体现人的目的性活动及人的能动性。工程学型研究的成果不是一般的经验总结，而是同样经过理论抽象的、体现操作思想的工程学理论。总体看，三类研究及其理论成果之间既有不可通约性，使用不尽相同的概念、术语、方法，又有相互联系、相互渗透性和转换性。哲学形态是科学、工程形态研究的指导纲领和最高理论概括；后两者是前者的具体展开，是前者从抽象上升为具体、丰富认识的必由之路。三类研究的功能及其价值互相不可替代。

科学哲学家库恩三十多年前提出的科学研究范式和科学共同体的概念已被科学发展的实践证明其正确性。他认为每种研究范式都有独特的解释功能，有共同体认同的规范和信念。相对区分不同的研究范式，承认不同的科学共同体之间语言概念系统在交流上的不可通约性是科学知识增长、科学概念发展的一种重要的内在机制。

对德育研究纲领、研究范式的相对划分和强调，有助于增强德育研究方法论的丰富性和层次感，有助于更合理地组织研究队伍。德育——人类教育中这一重要认识和实践领域，在我们这个时代特别需要不同专业基质、不同学科、不同职业角色的人共同参与。

德育过程之个体社会化效能分析①

一、对德育效能分析的认识框架

"效能"一词在英语中为"effect"，原意为结果（result，outcome）的程度。它与自然的影响不同，一般是指可以进行定量测量的对象。

德育是人类教育活动的一种基本形态，是个多变量关系的复杂过程，它的性质和范围也很特殊：德育既是采取一定形式的、有意图的教育，也是无固定形式的、无意图的教育；既指学校教育过程中的德育影响，也指广泛的学校之外的各种德育影响。即使在学校里，德育不仅通过教师和学校组织的有意图的一定形式的教育活动得以实施，而且包括学校的组织和制度、学校和班级的风气和文化、教师无意识的言行、同学关系等与潜在课程有关的相当大的教育性影响。因此，对德育效能的分析难以做定量的测定，主要是进行描述性的性质分析，并在此基础上做出一定的判定。

以往德育理论研究以"功能"探讨代替"效能"探讨。而"功能"研究主要是从价值方面做分析，用哲学理念建构的方法从德育过程的本性

---

① 本文出自作者参编的 1998 年由福建教育出版社出版的《德育社会学》一书。

上做分析。这类研究所揭示和阐明的是德育过程应该具有的效能。这一层面的分析，一般是德育原理、德育哲学的工作。德育社会学则主要是从逻辑层面和事实层面，分析德育可能具有的效能和实际存在的效能。

从逻辑层面和事实层面分析德育过程之个体道德社会化的效能具有怎样的认识框架呢？

首先，它依据社会学的分析视野。个体道德社会化的过程可以有不同的学科研究视野，如伦理学的、心理学的。德育社会学从社会学的视野侧重研究个体道德社会化的社会机制。因此，考察德育过程之个体道德社会化的效能，侧重研究的是德育过程中的社会预制系统和社会动力系统，即考察这两个系统之于个体道德社会化的效能。

其次，它依据实际德育过程的基本要素（变量）及各要素之间关系的分析。实际德育过程存在三个基本的要素。它们是德育承担者、德育受教者和德育资源，三者构成德育过程的运动。因此，德育过程之个体道德社会化的效能体现为三个要素本身的质量、关系及其互动。德育社会学不是一般地考察三者的关系，而是把它们视为多种社会因素相互复杂影响作用的过程。它涉及德育资源的社会控制、社会成员及其利益、德育榜样的社会地位和受教育者的社会角色分配、所处社会伦理关系等。

最后，它依据社会与个体道德磨合关系的性质和样态做综合判断。性质指的是对效能分析的价值取向。由于道德社会化的现代观念突破了传统的道德社会化内涵，个体道德社会化是指人从一个自然的人学会过道德生活，与社会基本的道德价值系统取得共识，具有一定的道德判断和道德选择能力，并且在不断地超越不适应的、旧的道德价值系统和经历个人冲突后达到新的均衡状态。因此，存在三种不同性质的效能，即适应水平的效能、选择水平的效能、超越水平的效能。样态指的是显现效能的方式。以大的分类而言，有正向效能和负向效能。就正向效能而言，它又可分为强效能与弱效能、显在效能与潜在效能、长期效能与短期效能。

二、德育过程之个体道德社会化效能的具体分析

首先，德育过程以筛选、选择、传递和接受优秀的人类道德文化为基本目标和任务，对个体的道德社会化具有最重要的正向效能。个体的道德成长不是自然成熟的过程，而是教育促其发展的过程。就人作为一个自然体来说，要成为社会人，文化是他们的一个参照系；要成为一个道德人，道德文化是他们的基本参照系。正如苏联审美心理学家斯托洛维奇所说：并不是每一个人都有条件接触优秀文化的。德育过程正是把通过人类理性积淀的、优秀的、有恒久价值的道德文化筛选出来，为个体提供一个道德价值及规范体系的参照架构。其中既包括认知学习的架构，依此得以了解社会伦理关系的知识；也包括情感学习的架构，依此在情感态度上认同社会所许可和倡扬的价值取向。由于这一道德文化的基质性、稳定性，由于它与一定社会提供的主流道德文化相一致，甚至是制度化了的道德文化的权威性，因此体现为明显呈控制上强势、显势的道德文化传递权力，对个体的道德社会化具有以上两种正向的、强势的、或显或隐的、长期作用的效能。

但是，现行的德育过程的某些弊端和问题会使德育过程对个体道德社会化的正向效能减弱，甚至产生某些负性的效能。

其一，过分的政治化、意识形态化会模糊政治社会化和道德社会化的区别和界限。不仅"左"的、教条化的政治教育给人带来的厌倦心理影响人对德育的心向，而且过分政治化的德育实际削弱了道德社会化的基础性教育。

其二，社会转型时期道德文化的多元价值取向、出现的道德尺度与市场尺度的相悖现象以及暂时性的教育工作者职业地位的下降使得德育过程中有些教育者的素质不高。它表现为有些教育者对主流道德文化价值缺少真正信念，言行不一，楷模作用不够，从而导致德育过程的控制力、影响力、感召力减弱。

其三，由于社会上人群所信奉的道德价值及规范是分不同层次的，因此德育过程筛选的文化、主流文化之外，客观地存在通俗文化、非主流文化、大众文化。这种客观存在的不一致在社会转型时期更加明显。这种不一致不仅有可能造成个体道德社会化过程中对道德价值体系认同上的困难、效能的弱化，而且有可能使德育对个体道德社会化的效能本身具有两面性。即德育既为个体对主流道德文化、优秀道德文化的服膺提供条件，具有重要效能，同时又可能使人丧失对通俗道德文化、大众道德文化的适应、宽容能力，从而造成社会适应的困难，造成德育对个体道德适应水平上的效能降低。

其次，德育过程是有明确目的性、一定计划性的教育过程。它把国家、民族对个体的道德要求分解为按年龄、学龄的不同道德要求，分解为道德知识方面的循序渐进的目标达成体系，使个体的道德社会化在不同的发展阶段受相应的教育影响。德育过程的效能明显地表现出一定的规律性、不同阶段的特殊性和受教育者的个体差异性。尤其是学前教育和基础教育阶段的德育过程对个体道德社会化的正向效能、长远性效能是十分明显的。德育过程造就了一批在道德上受过教育的人。他们在事实上已经构成了在某一区域、某一社区里青少年儿童的道德反哺文化，并且辐射影响到学校之外的非学校文化。

但是，这一目的性、计划性强的德育过程对个体道德社会化亦有如下几点不足。

其一，德育过程的目的性、计划性主要体现在社会、国家对尚未社会化的一代的要求以及受教育者的年龄和学龄阶段及其心理特点上。它较少顾及受教育者实际的、具体的社会性生活。对于人的道德社会化来说，人的社会性存在的境况、在社会性关系中的地位、对其中价值意义的领略与自我感受体验对于道德态度形成都至关重要。现行教育中存在的片面追求升学率、对学生的片面标准化要求等现象会影响人在社会群体中应有的地位、尊严，从而影响人的社会亲善性。而社会亲善性恰恰是道德社会化最主要的心理资源和动力。

其二，德育过程的设计预设性较强。它将选择好了的道德文化呈现给人，一方面由于其单一性和纯粹性可能不能满足人的不同层次的道德需求；另一方面也可能不利于人的选择和创造新的文化的能力发展，不能较好地激发人的创造新文化的欲望。

其三，德育过程不同于智育过程的特殊性，在于它不主要诉诸知识的传递，而引导价值上的认同、内在情感态度的培养和实际行为的改变。它对人的影响方式更多的是无意识的、潜在的、缓慢的、长效的。现行德育存在的刻板的计划性、一厢情愿的目的性、急功近利的思维方式会使得个体道德社会化难以发挥德育过程本身应有和可能有的内在隐性的、长效性的效能。

最后，德育过程重视实践活动方式，为人提供集体性学习的环境，并且将这一过程设计成有道德楷模、道德人格的示范过程。对于个体道德社会化而言，这一特殊的社会环境有公众规则意识、道德舆论制约和道德心理场的作用，对于人的道德自我意识的形成、意志的训练、团队精神的培养，以及培养人对社会团体的依恋与责任都可能有极其重要的价值和明显的效能。

同样，实际上现行德育过程在造就上述个体道德化品质方面，依然有一些缺陷妨碍着正向效能的实现。

其一，德育过程会把德育活动主要看作外部感性物质活动—实践，而且没有区分逻辑—理智化的活动与情感—体验性活动。其实，受教育主体对外部对象世界进行的感性物质活动与思维（情感）的内部操作活动在心理发生过程中保持着一种内化和逻辑延伸关系，或积淀延伸关系。当德育过程主要关心实践活动的外部形式，较少考虑人是否获得内部情感体验时，对个体道德成长的作用力是很微弱的，对道德社会化的内化机制无以实现。

其二，德育过程的集体性学习不只在于集体活动的形式。真正的集体性学习必须有教育性交往关系的形成及道德交往活动。关系产生角色分工和角色要求。人在关系中承担角色，受到制约，体现主体精神，提高责任意识。现行德育过程存在用一般群体活动代替集体性交往活动的现象，使个体得不到应有的角色承担的机会，难以在他人的参照下形成道德自我意识。结果，德育过程对个体道德成长所具有的外化机制不能实现。

德育的非理性视角^①

德育有一个非理性视角，主要是指承认和重视德育中非理性因素的客观存在及其重要作用，承认德育过程具有非逻辑、非因果以至德育工作者难以控制的一面。这种考察绝不意味着丧失对理想的信念，只是企图克服仅用理性的思维框架考察德育所造成的某些局限。它可能片面，但绝非无益。

一、德育目标中的非理性因素

第一，理性因素与非理性因素都是人的心理因素，是人脑对外部世界以及对自己的心理反映形式。理性因素及其活动主要是左脑的功能，它以注意、观察、记忆、推理、语言表达等智力活动为标志。非理性因素及其活动主要是右脑的功能，它以无意识、情绪、欲望、直觉、意志、信仰等为主要的心理反映形式。前者在抽象分析的、演绎推理的、形式逻辑领域的处理加工方面占优势，表现出一种具有时间序列的、线性的分析型思维机制。后者则在全面直观的、形象的、非语言领域的处理方面更具优势，表现出一种平行加工、整体掌握的直

---

① 本文是作者发表在《高等师范教育研究》1991年第1期上的文章。

觉思维机制。有人称为审美型机制。目前，已经得到证实的脑科学、神经生理科学、心理科学资料证明，理性和非理性心理序列是两个通过胼胝体相互联结、相互作用，又相互区别，各自有所分工的心理序列。人的心理、人的精神世界是由这两大心理序列共同构成的完整体。

现代教育的基本观念之一是教育要培养全面、完整的人。其内涵是心理结构完整，精神世界完整。德、智、体、美、劳各育虽有职责分工，但都要从自己的教育角度来保证全面、完整的人的塑造。因此，重视人的非理性心理序列、非理性精神现象，正是德育目标的应有之义。在智育方面，1983 年以来，开始全国性的对非智力因素的重视和研究，初步形成了包括一个目的、一条假设、一个公式为基本内涵的非理性智力因素理论。[①] 即使如此，在实际智育工作中，忽视非智力因素的现象仍然存在。从德育这个层面，如何重视和发展人的非理性成分，使非理性心理序列像理性心理序列一样，由低层次向高层次发展呢？1960 年以来，已经有些教育家试图把这一序列作为相对独立的一部分加以考察，确定培养目标。如教育心理学家 D. R. 克拉斯沃尔和 B. S. 布卢姆等把人的情感领域作为与认知领域和动作技能领域并列的教育目标分类的领域之一专门研究，编制出人的不同层次的情感目标。[②] 现在我们知道，人的情感发展是有规律可循的。从生理—心理层面看，有情感分化程度、情感表达的准确性和情绪的差异性反应、迟发反应等。从社会—心理层面看，更有情感表达的社会规范性、情感内容的价值定向、情感体验的自觉意识、对自身体验能否深刻反省、

---

① 一个目的：充分发挥学生的立体作用；一条假设：人的智力水平是差不多的，但非智力水平往往相差很大；一个公式：$A = f(I, N)$，即学习的成功 A，是由智力因素 I 与非智力因素 N 共同决定的。

② 参见［美］D. R. 克拉斯沃尔、［美］B. S. 布卢姆等：《教育目标分类学　第二分册　情感领域》，施良方、张云高译，上海，华东师范大学出版社，1989。

在情感困境中能否恢复精神平衡等。人的情感开发有最好的"播种期"，如同感、同情、爱心等关键在三岁之前打基础；乐群、友爱主要在结伴同嬉的孩提时代派生；基础性的社会情感是在童年奠定的；十二岁以后，则是基础性人类情感进一步定向发展。人在青春期之前非逻辑心理序列的发展节奏要比逻辑心理序列快，社会化程度、概括性程度较高的情感依赖于人的认识水平、实践活动的深度和广度、价值观念的形成及体系化等。总之，在确定德育的目标时，不能不把触角伸向非理性领域，必须探索出一套从家庭教育、学校教育到社会教育如何培养这一相对独立的系列的办法。

第二，德育是塑造人的精神的。人的精神是指人生存不是苟活着，不是昏睡着，而是比较清楚地认识自然、社会及人生的规律，在认识客观规律的基础上发现这一规律与自己的关系，从而找到自己的位置，并且付诸行动。精神的建构主要涉及人的态度系统和行动系统。态度系统以人所面临的几重关系的认知整合与评价整合为前提，即不仅要依靠兴趣、向往、热情作为动力机制推动认识过程，而且以情感体验为中心构成评价。行动系统在态度系统的制导下，靠意志的力量，使内部的心向外化为现实。在现实德育目标中，两个系统都需要非理性因素的支撑。如果说在智育中非理性因素主要是推动认知活动的动力机制，主要是工具性的存在，那么在德育中人更多用的是非理性的心理形式，即主体的欲望、情绪、情感、意向来表现理性的内容的。传统伦理学排斥、贬低非理性因素的积极作用，不能找到社会政治、伦理转化为个体道德的具体心理机制，所以只能抽象地谈论善恶。弗洛伊德及其学派尽管通过揭示非理性的作用，对个体道德的研究做出了巨大的贡献，但他们对价值采取的态度容易产生相对主义倾向。皮亚杰主要强调认知水平对道德发展的意义。虽然在后期的研究中他看到认知和情感在道德中同时起作用，并提出认知心理学要与精神分析学结合起来，但其基本思想脉络是将人的非理性、非逻辑心理序列从属于理性、逻辑心理序列。经吸收、借鉴他们的研究成果，我们把体验—认知型心理结构设定为德育的基本心理模式，即德育一定要以人的情感体验为中介。情感标志着价值的实体内容与生命体的要求发生着联系。利用体验—认知才可能把德育内容带进人的生活情境，与个体的生活经验及其感受联系起来，从而不仅理解价值，而且体验价值、力行价值。

二、德育过程中的非理性引导

理性引导与非理性引导是不能截然分开的两个概念。我们只是从方法学的意义上把它们作为一个相对的区分。作为德育方法的理性引导主要是逻辑思维的方法，如教师的正面讲授、编写教材和文字读物等。受教育者运用归纳和演绎、分析和综合、比较和分类，用言语和文字形式表达德育成果。作为德育方法的非理性引导主要是指非逻辑的方法，指按一定的教育目的，选择具有可感受性的对象，创设有移情效应的气氛，创设有冲突的情境，通过情感的中介作用，使受教育者在意识和无意识层面尽可能地活跃起来，使用想象、幻想、无意记忆、直觉、灵感、猜测等方法来把握价值体系。

非理性引导可以建立在以下几个设定上。

第一，德育过程是人的感性—理性的双向互动过程。

"人是理性的动物"这一观点，将理性看作人的本质特征。受这种思维方式的影响，培养理性的人是德育的目的。问题在于什么是理性的人。康德以前的传统伦理学中的理性基本上是排斥情感等非理性因素的。康德、黑格尔把知性、理性区分为两种不同的思维形式，认为知性把感性材料组织起来，是指构成有条理的知识。但知性只是抽象的、形而上学的思维，因而它只是感性到理性发展链条上的一个环节。真正的理性包含着具体的感性，是包容了感情层次的全部情感经验，并不断把情感经验从感性的层次上升到理性的层次。马克思、恩格斯曾肯定了这种区分，并做了唯物主义的理解，认为理性绝不排斥情感等非理性因素。相反，感觉的极大丰富正是人的本质力量的体现。理性必然是感性通过知性而后复归感性的循环往复的结果。正是在这个意义上，非理性引导反对把德育智力化的倾向，即片面强调德育的认知层面，看重政治课、德育课的表面分数，以语言文字形式表达的成果为衡量和评估学生思想道德水平的主要依据。非理性引导强调德育与审美教育的共通性、互补性，重视培养人的感知能力、想象能力、认同意识、体验能力、操作能力。现在一些学校在改革德育课教学，变灌输式为研讨式，变教师一言堂为"讲授—自学—应用"相结合的模式。一些课程的内容不是按原有的学科体系来组织，而是按学生的需要来组织。除了基本知识的讲解外，还让学生通过角色扮演法、心理位置变换法练习体验、感悟技能，并且更多地引导学生走出课堂和校园，以更广阔的空间来扩大感受范围。

第二，德育过程是无意识—意识的反复互动。

人的心理活动分为意识心理活动和无意识心理活动。意识心理活动是主体对于客体所意识到的心理活动的总和，包括有意知觉、有意记忆、有意注意、有意再认、有意重视、有意想象、有意表象、逻辑—言语思维、有意体验等。无意识心理活动是人所未意识到的心理活动的总和，是主体对于客体的不自觉的认识与内部体验的统一，包括无意感知、无意识记、无意再认、无意表象、无意想象、非言语思维、无意注意、无意体验等。传统德育主要着眼于人的意识的显现化过程，希望通过教育把社会期待深入受教育者的意识层面。德育的非理性引导则是重在开掘人的无意识领域的功能，它包括推动道德直觉、引导道德冲突中的道德选择、培养道德习惯等。用直觉思维把握道德，是德育不同于智育的一个很大特点。直觉能力使人不需要经过严密的逻辑体系和判断、推理、假设、证明，就直接认识到道德的内容、道德的内在价值。人在平时生活中不知不觉地积累了一些政治经验、道德经验，它们沉淀于无意识水平。当外部情境能够唤起人的大脑中相似的组块时，思维便会自动对号，使人做出判断和选择。这种思维方式叫作直觉思维。直觉思维是有意识的活动，因为它是主体所具有的一种直接把握事物本质的内在直观认识。它以足够的知识经验为基础，但不同于其他有意识的活动，因为它远非靠意识水平就能得到理解，在它的背后是一套无意识的知识。无意识领域分浅层和深层。深层无意识由人的生理机制决定，它制约着由于后天经验的影响而获得的浅层无意识知识的范围。利用非理性引导精心设计各种情境，使受教育者身心轻松地参与其间，不知不觉地积累经验；或是运用各种各样的象征物，如校旗、校歌、校徽，借助无意识联想激发起来的移情效应使受教育者在没有心理障碍的情况下丰富、提升着无意识。一旦无意识领域的信息贮备有相当的量，形成必要的准备态势，它与外部碰撞而浮现于意识层，形成直觉，以致进一步概括、抽取的概率变大。非理性引导的特点在于教育者承认人类情感的重要性，把个人的价值观、直觉作为教育过程中的聚合因素加以运用；而受教育者主要运用非逻辑的评价性整合，不像逻辑整合必须通过语言、概念或数值把多维的心理印象转换为线性化的符号序列，对心理信息的删除、简化而导致信息损失。情境教育使受教育者保持多维的特征形象，有较丰富的心理整合空间，使受教育者的无意识领域受关涉多、利用率高。

另外，非理性引导不止于把无意识活动引发为意识活动，而且还要将主体获得的意识再次沉淀到无意识层去，使无意识中的背景材料日益丰富起来，成为"深层心理"潜在地对人起作用。其机制包括从有意注意转化为无意注意，从有意识地预筹、规划行为到无意识地自觉行动，从按照要求行动到习惯性行动。这样一个不断从有意识向无意识的运动类似布卢姆描述的情感发展连续体上被称为泛化心向的阶段。它经常是无意识的，但却与一定的态度和价值体系有一种内在一致性的心向，由此才可能进入内化过程的最高层次——性格化。

第三，德育过程是不平衡—平衡的双向互动。

以往，德育工作者较多地着眼于受教育者的心理适应，疏导和纠正心理失衡。当然这是十分必要的。非理性引导方式主张打破平衡态，而不是坐等受教育者因生理、心理原因造成的自然性失衡。按照熵定律，认识开放系统，本来是不稳定的、无序的、不平衡的、随机的，但它到远离平衡态时，就与周围环境有作用，有感应和沟通，导致一些自发的新型结构。所以，没有一成不变的人，关键在于结构。不同的结构会有不同的功能。非理性引导通过德育工作者的主观运筹，利用跨年级、年龄、能力的弹性组织，利用人在正式群体外的非正式群体的作用，利用不断变换人的群体构成来发挥作用，如改变班组成员，变换人的角色扮演；轮流担任干部，设置各种名目的负责人，调整人在群体中的地位。这一方面使人在新的人际关系结构中产生新的精神需要、新的自我预期、新的自我估价，促使人由于情绪—动机系统处于应激状态而产生在原结构不曾有的、改变自身的动力；另一方面使人在流动化的群体关系中扩大经验幅度，带来对公共生活的比较和抽象化。这一动态平衡观的实质是相信人成为自组织的耗散结构形态，具有改变自身的更大的自由度。

三、德育效果的非理性解释

当前，人们对德育效果的谈论很多。如何考察德育效果，也有理性和非理性两种向度。理性解释着眼于德育工作的逻辑特征，期望和追求教育影响与教育效果的连续性、一致性。非理性解释着眼于德育工作的非逻辑特征，承认德育影响与德育效果的非连续性、非一致性。

经典物理学及其机械物的世界观对近代以来的心理学和教育学影响是极其深远的。就心理领域而言，主要是刺激—反应公式的影响。后来虽然强调中间变量以及控制论的运用，但对教育与人的发展变化在本质上还是应答性质的。教育史上则是一种连续的、渐进的人的发展观占主导地位。一种是以赫尔巴特为代表的"工艺论模式"，认为教育者可以按自己的意志、目的，利用有关教育对象的知识来塑造、陶冶人。另一种是以卢梭、裴斯泰洛齐、福禄培尔等自然主义教育家为代表的"有机体论模式"，认为可以通过消除有机体成长中的障碍和创设对有机体有利的条件，促使教育对象按其自然本性成长。这两种模式的共同前提是，人生过程是连续的、渐进的。在连续论教育观的影响下，我们习惯于把德育看作单纯连续的过程，重视德育连续性的一面。如编写系统的德育教材，按年级设置不同的德育课程，培养稳定的专职德育教师队伍，建设比较稳固的、有传统性的校纪校风，以期有连续性地影响一代又一代人。毫无疑问，这是必要的。但是，从非理性的维度考察，德育影响与效果之间还具有非连续性、非一致性、非因果性。它可以有如下解释。

第一，德育主要是对人生过程的指导。人生过程既有年龄、心理连续渐进的成熟、发展的一般性规律，又有因为偶发性、实发性事变导致的自我发展"间断"、自我生存"危机"，也会有自我"升华"的转机。一批同龄者中既有时代政治、经济、文化影响的共同特征，又有个人独特的家庭生活、求学经历。因此，教育设计上的连续性不一定表现为适应个体价值需求的连续性、一致性效果。相反，并不具有时间上连续性的教育设计倒可能产生对个体切实的效益。例如，苏联教育家马卡连柯的"爆炸法"，即使用迅速、强烈的影响和心理上突然袭来的方式改变人们不良习惯的一种方法。正是相信一瞬间的突然影响，偶然的人和事有可能转变人的一切愿望和兴趣。还有校内外一些文化熏陶、读书、人际交往则是以空间上的连续性为时间上连续性的媒介。它没有明显的计划、步骤，没有前后相继的知识联系线条，只是在不同瞬间、不同场合和个人不同的心情、心绪背景下提醒、启示人们。它有时并没有显性效应，但却在个人心灵深处撒下日后萌发的种子。

第二，德育的对象是人，人是自由能动的主体。并不是所有的外部影响都能转变为思想道德发展的内在刺激力量。教育影响在个人身上的效应取决于受教育者的接纳态度，取决于教育者与受教育者的心理相容关系，还取决于教育之外的个人自由时间与空间结构和内容。现代社会外部信息的剧增，使德育作为一个系统工程，其因与果以多种形式相互作用。按照系统论的整体综合观点，应该建立"等因果概念"，即由不同的初始条件，可以有不同的方式达到相同的最终状态，也可能以相同的因产生不同的果。

第三，非理性引导旨在利用、调度、提升非理性的精神现象。而它们一般都具有无序、弥散、隐蔽的特点，如无意识是脱离第二信号系统指挥的非语言的心理现象。这就决定了它的活动方式必然缺乏目的性和计划性，必然是不规则和没有条理的。还有人的无意识活动、人的情感体验是"悄悄"进行的，属于个人的隐秘世界。它们的活动方式本身决定了人们对其有不可控制的一面。

再进一步说，我们是否一定要追求连续性、一致性的效果呢？从非理性的思维框架去审视，青年的社会化过程并不仅是社会适应性的过程。在社会急速变化的条件下，个人并非简单地适应环境和吸收教育者提出的社会准则，而是还要创造新价值，改变他们自身和周围的世界。因此按照适应论和原有的主客体关系已经难以形成一致性教育模式。突破这一模式的不一致性、非连续性不仅不是坏事，而且是新人涌现、历史发展的一个必要条件和先决条件。

总之，当今德育的可控制的成分少了，教育措施与教育效果的非逻辑关系增强了。德育工作者固然可以从理性的角度、期待的角度把握德育的总体功能，但如果过分强调教育措施的普遍性、时效性，过分追求教育效果的连续性和一致性，很容易犯急躁、简单化、表面化的毛病，或者不公正、不必要地包揽责任，以至消极、失望、无所作为。

文终仍需要再次说明的是，非理性考察是我们习惯运用并且需要继续运用的理性考察的反向度的思维方式。在现实德育中，理性与非理性始终以教育者或受教育者主体为中介紧密地联系在一起。

多元社会中学校道德教育：
关注学生个体的生命世界^①

　　处在多元社会中的学校道德教育应向何处去，是每一个道德教育理论与实践工作者必须直面的问题。多元社会的特征和品质与一元社会相比有着根本性的不同，如由封闭走向开放，由绝对性趋于相对性，由追求共性转向个性的共在、单一性与多样性并存等。在多元社会中，与一元社会相适应的道德原则、规范和道德教育范式，可以说从根基上逐渐失去它存在的条件。面对这样的社会转型，学校道德教育将如何应对呢？本文从道德教育哲学的角度，主张回到人的生命之中，遵循人的生命健康生成之道，以人的生命健康生成为目的，以促进人的生命健康生成为过程，进而促进社会的健康发展。

一、关注生命：生命论学校道德教育的主题

　　21 世纪可谓是人的生命凸显的时代。回首 20 世纪上半叶，人类在享受自身发明创造的成果的同时，也承受了前所未有的生存灾难与威胁：两次世界大战和连绵不断的局部战争，使得非正常死亡人数巨

---

① 本文是作者与刘慧合作发表在《教育研究》2001 年第 9 期上的文章。

大；对自然的狂妄之举使得人类赖以生存的自然遭到了毁灭性的破坏；西方社会的精神空虚、暴力犯罪、道德堕落等问题，使得人类自身的"熵增"迅猛。而这一切在一定意义上说，正是人类轻视、无视和蔑视生命的必然结果。如果说 20 世纪人类的悲剧根源是自 19 世纪以来将人视为机器的、物理学机械论的世界观，那么 20 世纪下半叶以来，伴随着生物科学，尤其是生命科学及相关学科的发展，人类的主导世界观逐渐由物理学机械论的转向生物学生命论的，人则被从机器的牢笼中解救出来，回到生命的怀抱。

伴随着人类生命意识的凸显，教育观必将从机械论转向生命论。机械论教育观主张将人的教育按照机器的生产方式标准化、成批量地进行，强迫所有儿童接受同样的文化知识模式，而不考虑个人才能的多样性，因而限制了个人的充分发展。生命论教育观的信念是，个体生命的健康成长、个体生命质量的提升是社会发展的动力和社会发展的标识所在，因而重视的是个体生命，特别是个体在其整体和谐发展的基础上精神性生命的成长；关注的是个体生命潜能的实现、生命需要的满足；尊重的是个体生命的多样性、独特性；强调的是学生在他自己的教育中的积极主动作用；目标是使每个人都能掌握自己的命运，以便为自己生命所在其中的社会之进步做出贡献。

改革开放以来，尤其是 20 世纪 90 年代以来，与原计划模式相匹配的学校德育，受到了强烈的冲击与挑战。我国由计划经济转向市场经济，使得原计划模式中社会经济、政治、文化三者之间高度同质整合的关系，在很大程度上被打破，出现了多种经济成分、多种政治因素以及多种文化价值取向并存的局面。所有这一切都冲击着学校德育，使得与原社会经济、政治、文化相适应的学校德育模式，在当下失去了魅力与效力。学校德育的实效性问题成为教育乃至整个社会关注的焦点。反思我国当前出现的一些学校道德教育之艰难、实效性差的现象，究其根源，可以说是德育中依然充斥着一些与学生生命—生活相脱节或相悖的、简单的、形式化的说教现象。

　　人类走出自身生存与发展的困境需要新的道德，呼唤新的道德教育。而道德教育的生命力在于其自身不断地随时代的变化而变化，随着人类对自身认识、理解的变化而变化。无论是站在整个人类自身生存与发展的角度，还是从学校道德教育自身存在的实际问题思考，学校道德教育必须从无"人"的、与学生生命相脱节或相悖的、对学生的发展起着制约作用之格局中走出来，向"以人为本"的、踏着学生生命的节拍、和着学生生命的律动并促进学生的生命健康发展的方向转型。所以，学校道德教育的主要目标与功能应定位在发展个体的生命上。以回到人的生命之中，遵循人的生命发展规律，促进人的生命健康发展，进而促进人类社会的健康发展为宗旨，是学校德育转型的根本所在。

　　在此需要强调的是，对人之生命的理解，必须置于现代生命科学的视野下，以非线性复杂思维方式加以关照。现代生命科学的发展揭示了生命世界不同于物理世界的特性；非线性思维突破了以确定性、简单性和叠加性为特征的线性思维方式，而突出体现为非确定性、复杂性和整体性的思维方式。为此，本文对人的生命的理解至少包含以下几层含义：①生命属于人的本体。人是以生命的方式存在的，没有生命的存在也就没人的存在。生命是一个高度有序的复杂系统，是一个在时间和空间上不断变化的网络；生命的每一部分都影响着生命整体；生命能够自组织；存在于所有生命的调节过程中的反馈控制和放大的演化系统，构成了关于生命自身的原理；生命体是一个通过不断汲取外部能量来维持甚至扩展有序结构的系统，是一个耗散结构，需要消耗能量，使生命生产出远离平衡态的结构。②人与他物的联系与区别首先体现于生命之中。DNA组成成分及结构的发现，揭示了人的生命与他类生命具有共通性与差异性。③人的生命是属于类的，每个个体生命都是类生命的持有者与展示者。因而个体生命之间既有共同性，又有差异性，每个个体生命都具有巨大的发展潜能。④人的生命是生物—心理—社会的整体。对遗传密码的化学结构的发现，决定性地打开了生物学通向物理—化学结构和人类—文化结构的开口。人类—文化、生命—自然、物理—化学彼此之间不是互不沟通的，而是相互融通的。人的生命不是单纯的生理的、心理的、社会的，也绝不是由一个生物—自然层的"种生命"与一个心理—社会层的"类生命"这样两个层次重叠构成的。⑤个体生命不是既成的、不变的，而是生成的、流变的。这使得人的生命世界呈现多样性与独特性共在。每个个体的生命都是围绕着他的生命需要，以他自己独特的方式生成的。这种独特的生成方式是由他自身的遗传因素和他所处的环境共同作用所决定的，具有多种可能的生成形态。

二、关注学生个体的生命现实的当下需要：生命论学校道德教育不可忽视的方面

需要是个体生命多种可能之生成的动力所在，它既是个体生命内在遗传规定性的显现，又是个体生命适应生存环境的反映，是遗传与环境共同运作的产物。人的生命需要是其生存的直接反映，具有多种多样的层次和种类。人的哪一种需要，在什么时候、以什么样的方式显现，既具有一定的内在秩序，又受其外在生存环境的制约。而个体生命生成为哪一种可能，在很大程度上取决于环境对他的怎样之需要的契合、激活或生成，以及对这种需要满足与否及满足的程度。

既往的学校道德教育存在更多关注理想性需要，而忽视学生现实的当下需要的问题。理想性需要是一个人生命需要的重要组成部分，

它导引着生命的航程。所以理想性需要的教育是必要的，也是重要的。但人的理想性需要是渗透在人的现实的当下需要之中的。如果抛开了现实的当下需要，而一味地进行不是基于人的生命的、虚幻的、纯功利性的理想性需要教育，不仅无助于个体生命的健康成长、不利于社会的发展，而且是非常有害的。

生命论学校道德教育则关注学生个体的当下需要，但并不排斥或忽视理想性需要，而将后者纳入前者之中。理想性需要如果离开了当下需要的不断满足、点滴积累，是不可能实现的。当然，现实的当下需要并不都是与理想性需要的方向相吻合的，并不都是有益的。而对这一点，由于人对自身生命活动的复杂性认识的有限性，对其生存环境的复杂性把握与选择的有限性，及对两者相互关系的认识与利用的有限性，个体是很难有清醒的意识的。即便是有清醒的意识，但应该怎么办也是难以把握的。这正是学校道德教育存在的价值所在。学校道德教育的一项主要任务，就是帮助每一个学生清醒地意识到自身生存与发展的需要，并促进他们这种需要的满足。

关注学生个体生命的现实的当下需要，实质是关注每一个学生的每一天的健康成长，帮助每一个学生过好每一天。生活不是过去时，也不是未来时，而是不折不扣的现在进行时。这样，学校道德教育就必须面对学生真实的生活。真实的生活会使人有许多的压力、焦虑，然而适切地面对是学生生命健康成长的充要条件。人的生命中具有解决这样问题的潜能。这是一个人生存之本能，但其能否实现，并非无条件，而是需要现实的条件。只有在现实的生活之中，在直面这些问题的真实的经历之中，这方面的潜能才可能转化为能力，才可能变为生命的经验。所以，关注学生现实的当下需要，就是关注学生在真实的生活中所面临的压力、焦虑，帮助他们适切地解决问题，从而培养、提高他们这方面的能力。这是学生德性的最佳生长点。教师如能抓住此时此刻给予及时的指点、帮助，就能够促进学生的德性成长。如果错过了此时，而在规定的一堂德育课上，教师按照教材内容行事，是很难有效的。

三、学生讲述自己的生命故事：生命论学校道德教育的主要存在方式

关注学生的生命，实质是关注个人的生命经历、经验、感受与体验。每个学生的生命都是独特的。这种独特性以其遗传因素与环境相互作用，并通过其经历与经验、感受与体验体现出来。而人又是以其经历而形成的自我经验来感受生活、感受他人、感受世界的，也是基于他的生命感受、自我经验来理解生活、理解他人、理解世界的。

目前我国学校道德教育的误区之一是只关注普遍的道德原则、规范，而忽视或无视学生的生命经历和经验、生命感受和体验。可从这样几方面见之：从内容上看，只注重道德原则、道德规范的知识教育，注重历史人物、英雄人物事例的讲解，注重以成人世界的思想、观念等教育学生。从方法上看，基本上把德育处理成一个单向度的知识传授与灌输过程。有些教师以道德的权威者、真理的化身对学生进行道德说教。从师生之间的话语来看，突出表现为有些教师的霸权性话语统治着师生之间的对话形式与气氛。有些教师在德育课上，在组织的主题班会等德育活动中，虽然尽可能地让学生讲话，但学生讲的话并不是他们自己的心声，而是围绕着教学目的、活动主题所必须说的话。即使个别学生说出了自己真实的可能与主题"不符"的想法，会被有些教师以既成的"合情合理"借口否定。这样做的实质是忘却了学生是一个活生生的生命。而从学生的鲜活生命、真实生活中剥离出来的德育，

无论其理论还是实践都难以看到"人"。这非但无助于学生生命的健康成长、生活质量的提高、生命质量的提升，反而对人和社会的发展构成了消极的制约性。

现代脑科学研究表明，只有关注学生生命经验的学校道德教育，才能真正有助于学生生命的健康成长。从人脑的功能来看，人有两套记忆系统。一套是以通常的三维空间形式登记我们的经验的天然的空间记忆系统。它是由新颖性驱动的、无须演习的、用于经验的即时记忆。另一套是与空间记忆系统配套的、专门用于储存相对无关信息的机械记忆系统。信息与技能越孤立于原先的知识和真实的经验，人就必须越多地依靠机械记忆和重复。而过分集中于储存和对无关事实的记忆，是对脑极其无效的运用。所以，学校德育如果忽视学生的个人生命世界，事实上会导致他们对脑的有效功能的抑制。从脑的运作机制来看，人的思想、情感、想象在大脑中是同时运作的；它们与保持健康、扩充一般的社会文化知识等其他的脑过程发生相互作用；神经元的生长、营养及神经突触的彼此作用以整合形式与经验的感觉和解释相关；真正意义上的脑的"线路"是受学校和生活经历影响的。可见，学校道德教育只有与学生个体的经验相联系，才可能有效地利用脑功能，才可能真正有教育效果。

学生讲述自己的生命故事具有道德教育的价值。首先，教育是一个内心的旅程。《学习——内在的财富：国际 21 世纪教育委员会向联合国教科文组织提交的报告》指出，人的发展从生到死是一个辩证的过程，从认识自己开始，然后打开与他人的关系。从这种意义上说，教育首先是一个内心的旅程。讲述自己生命的故事，即生命叙事，是在寻找生命的感觉。生命叙事改变了人的存在时间和空间的感觉，它不仅讲述曾经发生过的生活，也讲述尚未经历过的想象的生活。一种叙事也是一种生活的可能性、一种实践性的伦理构想。一个人进入过某种叙事的时间和空间，他（她）的生活可能就发生了根本的变化。①

其次，有利于学生形成尊重与宽容的品质。每个人的生命既是唯一的、独特的，也是与他人相互依赖，并具有共通性的。对此并不是人人都能意识到的。教育的主要任务之一就是帮助将事实上的相互依赖变成有意识的团结互助。那么，教育如何完成这一任务呢？《学习——内在的财富：国际21世纪教育委员会向联合国教科文组织提交的报告》指明一个向度：教育应使每个人都能够通过对世界的进一步的认识来了解自己和了解他人。还有一个向度也是教育所必须关注的，即通过更好地理解自己来理解他人和世界。学生讲述自己的生命故事，可以从自己身边熟悉的人与事中，真实地感受到生命的差异性、多样性与共通性的"共在性"，进而形成宽容与尊重的品质。

最后，有助于学生道德判断、道德选择、道德行为能力的培养与提高。生命是在生活中展现，在生活中成长的。学生的生命经验是在他的生活中形成的，所以关注学生个体生命的健康成长，就一定要回到学生的生活世界中。回归生活的道德教育意味着放弃教条的道德原则、道德规范，从具体的、个人的、现实的生活出发，从"什么可能有利于这个人生存与发展"出发而做出是否道德的判断、选择与行动，即采取接近境遇式方法和实用式方法。这是十分艰难的，因为它要求每个人实际地思考，而不直接接受建立在尊重历史的原则基础上的道德判断。② 而学生在交流彼此的生命故事中，恰恰能触摸生命感觉的个体法则和人的生活应遵循的道德原则的例外情形。

---

① 刘小枫：《沉重的肉身——现代性伦理的叙事纬语》，3～5 页，上海，上海人民出版社，1999。

② ［美］保罗·库尔兹：《21 世纪的人道主义》，肖峰等译，355 页，北京，东方出版社，1998。

四、关注能触发学生生命感动的活动：生命论学校道德教育的有效途径

活动是生活的载体，关注生活就要关注活动。但对学生的生命成长而言，并非所有活动都具有同等的价值。真正对学生的生命成长有意义的是那些具有生命感动的活动。所以，学校道德教育不应仅仅满足于组织一般性的活动，那样很可能会事倍功半或适得其反，而应将学生带入能使他们真正获得生命感动的活动中去。这样让学生真正有了感动、有了理解、有了体悟，才能融入他的生命之中，成为他的人生故事。

目前学校道德教育还存在与学生真实生活和具体情境相脱离，而在一个单独的时空活动，过于注重其实体化的现象。从根本上说，道德教育是不能从真实的生活整体中抽提出来的。苏联伦理学家德罗布尼斯基在《道德的概念》一书中曾深刻地指出，不要把道德从人的活动中分离出来，道德不是区别于社会现象中其他现象的特殊现象，不能限定道德的空间范围，道德渗透在社会生活的一切领域，无时不在、无处不在。从这个意义上说，并没有独立自主的道德活动，道德活动是包含在人类各种活动体系之中的。所以，道德教育不能从活生生的完整生活中抽离，不能从其他诸育中抽离；道德教育过程随时都可以发生，而非发生于单独的实体化的德育过程中。

学生想做有道德的人，重点在于获得感受，而非获得道德知识与技巧。而感受是在真实生活和具体情境中产生的。所以，学校道德教育的有效途径是能引起学生生命感动的活动。这样的活动主要有以下几个特征。

一是生活情境的真实性。人的道德是在与外界、与自身的关系中

表现出来的。这种关系是植根于生活、植根于生命本身的。因此，人们呼吁德育要回归生活世界、回归生命体验。回归生活的真意就是要在生活整体中把握学生，知道、了解学生在想什么，学生的喜怒哀乐是由什么样的生活牵引出来的。如果没有这个起点，我们就不能把我们自认为设计好的那一套德育与学生的真实生活现状发生联系；产生不了联系，学生对此就不可能产生兴致和意义性的理解。所以，生活中的自然真实情境非常可贵。教师要善于抓住学生真实生活中的情境进行教育，并在学生的心灵上留下一点什么。这就是道德教育，并会收到很好的效果。

二是贴近学生生活。由于教材中的语言是从生活中抽提出来的，是抽象化、物化的语言，学生对此的学习虽可以训练其思维，但语词所表达的概念已散失了生活原本的一些信息，而且语词是枯燥的。所以，创设情境以充当学生与语词的中介。具象化、情感融融的情境是学生理解语词的背景、情感条件。如果情境创设自然，贴近学生真实的生活，就容易达到道德教育的效果；如果情境创设太人为化、不真实，就很难起到道德教育的作用。因此，创设情境来进行道德教育是必要的，但使道德教育有效的前提是情境的生活化、真实化。

三是践履性。学校道德教育需要组织活动，但不应止于组织活动。道德教育所进行的活动，应当能调动学生的主体性。学生在活动中真正"动"了起来：感受道德，选择行为方式，践履道德，并在活动中发展品德。这样的活动才是真正的道德教育活动。道德教育之所以强调践履性，实质在于人只有不断地践履，才能不断地丰富经历、丰厚经验、丰腴人生体验，才能不断地发展人际生态情感与能力，才能使人的一生得到更好的发展，进而促进社会的发展。

四是互动性。"反哺文化"等的出现，已客观地打破教师原有的角色权威。现在的有些孩子在价值观的选择上已经不受过去传统的、封闭的一元价值观的约束，而有着自己的独立意识和一些新的道德观念，并时常以自己的行为实现一种新的价值追求。可以说，他们有一些值得成人学习的地方。所以"向孩子学习，两代人共同成长""信息化社会决定了两代人的双向社会化，成人'化'孩子，孩子也'化'成人"①等观念揭示了道德教育过程实质是互动的。师生互动中道德情感的交往，是学生德性成长的重要机制。师生互动有助于促进学生情感意识与尊重意识的发展，促进相互理解与价值观的认同和包容。

五是创造性。道德教育是重要的文化生产力，是人的文化创造。在道德教育中，一个很重要的任务是实现个体的道德社会化。但这一过程应该是双向的，它不仅包含个体单向地适应、遵守社会既有规范，实现个体道德社会化的过程，而且还包含个体与社会两个层面双向还原、双向互动、双向建构和个体不断创造出新的规范的过程。一方面，人作为一个社会个体，要接受社会的影响，遵从社会的规范，从而取得社会的认可和接纳。另一方面，个体又以具体化、多样化、个性化的道德实践，使社会的伦理观念与结构得到改善，并不断创造新的秩序，达到新的适应。所以在道德社会化过程中，个体应该是积极的创造者，他是有选择性、创造性地接受规范的。

---

① 中国青少年研究中心：《向孩子学习》，200 页，昆明，晨光出版社，1998。

指向留守儿童心灵关怀的学校德育^①

自 20 世纪 90 年代以来，伴随中国城市化的快速发展和农村剩余劳动力向城市的迅速转移，一部分农民工无力把子女带入城市生活和学习，只好把他们留在了农村，这些孩子就被称为留守儿童。随着农民工数量的剧增，留守儿童群体也庞大起来。全国妇联 2008 年发布的《全国农村留守儿童状况研究报告》显示，全国农村留守儿童规模约达5800 万人，其中 14 周岁以下的农村留守儿童约 4000 万人，留守儿童占全国农村儿童的 28.29%。^② 留守儿童身上存在的最大问题是亲情缺失，表现为日常生活上他们所需要的关照缺失，但更为值得重视的是他们在精神、心灵层面的关怀缺失问题。由于农村中小学布局结构调整政策的逐步落实，寄宿制农村学校的数量增加，学生在校时间延长，绝大部分留守儿童又正处于接受九年义务教育的年龄段内，学校生活成为留守儿童生命成长的重要组成部分。因此，关注留守儿童的心灵成长和给予留守儿童心灵关怀是留守儿童学校德育的应然诉求。

---

① 本文是作者与马多秀合作发表在《中国教育学刊》2012 年第 7 期上的文章，原文为《留守儿童心灵关怀研究：学校教育视角》。

② 蒋笃运：《农村留守儿童教育问题与对策》，载《中国教育报》，2008-07-19。

一、指向留守儿童的心灵关怀

究竟何谓心灵？要对此有所了解，必不能脱离对身心关系的认识。人是由身体与心灵两部分构成的：身体是可以触摸得到的一种物质状态；心灵是不能触摸得到却又确实存在的一种不可视的物质状态，它是"潜能，是精神，也是一种物质，一种看不见的潜在物质，一种虚空的客观存在"①。心灵是与身体相对应的一种精神层面的存在物。身体和心灵是共在于人生的。从人的存在状态来讲，人的存在就是物质存在和精神存在的双重性存在。人的物质存在是指人的身体的、肉身的存在，人的精神存在是指人的心灵的存在。人之所以为人，独在此心，不其然乎。② 另外，对心灵的理解通常包含哲学的理解和宗教的理解。其中哲学主要把心灵理解为理性、理智、世界的观念基础，心灵是超感性世界的理性。总之，心灵是超越于自然生命的灵性之气，是人的生命根基，是一个人内在的精神世界。

关怀是一种情感表达，是人类的一种基本情感。美国关怀伦理学家诺丁斯认为，关怀是"一种'投注或全身心投入（engrossment）'的状态，'即在精神上有某种责任感，对某事或某人抱有担心和牵挂感'""关怀意味着对某事或某人负责，保护其利益、促进其发展"。③ 一般来讲，关怀是双方的，不是单方的，它要求双方的相遇，要求他们在社会情境中沟通与交往，构成心灵唤醒体系。诺丁斯认为，一个关怀性相遇关系的形成通常要经历这样三个条件：①A 关怀 B，即 A 的意

---

① 马建勋：《心灵哲学》，18 页，北京，作家出版社，2003。
② 梁漱溟：《人心与人生》，15 页，上海，上海人民出版社，2005。
③ 侯晶晶：《关怀德育论》，65 页，北京，人民教育出版社，2005。

识特征是关注与动机移置；②A 做出与①相符的行为；③B 承认 A 关怀 B。值得注意的是，关怀者在关怀被关怀者的过程中获得对方的承认对关怀关系的形成很重要和关键。如果没有被关怀者对关怀者的回应，关怀者通常会感到失望、疲惫和力不从心。在许多成熟的关系中，关怀关系往往是相互性的。

俄罗斯伦理学家恰尔科夫在谈到对处境不利儿童的道德关怀时认为，道德关怀的基本内容是心灵关怀，"心灵关怀就是要求关怀者将意识指向意义，用情感去体验，以思维去反思心灵活动，护卫心灵，安抚心灵，提升心灵境界，进而让被关怀者感受到生命的意义价值，从而建构认识主体，纯化自己的心灵"①。心灵关怀的目标在于唤醒和激发处境不利儿童的心灵，调动他们的主动性和积极性，帮助他们成长和实现自我。同时，心灵关怀必须诉诸情感媒介。作为关怀者的成人要对处境不利儿童的具体生活境遇付诸积极的情感投入，能够设身处地去关注他们的生存境遇，否则心灵关怀就会变成死板的、感情贫乏的、无效的关怀。对留守儿童的心灵关怀就是教师在对留守儿童的留守生活处境积极关注的基础上，对他们投注积极的情感反应，使他们感受到情感的慰藉，唤醒他们的心灵，激发他们的主观能动性，让他们形成健康的积极心态，自信、自强地面对留守生活，获得健康的成长和发展。

由于留守儿童教育工作本身的特殊性，教师对留守儿童的心灵关怀具有四种基本特征。第一，教师对留守儿童的心灵关怀更多体现为单向性和不对称性。一般来讲，关怀性关系是双向性的。由于留守儿童是未成年人，他们关怀他人的能力还未形成或正在形成之中。所以，

---

① 朱小蔓、李铁君：《当代俄罗斯教育理论思潮》，222～223 页，北京，教育科学出版社，2009。

在教师与留守儿童的心灵关怀关系中，它更多表现为一种单向性和不对称性。第二，教师对留守儿童的心灵关怀更多是一种具体性和个体性关怀。每个留守儿童的具体生活处境是不同的。教师在对留守儿童群体给予关注和关怀的基础上，需要了解每个留守儿童的生活背景，满足他们各自不同的具体的心灵关怀的需求。第三，教师对留守儿童的心灵关怀更多是一种道德关怀。关怀可以分为自然关怀和道德关怀。前者是伴随人的感受力活动而产生的自然情感，后者是需要付出道德努力才能够产生的。教师对留守儿童的心灵关怀既有自然关怀的成分，也有道德关怀的成分。我们更强调它的道德关怀的价值。第四，教师对留守儿童的心灵关怀具有持续性。这是因为留守儿童是处于成长中的个体。这一特性决定了他们需要来自教师的持续的引导和关怀，才能够成长为一个个健康的、发展良好的个体。

二、对留守儿童心灵关怀的德育意蕴

教师对留守儿童的心灵关怀，是指教师在与留守儿童的沟通和交流中，使留守儿童感受到尊重感、平等感和安全感等，形成自信、自强的积极生活态度，增强他们内在的精神动力和精神生命力，使他们顺利地度过留守生活，成长为合格公民。我们在跟诸多留守儿童和教师访谈的基础上发现，一般来讲，教师的心灵关怀会引起留守儿童精神世界产生这样一个层级性的发展变化过程：闭锁心扉的打开—尊重感、平等感的获得—感受到生活的乐趣和希望。

（一）闭锁心扉的打开

已有调查研究发现，心理健康和人格发展问题是留守儿童最容易出现的问题，也是表现最为突出的问题。这些孩子缺少家庭的亲情关怀，常年难与父母团圆。有的孩子甚至五六年未见过父母回家，被寄养在亲戚家里或由他人代管，或同爷爷、奶奶等长辈生活在一起。有的甚至由于托管的亲戚又外出，出现二次托管现象。因此，这些孩子可能会出现柔弱无助、自卑闭锁、寂寞空虚等心理。[①] 我们在调研中观察到，在留守儿童群体中，尤其是父母双方均外出务工的留守儿童，以及离异、单亲家庭的留守儿童在日常生活中胆小脆弱，言语很少，不善交际；甚至有些离群索居，做事缺少热情和自信，在日常生活中会无端发火，表现得脾气暴躁。还有些留守儿童由于日常生活长期得不到很好的照顾，营养缺乏，他们的个头、体重跟其他同龄孩子相比有差距。这些容易造成他们的自卑心理，也有可能使他们成为同龄人欺负的对象。

面对这些留守儿童，教师给予他们心灵关怀的第一步就是要让他们打开闭锁心扉，倾诉他们对留守生活的感受和体验。教师只有获得了留守儿童对他们的信任，留守儿童才会向教师敞开心扉。这是因为只有在信任的环境里，留守儿童才会有安全感，他们真实的感情才会得到自然的流露。教师的真诚、善意、期望等积极的情感反应都能够赢得留守儿童的信任。当师生之间的信任关系建立之后，留守儿童就会以各种形式敞开他们闭锁的心扉。一般来讲，会话是最常见的师生之间沟通和交流的方式。师生之间通过面对面的交流，教师倾听留守儿童的心声，给予他们心理上的理解、期待和支持。另外，书信也是一种表达的方式。对于一些比较羞涩和不善言语的留守儿童来讲，使用书信的方式更有助于他们内在情感的表达。除此之外，我们在调研期间发现，一些班主任通过学生写周记的方式跟学生进行思想沟通。班主任和学生之间架起了一座"心"桥，班主任通过阅读学生的周记可以对他们的思想状况、情感变化等有比较清楚的了解。

---

① 范先佐：《农村"留守儿童"教育面临的问题及对策》，载《国家教育行政学院学报》，2005(7)。

(二)尊重感、平等感的获得

在教师对留守儿童的心灵关怀中，当留守儿童打开了封闭的心锁，向教师倾诉他们的生活遭遇，以及自己内心的困顿、迷茫和烦恼后，他们需要的就是能够获得尊重感和平等感等精神需要的满足。这种尊重感和平等感的获得能够让留守儿童感受到他们作为学生在学校生活中有存在的位置和存在的价值，是被教师关注和重视的，并不是可有可无的。这是他们确立自我主体意识的基础，也是他们获得自信、感受到自我精神力量的前提。这正如齐普科所说的："自尊需求的满足导致一种自信的感情，使人觉得自己在这个世界上有价值、有力量、有能力、有位置、有用处和必不可少。然而这些需要一旦受到挫折，就会产生自卑、弱小以及无能的感觉，这些感觉又会使人的精神丧失。"①所以，对于教师来讲，在师生对话中让留守儿童获得尊重感和平等感是心灵关怀德育的关键一环，也是留守儿童由自我感觉柔弱无力、自卑走向自信、有力量、有动力的关键环节。一般来讲，一个获得了尊重感和平等感体验的人能够从容和自信地面对任何生活环境，在任何环境条件下都能够创造性地学习和生活。相反，一个尊重感和平等感缺乏的人，无论身处何种环境，都会感到无力而不能从容应对生活中的挑战。

要使留守儿童获得尊重感和平等感，教师需要注意做到以下几点。第一，教师不能嘲笑留守儿童，而要给予他们同情、理解、鼓励和期待的情感反应。留守儿童本身的生活处境相对都比较特殊，他们的心灵极其敏感和脆弱。教师是留守儿童学校生活中的重要他人，教师对他们的态度和情感反应非常重要。教师与留守儿童相处过程中，在言

---

① 转引自朱小蔓、李铁君：《当代俄罗斯教育理论思潮》，223 页，北京，教育科学出版社，2009。

行上必须特别谨慎和小心，要尽可能地维护他们的自尊心和自信心，使他们感受和体验到被尊重、被理解、被关怀，才能够使他们获得克服困难的自信。第二，教师不能歧视留守儿童，要平等地对待所有学生。有些教师因为某些留守儿童的学习成绩不好，在座位编排时把他们放在偏僻的角落等。教师对留守儿童的这些歧视性行为会使他们对自己更加失望，并对教师的做法产生厌烦心理，甚至对学校生活本身失去信心。相反，教师需要做到平等地对待每一位学生，做到一视同仁，让他们体验到平等感，感受到他们作为班级中的一员在班级中存在的价值和意义。第三，教师不能以否定的眼光看待留守儿童，而要多发现他们身上的优点、闪光点，多肯定他们。留守儿童群体中，有些会因自己家庭经济困难、自己学习成绩不好等原因长期处于自卑状态。教师要及时发现他们身上的优点、闪光点，并及时给予肯定。只有这样，这些留守儿童会因自己被教师赞扬而找到一些自信，看到一点光明和希望，从而走出自卑的心理。

(三)感受到生活的乐趣和希望

在对留守儿童的心灵关怀德育中，当留守儿童打开心扉，向教师倾诉生活中的遭遇，并得到教师的同情、理解、期待等积极情感反应之后，他们就会获得尊重感和平等感，感受到自身存在的价值和意义，在内心会产生自信和精神生命力，会对自己的留守生活做重新理解，看到希望，并感受到生活的乐趣和意义。正如恰尔科夫所说，"事实上，对处境不利儿童的道德关怀，关键是让处境不利儿童感到心灵的关怀和情感的慰藉，努力找到实现自身价值的有效途径，形成健康、向上、奋进的积极心态"[①]。对留守儿童的心灵关怀德育的最终目标就

---

① 朱小蔓、李铁君：《当代俄罗斯教育理论思潮》，224 页，北京，教育科学出版社，2009。

是给予留守儿童心灵关怀、积极的情感反应，使他们找到自信，看到生活的希望，感受到生活的乐趣，从而激发他们内在的精神生命力和潜在的道德主体意识，使他们成为具有积极的生活态度和充满希望的人。

最后，需要指出的是，教师对留守儿童的心灵关怀德育是随时随地展开的、永无止境的过程。从留守儿童的生存视域来看，他们在学校生活中要接触诸多教师，每天经历许多生活故事、生活情境，形成了多种多样的交往关系。作为公共教育机构的农村学校要尽量提升自身的道德关怀的意识和氛围，使教师与留守儿童的每一次相遇都变成留守儿童精神发展的契机，帮助他们增强精神生命力，使他们成长为能够勇敢面对和迎接生活挑战的人。

三、留守儿童心灵关怀缺失的问题分析

因为人的情感、心灵、精神等现象都属于人的内在性向，具有很大的内隐性，所以留守儿童的心灵关怀缺失问题往往是以隐性方式存在的，不容易被人察觉到。只有教师真正地走进留守儿童的心灵世界，才能够感受到他们身上存在的心灵关怀缺失问题，以及他们对心灵关怀的渴望和期盼。更需要引起关注的是，在当前深受实证主义和科学主义影响的学校教育实践中，对人的情感的发展、精神的成长、人文素养的提升的重视和关注程度还远远不够。在一定程度上，这又会把留守儿童的心灵关怀缺失问题淹没和遮蔽起来。我们通过对诸多留守儿童的深度访谈后发现，留守儿童的心灵关怀缺失问题主要呈现出以下三种特征。

（一）物质需求的满足无法替代精神成长的需要

留守儿童父母外出务工在很大程度上使诸多留守儿童的物质生活

得到了很大改善。当然，还存在部分留守儿童的物质生活仍然比较困窘的问题。对于很多留守儿童的父母来讲，他们往往存在一种补偿心理，也就是通过满足孩子物质生活需要来弥补自己不在孩子身边给孩子造成的缺憾。对于诸多留守儿童来讲，父母给予他们物质生活需要的满足并不能表明他们精神生活需要也得到了满足。事实上，他们在精神、心灵层面关怀的需要更为迫切和强烈，他们对亲情的渴盼以及希望父母对自己心灵关怀的期望并不会因为物质生活需要的满足而减弱。但是，部分留守儿童父母都忙于生计，无暇顾及孩子的心理、情感、心灵等精神层面的需要，使得他们心灵关怀的需要往往难以从父母那里得到满足。人本主义心理学家马斯洛提出了"满足健康"概念，他认为"需要满足的程度与心理健康的程度有确定的联系"①。一个人基本需要的满足能够促进其形成健康的人格，儿童阶段爱的需要的满足与成年后的健康人格有完整的联系。对于留守儿童来讲，满足他们心灵关怀的需要就是他们人格健全发展的基础和前提。特别是留守儿童是正处于成长中的个体，这就决定了满足他们心灵关怀的需要是刻不容缓的。这正如智利诗人加布里拉·米斯特拉尔说的："我们所需要的很多东西都可以等待，但孩子所需要的东西不能等待。他的骨骼正在成形，他的血液正在生成，他的心灵正在发展。我们不能对他说明天，他的名字叫今天。"②正是在这层意义上，教师和父母要积极关注留守儿童的心灵关怀缺失问题和满足他们心灵关怀的需要，促进其人格健全发展。

（二）规范的外在行为有可能遮蔽内在心灵的问题

在现代社会里，学校是高度制度化的，学校的一切工作运行要通

---

① ［美］马斯洛：《动机与人格》，许金声等译，77 页，北京，华夏出版社，1987。

② ［美］欧内斯特·L. 博耶：《关于美国教育改革的演讲 1979—1995》，涂艳国、方彤译，33 页，北京，教育科学出版社，2002。

过制度来规约，规范管理、量化管理等理念已经深入学校管理实践。但是，学校实行的规范管理和量化管理的最大弊端是难以有效地测量到人的心灵和精神世界的发展变化。我们在调研中发现，如果仅仅按照学校规范管理和量化管理的指标来衡量的话，一些留守儿童的行为表现很规范。当我们跟这些留守儿童深入交谈之后却发现，他们外在规范的行为表现之下掩藏着的是一颗亟需关爱的、发展很不正常的心灵。这些留守儿童的心理和精神状态是异常的。他们内心非常渴望被关怀和被关爱，他们希望有宣泄自己内心苦闷的渠道，希望有人能够跟他们沟通，希望能够得到别人的同情、理解和支持，内心处于一种矛盾、碰撞和冲突的境地之中。如果他们的这些需求得不到及时的满足，或他们心灵上的创伤得不到及时治愈的话，就很可能会导致悲剧性事情发生。马克斯·范梅南认为："教育者在孩子更广阔的生活历史背景中理解孩子的学习和发展。这是教学活动的一个关键的特点。确实，理解这些儿童的生活意义可能会引导我们在与儿童相处的关系中作出恰当的教育行动。"[1]因此，教师需要通过各种渠道多了解留守儿童的生活背景，然后才能够通过留守儿童外在的行为表现，准确识别和判断他们的心灵发展状况。

(三)心灵关怀缺失问题具有迟效性特征

从已有对留守儿童心理状况的研究成果中我们可以得知，留守儿童往往会存在自卑、焦虑、逆反心理等。通常情况下，对于部分留守儿童来说，这些负面和不良的心理不会带来即时性的效果，或者说不会即刻致使留守儿童出现不良的行为倾向等。但是，弗洛伊德的精神分析心理学认为，童年具有重要的意义和价值，童年生活和经历会对

---

① [加拿大] 马克斯·范梅南：《教学机智——教育智慧的意蕴》，李树英译，71～72
    页，北京，教育科学出版社，2001。

人的一生产生重要影响，我们每个人在成年后的行为表现和思想发展等都能够找到童年的影子。正是在这层意义上，我们认为，留守儿童由于亲情缺失所造成的心灵关怀缺失问题具有迟效性特征，可能会对他们的成年生活带来一定的影响。

按照情绪心理学中情感产生及其相互转化的规律，恐惧、害怕容易转化为攻击和仇恨，而安全、信任则容易转化为同情和爱。安全感对儿童的成长非常重要。儿童的安全感最初都是从家中获得的。安全感对儿童来讲意味着他们感受到某个人或某些人关怀和爱护着他们，给他们的生活带来了所需要的一定量的保障、可信度和可靠性。一般来讲，完整、和谐家庭中的儿童，由于父母对他们的关心和照顾使他们会体验到安全感，他们的性格会朝开朗、大方、阳光的方向发展；相反，有些不完整家庭中的儿童，则可能显得胆小、懦弱。对于留守儿童来讲，由于父母的缺席，日常生活中能够切身感受到的与父母之间的亲密接触减少，关怀和爱护减少，因此他们从家中能够获得的安全感自然会降低。同时，已有研究发现，"少数孩子认为家里穷，父母无能耐，才会出去挣钱，对父母打工不理解"[1]。有些留守儿童在留守生活期间由于得不到父母的照顾和亲情的温暖，如果再加上监护人以及周围其他人对其不友好的情况，他们自然会在内心产生一股不满情绪。如果这股不满情绪得不到及时消除的话，随着时间的推移，他们就可能出现由对父母的不满转向对他人、社会的不满，在一定条件之下就会出现破坏性行为。因此，教师和父母给予留守儿童心理上的疏导、关心、理解和支持等是杜绝他们将来出现破坏性行为的必要选择。

---

[1] 范先佐：《农村"留守儿童"教育面临的问题及对策》，载《国家教育行政学院学报》，2005(7)。

四、对留守儿童心灵关怀的教育建议

在留守儿童家庭教育缺失，而留守儿童集聚的农村地区的社区教育还不完善甚至匮乏的情况下，农村学校肩负着更大的留守儿童教育责任。恰尔科夫认为，学校是关怀处境不利儿童的重要情感场域，强调关怀体系的相互理解和尊重，突出学校关怀的具体性和个体性，以此彰显学校关怀的价值和意义。只有重视学校关怀，才能实现处境不利儿童的多种生存可能性。① 在留守儿童的心灵关怀德育中，我们特别强调学校在留守儿童的心灵健康成长和发展方面的意义和价值。

(一)学校管理中要体现人文关怀精神

从根本上讲，教育就是促进人的精神成长的活动。给予人心灵的呵护和唤醒，使人从内在的心灵深处获得生活的意义、体会到生命的尊严、形成健康的积极心态是教育的根本目标。从学校管理角度来讲，学校管理要坚持以人为本信条，弘扬人文关怀精神，把促进人的精神成长作为工作核心来抓。然而，了解农村学校教育的一些现实状况后我们会发现，教育实践在一定程度上偏离了以人为本的精神。由于当前我国社会还存在考试竞争风气，应试教育在农村学校也存在，有些教育主管部门、学校领导、教师，甚至家长和学生也深受应试教育的影响，对学校、教师和学生还主要以升学率和学业成绩为主要的评价标准，甚至是唯一的评价标准。在激烈的考试竞争的驱使下，考试作为一种评价手段的功能发生了异化，考试难以发挥促进人的成长和发展及实现教育目的的功能。考试竞争还会导致教育者对学生爱的缺场

---

① 转引自乌云特娜：《俄罗斯针对处境不利儿童实施学校关怀的分析》，载《当代教育科学》，2009(4)。

或退场。在这种教育环境中，一方面，留守儿童的心灵关怀缺失问题难以受到教育主管部门、学校领导和教师的关注与重视。另一方面，对于学业成绩不好的留守儿童来讲，他们不仅难以获得教师的关注，更有可能受到来自教师的歧视和不公正的对待。因此，学校管理要体现人文关怀精神，要把学校教育回归到促进学生的精神成长的根本目标上来，尤其要对留守儿童投注更多的关爱，使他们感受和体验到心灵的慰藉及情感的关怀，增强精神生命力，使心灵获得健康成长和发展。

(二)教师要对留守儿童有积极的情感态度

首先，教师要对留守儿童的生活处境敏感。一方面，教师的敏感体现为对留守儿童的学校生活意义的理解。随着城市化的快速发展，农村传统的婚姻伦理价值观念受到了冲击，农民工群体的离婚率在上升，致使离异、单亲家庭的留守儿童数量增多。家庭生活的变故必然会对留守儿童的生活和心灵世界产生诸多影响。同时，农村社会教育本身还不是很健全。因此，对于留守儿童来讲，学校几乎成了他们唯一可以接受教育的地方，成了我们的文化中最适合他们成长的场所，也几乎成为他们最后的心灵慰藉和精神家园。另一方面，教师要对每一个留守儿童的生活处境敏感。每个留守儿童具体的生活处境是不同的，不同的留守儿童具有不同的生活遭遇。不同的生活遭遇使他们产生不同的生活体验，形成他们对生活的不同的理解和感受。教师必须敏感于每个留守儿童生活世界的这些变化，以及他们的生活体验和感受，这样才能够针对每个人做出适当的教育引导。

其次，教师要成为留守儿童忠实的听众。对于留守儿童来讲，父母外出务工后，他们身边就缺少了可以依赖和倾诉的对象，对父母的思念、对温暖的家庭生活的渴望只能默默地压在心底，情感上的孤单感、恐惧感无处诉说。即使父母会跟孩子定期通电话，但是有些父母往往仅是关心和强调孩子的学习成绩，很少给予孩子心灵和精神层面的关心和呵护。尤其是离异、单亲家庭的留守儿童，他们内心所承受的压力、孤独感就更多。在这个时候，他们需要一个合理的宣泄这些不良情绪的渠道。来自教师的耐心倾听对于他们来讲就是一种最理想的途径。我们在调研中通过对诸多留守儿童的访谈后深深地感受到，教师在对留守儿童的心灵关怀德育中具备倾听的情感品质很重要。这是因为只有教师怀着一颗爱心，用心去倾听留守儿童的生命故事，才能够让他们打开自己闭锁的心扉，让他们的孤独、寂寞的情绪得到合理的释放。这样教师才能够真正了解这些留守儿童真实的生活处境和他们真实的感受和体验，真正走进他们的心灵世界。

再次，教师要充分信任留守儿童。对于留守儿童来讲，留守生活是他们生命成长中的一个逆境。在困难和失望面前，教师对留守儿童的信任会使其对自己战胜逆境葆有信心。"这种关系对教育具有无可估量的、怎么强调也不过分的意义。教育者控制儿童发展方向也取决于教育者如何看待儿童。如果他把儿童看作是诚实的、可靠的、助人为乐的……那么儿童的这些品质就会得到激发和增强。教育者的信赖可增强他所假定的儿童具有的那种出色能力。反之也完全一样：如果教育者把儿童视为好说谎的、懒惰的、阴险的……儿童就不会抵制这些行为，他们肯定会说谎、偷懒、耍诡计，正如教育者所猜疑的那样。"①因此，如果教师面对留守儿童时，能够始终对他们保持信任和积极的期待，那么这种心灵上的支持会通过教师的眼神等肢体语言传递给他们，使他们朝向教师所期待的方向发展。

最后，教师要给予留守儿童充足的关爱。从一定意义上讲，留守

---

① ［德］O. F. 博尔诺夫：《教育人类学》，李其龙等译，47 页，上海，华东师范大学出版社，1999。

儿童亲情的缺失需要教师给予关爱来弥补。这样才能够促进他们人格的健全发展。苏霍姆林斯基说，"教育者最可贵的品质之一就是人性，就是对孩子们的深沉的爱，父母亲的亲昵温存同睿智的严厉和严格要求相结合的那种爱"①，"为了关怀儿童，不仅要理解他们的精神世界，而且还要学会用他们的思想和感情来生活，把他们的忧伤、焦虑和为之激动的事情统统装在自己的心里"②。爱既可以使自己了解一个人，又可以使自己发现所爱的人身上尚未发挥的潜力，并且凭借爱的力量，使所爱的人的潜力得到发挥。教师给予留守儿童的关爱是他们的人格健全发展的前提，是他们勇敢面对留守生活的动力之源。对于留守儿童来讲，教师给予他们的关爱还会使他们在学校里获得安全感，使他们形成依附的、有意义的、熟悉的、亲近的和易于交往的品格，并以教师为中介去认识和理解外部世界。

(三)联合留守儿童家庭德育力量

由于亲子之间的血缘关系，父母对子女发展和成长的影响是深刻的，也是深远的。学校德育要取得发展就需要来自父母的支持，父母就是学校德育的一股潜在的支持性力量。当前，学校在联合留守儿童家庭德育力量方面还面临着一些现实困难。比如，有些农村父母存在"养"是家庭责任，"教"是学校责任的心理，对家校合作重要性的认识不到位；有些农村父母参与学校教育存在时间上的限制；有些农村父母由于文化水平低，对自己参与学校教育的能力信心不足等。面对这些困难，学校和教师必须在家校合作中积极发挥主导作用。首先，学校和教师要主动加强和留守儿童父母的联系，帮助他们认识到家校合

---

① [苏联] B. A. 苏霍姆林斯基：《育人三部曲》，毕淑芝等译，13 页，北京，人民教育出版社，1998。

② [苏联] B. A. 苏霍姆林斯基：《要相信孩子》，汪彭庚译，3 页，北京，教育科学出版社，2009。

作对留守儿童健康成长的重要意义。其次，学校和教师要对留守儿童父母有正确的认识。留守儿童父母外出务工在很大程度上是出于生存需要的理性选择，教师应该给予理解和同情。在家校沟通中，教师要充分考虑到农村父母的心理感受，要尊重他们，尽量消除他们由于文化水平低在面对高学历教师时的自卑心理，让他们真正参与到学校教育中来。最后，家校沟通形式要趋向灵活和多样。在坚持传统家访的同时，还要提倡校访，让留守儿童父母可以随时到学校了解孩子的教育情况。另外，成立以村落为单位的家长委员会。这是因为，与城市学校里的学生居住比较分散不同的是，农村学生基本上都是以村落为单位居住的。一村之内，大家相互之间都比较熟悉，家庭的基本情况相互之间也比较了解。所以在农村学校成立以村落为单位的家长委员会，更适合农村的现实情况。

城乡理解教育：
学校价值观教育的新内容[①]

　　作为一种现代社会进步和变革的动力，教育需要而且可以在社会变革、转型和发展的过程中发挥自己的独特作用。[②] 这既是社会的需求，也是教育的使命。面对当前中国经济和社会快速发展，特别是城市化进程急剧加快带来的新情况、新机遇和新挑战，价值观教育应该成为首先需要考虑的事情。作为系统地培养人的公共机构，学校面对的是成长中的具有很强可塑性的人，在传承知识的同时，更需要重视培养学生的团体意识、公共精神，关注学生的心灵培育和精神成长。因此，学校需要有针对现实的价值观教育。学校教育，尤其是价值观教育，应该而且必须抓住珍贵的教育契机，将富有时代性和本土化的新内容通过良好的方式传递给学生，帮助他们树立新的价值理念，培植起健康的情感，在适应社会发展的同时改造发展中的社会。在中国当前城乡急剧变动的城市化进程中，城乡理解教育正是一项体现社会现实需要的价值观教育新内容。

---

① 本文是作者与王善峰合作发表在《中国教育报》2010 年 8 月 24 日第 4 版上的文章。
② 赵中建：《教育的使命——面向二十一世纪的教育宣言和行动纲领》，1 页，北京，教育科学出版社，1996。

一、城乡理解教育的提出

随着经济和社会的快速发展，我国城市化进程不断加快。大规模的人口流动和文化、价值与信仰日益多元化发展成为重要的时代特点。有数据显示，我国的城市化率1982年为20.60%，至2000年第5次人口普查时已达到36.09%，2004年约为45%。有学者预测到2020年要达到60%左右，2050年将要达到70%至75%。[1] 据测算，2009年至2020年农村向城镇转移的人口数将达到1.6亿至1.8亿。[2] 这样巨大规模的人口流动对社会的健康发展提出了严峻挑战。

生活环境、生活方式、文化氛围的改变，使流动人口融入当地社区生活还存在一些障碍和困难。而有些城市——不论是政府还是居民，面对涌入的流动人口，在采取自我保护措施的同时也强化着社会群体间的隔阂和排斥。文化、价值日益多元化的发展在给人们带来可选择性的同时，也带来了精神上的焦灼以及文化、价值观等方面的困境。在城市，一些人缺少与自然的接触与联系，生活、工作环境生态化程度较低；而在农村，一些人对城市文化的向往、对城市文化风潮的盲目崇拜正不断侵蚀着传统文化的根基。这种农村文明向城市文明单向度的模仿与靠拢，正在使丰富多彩的地域文化和浓郁深厚的传统文化受到影响。我们应当探寻适当的发展方式，引导人们转变观念和意识，以实现城市文明和乡村文明的优势互补与和谐共进。

社会的变化必然会反映在学校中：学生流动，学校布局调整，学

---

[1] 牛文元：《中国新型城市化报告2009》，42页，北京，科学出版社，2009。

[2] 国务院研究室课题组：《中国农民工调研报告》，85页，北京，中国言实出版社，2006。

校生源日益多样化，不同地域文化的学生越来越有机会进入共同的学校生活和学习。我们在调研浙江的一所中学时发现，学生来自近20个省（区、市）。学生生源的日益多样化和文化习俗的多样性，为学校教育提出了新的任务和要求。

农民工入城及其子女入学中出现的问题是城乡理解教育提出的一个直接动因。有调查数据显示，2004年农民工举家外迁的有2470万人，比2003年增长1.6%，约占农村外出人口的20.9%。据测算，2004年后每年增加的进城务工就业农民接受义务教育的随迁子女有150万人左右。作为连接城市和农村的新的社会群体，农民工是由农村向城市人口转移的主力军。而接受义务教育的农民工子女，绝大多数就是明日建设和享有城市生活的新市民。今天他们所经历的生活体验、所接受的教育都是明天他们建设和回馈社会的原始素材，关注、关心今天的他们就是关注、关心明天社会的健康发展。

自2001年《国务院关于基础教育改革与发展的决定》确立了农民工子女接受义务教育"以流入地区政府管理为主，以全日制公办中小学为主"的"两为主"解决思路以来，国家出台了一系列政策措施，保障农民工子女的受教育权利。这些政策措施发挥了积极的效果，使农民工子女的入学问题在很大程度上得以解决。但是当前，无论是农民工，还是其随迁就学的子女，在融入城市生活的过程中均遭遇到困难。

城乡变动是我们需要面对的生存状态，城乡矛盾是我们对生存状态的感受，城乡理解是我们对新的价值的诉求。在这一历史进程中，学校要培养数以亿计的学生，向这些发展中的人传播和传递契合社会发展的价值观是学校教育的使命。

二、城乡理解教育的内涵

城乡理解教育是回应当前城市化进程的社会现实提出的教育理念，旨在通过教育的途径，发挥教育的先导性功能，引导和教育城乡学生及成人在民主平等的基础上，借助有效的交流和沟通，树立互相尊重的意识，增加了解和理解，增强信任，消除歧视和社会排斥，促进社会群体之间良好相处，促进社会的健康发展。

回应社会现实，城乡理解教育包蕴着的正是当代中国致力于建设更加公正、和谐的社会所需要加强的那些价值观，如尊重、平等、关爱、包容，承认差异、学会共处、相互适应等。作为一个价值范畴，城乡理解教育包括对城乡不同文化的尊重，对城乡发展进程、城乡互动与统筹的知识和政策的认知，对城乡人口流动中人与人的关爱、尊重、互助与接纳等正面情感，以及孤独、压抑等负面情感的体验，包括在思维方式上培养不同人群个体间相互欣赏、理解、包容和接纳的取向。

城乡理解教育是在城乡维度上一组价值观的统整和新体现。我们可以把这个价值观念群所包蕴的价值观分为两个层面：一是中心价值观或核心价值观，指城乡人群之间的相互尊重、理解、接纳与共处。二是相关价值观，可以区分为循环往复的三个层级。第一层级是爱与同情，对他人关怀同情，对自己自尊自立，二者之间是乐于分享；第二层级是和谐与公正，包含尊重人权、平等、对多样化的尊重等；第三层级是系统性、统筹性、统整性思维与智慧，包含远见、明智和良知等。不同层级的划分并不是截然相对的，其间有交叉、有包容，实现方式和进程也是可以协调的。

作为一项价值观教育的新内容，城乡理解教育紧紧把握当下城镇化发展和人口大规模流动的社会现实，把握城乡人群交融相处的教育契机，培养城乡人群间友好相处的理念、情感与能力。具体来说，就是希望通过相应的教育，能够让学生对城市和农村的历史和现状有较为客观的认识，能够客观、公正、历史地正确看待城乡经济发展、风俗文化、生活习惯之间的差别，尽量消除城乡之间的错误认知；能够向城市和乡村的学生传播城乡平等的思想理念，培养学生尊重、同情、理解、包容的情感品质，让学生保持思想上的开放，乐于和能够接纳不同特色的地域文化；能够培养学生良好的倾听能力和对话能力，让学生能够在不同的文化底色中进行有效交流和沟通，具有救助他人的行动意愿和行动能力，愿意为社会的和谐发展做出力所能及的贡献。

三、城乡理解教育的推行

在学校中进行城乡理解教育，以下几方面的努力是必要的。

首先，校长和教师需要树立城乡理解教育的理念，在学校管理、课堂教学、学生活动、主题教育及学校文化建设等方面做出积极的调适，将城乡理解教育的理念融入其中。如此大规模的人口流动和多样化的聚集，是对学校德育的一个重要挑战，也为学校德育带来了重要契机。现在，有的学校对城市和乡村不同生源的学生实行"分离"的管理政策，异校、异班区分安置，人为地增加了不同生源之间的隔阂；某些教师对城乡之间的差异和特点认识不足，带有偏见，在教育教学中将自己的态度传递给学生，加剧了学生之间的排斥。贯彻城乡理解教育，应同校安置不同生源学生，混合编班，引导学生正确认识城市和乡村不同的发展阶段和特点，认识各自的优势和不足；在不同生源的学生之间架起沟通的桥梁，增进交往和理解，减少偏见和排斥，将尊重多元、包容共处的美好情感植入学生的心田。

其次，城乡理解教育是一种价值观教育，可以渗透于现行的课程结构和教育教学体系中，依托正式课程及隐性课程展开。有条件的学校可以开设有针对性的校本课程或微型课程。现行课程拥有丰富的教育教学资源，教师可以在城乡理解教育理念的指导下，运用这些资源灵活地推进不同生源学生之间的相互了解、理解与尊重。

最后，城乡理解教育植根于生活，需要确立生活教育的理念，引导学生发现和利用生活中的资源，在知识学习的基础上，丰富情感体验，逐步形成理解性品质及城乡理解价值观。作为一项价值观新内容，城乡理解教育需要诉诸认知学习、情感体验与表达，以及理性思考与判断，但本质是情感性的内在经验学习，是一种"身体知识"学习，需要学生主体的积极参与。参观、访问、社会实践、生活体验等都是很好的教育方式。城市学校可以组织学生在假期到农村生活体验一段时间；农村的学校可以组织学生到城市中参观、体验；城乡接合部的学校可以将不同生源学生混合编班，扩大同龄人之间的交往，增进理解，结为伙伴，建立起友谊。有条件的学校可以组织学生的志愿活动，到务工人员比较集中的地方实地调查、做志愿服务，等等。

当然，城乡理解教育的推行和实现还需要包括教育体系本身在内的整个社会的变革与发展：需要制定更加公平的教育政策，在课程设置、教材编写、教师培训、考试评价等各方面观照城乡差别，注重渗透城乡理解教育的理念；需要进一步改革现行的城乡二元的户籍管理制度及其附加的系列制度，根据社会发展的需要逐步建立公民权利和社会地位平等的城乡一体化社会体制与结构，破除人为的城乡分化的"社会壁垒"，为城乡居民的交流和理解奠定平等的法律条件；需要加大对"三农"的扶持力度，增强吸引力和竞争力；需要在"两为主"的基础上，继续探讨新的制度和机制，加大对流动人员子女受教育权的保护，并努力向非义务教育阶段延伸，为教育和社会的均衡发展创设良好的法律环境；等等。

城市和农村的关系是一个长远的话题。中国城市化发展方兴未艾，城市化将是一个长期的过程。当前所探讨的城乡统筹、可持续、科学发展的思路对于城乡的良性互动和发展是良好的契机。在城乡一体化发展的新思路和新格局中，多种因地制宜的发展方式为城乡协调发展提供了多样化的选择。在这样的条件下，城乡理解教育既必要，又可行。在经济全球化的进程中，城乡理解教育的理念对世界其他发展中国家也将是一个有益的贡献。

网络时代大学德育的若干思考①

一、在中国社会变革与高等教育快速发展时期大学德育对"培养什么样的人"肩负使命

（一）新时期大学德育的积极探索

党中央已明确提出社会主义核心价值观体系及其教育问题。实际上，当社会尚未十分明晰核心价值观时，大学德育能够坚持核心价值观的引导，对"培养什么样的人、如何培养人"有鲜明的态度，是难能可贵的。大学对"两课"建设一直高度重视，几经调整、适应和改革。新建构的大学德育课程体系已在进一步的实践中，大学的德育途径不断拓宽。尤其是网络时代的到来，为大学德育开辟了崭新的道路。高校在充实德育队伍方面有了新的思路，专业德育工作者队伍的建立以及非专业德育人员规模的扩大为将来构建一支完整的、结构合理的大学德育队伍创造了条件。20 世纪 90 年代后期，我国高等教育快速发展，招生、就业方式以及后勤社会化等都为高校学生管理提供了新的

---

① 本文出自作者所著的 2012 年由北京师范大学出版社出版的《关注心灵成长的教育：道德与情感教育的哲思》一书。

模式。经过几年的探索和反思，高校学生管理在调整传统管理方式和探索新型管理方式的实践中总结经验、吸取教训，正逐步形成适合我国国情的大学在校生管理模式。

（二）高等教育的改革与快速发展对大学德育产生的深刻影响

首先是高等教育的大众化。大学扩招使高等教育走向大众化的同时也使生源多样化，大学生群体呈现异质性。高校学生的群体性、异质性、差异性和不规则性不仅是中国高等教育面对的难题，也是世界高等教育面临的困境。布鲁贝克在《高等教育哲学》里说，过去精英型的高等教育是一个追求高深学问、处理玄妙知识的过程，有 10%～15% 的适龄青年适合这样的教育模式。西方的高等教育从中世纪以宗教传播为目的演化为现代初期的教育形态，经历了英国的纽曼形态、德国的洪堡形态、美国的威斯康星形态。三种形态变迁始终围绕的核心问题是高等教育是否应作为高深学问追求的场所。

布鲁贝克认为，高等教育势不可当地要走向大众化，高等教育是中学后的第三级教育中的一种类型。现在中国本土产生、出现的高等教育形态，是一个多样化的中学后教育形态。在东方传统文化的影响下，中国高等教育的发展进一步刺激着升学的竞争。社会转型过程中经济结构调整、就业竞争压力增大导致存在应试模式的中学教育尚未得到有效改善，出现部分大学生在文化素质方面缺失的现象。

社会变迁所引发的人口流动、产业结构调整、利益格局变化、家庭形态转变、就业困难使一些青少年情感焦虑、价值迷失。由于一段时间内核心价值观、主流价值观并不十分明朗，有些大学生在价值辨认、价值认同以及教师在价值观引导方面存在困难。

后勤社会化、大学收费以及学校不再分配就业等对高校管理提出了新的要求。有些大学生一方面表现为勤奋好学、积极向上；另一方面表现为适应能力弱、依赖性强。这就需要根据大学生的特点，结合传统文化的优劣以及教育管理的经验教训，辩证地把握约束式管理与自由式管理之间的尺度。

(三)高等教育大众化后大学德育对于培养大学生必须具有紧迫感

中国的社会变革与民族复兴正处于历史关键期，如何巩固经济发展成果，解决经济高度发展带来的人口迁徙、城市化等问题是我们当前亟需做的工作。其他国家也十分重视这些问题，如俄罗斯总统普京的教育顾问发表过一篇关于教育与国家安全的论文，从政治学、社会学、认识论、伦理学等几个不同的角度阐述了全体人教育的重要性。只有面向全体人的教育才能使国家和民族的全体民众具有较高的素养，从而维护国家的安全。

我国也从国家安全的角度提出这一问题，所以大学依然应当成为引领社会进步的积极力量。从精英型高等教育走向大众型高等教育后，大学生仍是较为优秀的一部分人群，仍应成为民族的脊梁。大学生的认知发展能力、理性成熟程度等承载着国家和社会民众的期待。所以，社会主义核心价值观和共同理想的教育、民族精神的传承，仍需要得到大学生的积极认同。

大学是培养大学生的场所。大学生要能够自觉学习知识，把社会的总体背景与自己的具体工作目标相结合，并能很好地应用知识。大学生应当能够在大量的信息中，把信息变为有用的知识，在大量的知识中又能够把知识变成足以支持自己的智慧并运用自如。大学生应当在多样的文化和道德价值辨析中，有能力鉴别问题、鉴别价值观，做出自己理性的道德判断。大学生应当能够清醒地认识自我，也能够清醒地认识社会和文化，把自己恰当地放置在社会和文化之中，同时又能够对社会和自然做出改善努力。大学生应当能够独立思考，应当具有批判能力，应当能够在瞬息万变、海量的信息中把握自己，形成内在的定力。

二、大学德育要正视网络媒体对未来一代所构成的全新成长环境

进入网络时代，大学德育需要正视互联网等网络媒体对未来一代所构成的全新成长环境。这是大学德育工作的出发点。德育遵循的是生活的逻辑、生命成长的逻辑；德育必须回到生活之中，回到生命成长之中。

(一)网络时代对大学生精神成长的影响

网络媒体在促进大众文化的畅行。大众文化的畅行使大学生的文化认同、文化参与都在发生变化。传统时代大学生的文化认同是通过权威、长者以及制度化的学校来进行的。但是现在的认同已经多样化、开放化，这种认同有可能走向道德相对主义。

网络提供相对宽松的参与方式，让大学生可以获得宽松的认同方式并得到精神解放。自由是人们向往的，但追求自由的同时必须学会自律。网络阅读、网络写作、网络交往、网络的社会参与已经成为一个事实，它对人的价值趣味、思维与心智的成长、生活方式的改变乃至对人的表达与体验方式的改变影响深远。

(二)为保障大学生的精神完整发育，大学德育要积极引导他们在网络世界与现实生活间理性地自由穿行

首先，理解大学生对网络文化的热情，肯定他们使用网络的正当性。由于网络文化的感性刺激以及多样化的审美情趣，网络文化具有不可阻挡性。我们要肯定大学生使用网络的正当性，审慎地区分大学生使用网络的目的。大多数大学生是在正当地使用网络，利用网络资

源替代部分报纸的功能、替代部分电视的功能、替代搜索信息的功能。这种正当性应当被肯定。

其次，通过建设和管理校园网络，构筑大学德育的新途径。大学生使用网络的热情和正当性需要我们从两方面进行说明：一方面网络文化的吸引力需要我们移情到网民世界对其进行理解；另一方面有些大学生把网络的虚拟世界当作真实世界，把外部的现实世界当作虚幻世界，这种片面的认识需纠正。利用网络这个先进、指向未来的技术手段，通过建设和管理校园网络，使它成为构筑大学德育的一个崭新途径。如重庆邮电大学利用网络进行党建工作、思想政治工作、心理疏导工作等。

最后，创造条件打破网络世界的封闭性，提升大学文化生活的精神吸引力。网络是开展德育的崭新平台和途径，但不是唯一途径。它依然不能代替人与人的直接交往、人与人面对面的教化。打破网络世界的封闭性是我们现在网络德育实施的关键所在。网络世界是开放的，如何理解网络世界的封闭性？这是一个值得辩证思考的问题。正是网络世界的开放性掩盖了我们对网络世界封闭性的认识。这种封闭性激励着高校提升大学本身的文化生活。大学文化生活的多样性、完整性是提升大学文化生活精神吸引力的重要途径。当网络之外的精神文化生活不足以吸引年轻人时，他们就有可能到网络世界中享受那些自由和开放。

三、网络时代呼唤更有魅力的大学德育

为了使年青一代能够在网络世界与现实世界自由、理性地穿行，我们更加呼唤有魅力的大学德育，呼唤大学德育观念与思维方式的调整。

大学德育观念与思维方式的调整是首要的、核心的和根本的。在观念方面，我们需要重新认识和定位大学德育的功能、目标。

大学德育的功能主要包括维护国家安全、推动民族复兴、培养国民素质等指向国家和社会方面的功能，同时它还包括保障个人的生命成长、个人的生活幸福、个人对自己生活满意度的不断提升的功能。大学德育除了坚持政治教育的价值取向外，还将追求品德作为人的思想道德整体发展的基础性导向。在中国，德育被理解为大德育的概念，它包含政治思想教育、道德教育、心理教育、法制教育、美育等。大德育的各项目标需要兼顾和平衡，不同年龄段的侧重点、着力点会有所不同，但都需要内在平衡。

克服碎化性、分割式思维，走向整体性、复杂性思维。现在大学德育需要走向整合，需要诉诸学校教育的各个方面，乃至于诉诸外部社会，整合所有的德育资源，以走向跨越两级式、分割式的新思维模式。在实施专业德育工作的同时，要扩展德育的空间。德育是无时不在、无处不在的，道德现象和德育工作弥漫于我们校园的各个角落。

坚持德育过程和方法的平等性、互动性、反哺性、共同成长性。德育过程和方法要以学习者为中心，坚持平等、互动的德育模式。德育工作需要打破单向度的教育模式，即自上而下的教育模式，实现文化的双向互动。

在重塑大学文化精神、丰富和提升大学公共生活的内涵与品质的过程中，有些事情是需要我们警惕的。

一是警惕教学过程中道德教养价值的流失。这需要我们积极探索教与学方式的变革。学校教育中教学与教养的合一问题是古典主义教育学家讨论的一个永恒话题。最典型的是赫尔巴特的命题"从来没有无教育的教学，也从来没有无教学的教育"。教育过程是教学和育人的统一。现在教育过程中道德教养的价值是否正在流失？学科专业知识背后的道德价值、高尚的审美意趣以及专业知识的社会效用、伦理性、公用性是否能为教师认识到并凸显出来？教师能否将其科学化、艺术化地展现出来，使年轻人学习学科知识的过程同时是接受道德教化的统一过程？现在大学的教学方式是否需要更多地从讲授式、传递式向研究型、问题式、服务型学习转变？当前四门品德课程如何从知识传授式的教学方式走向以学习者为主体，以增强感受体验、理性判断为重，以问题解决为本的生活教育？这些问题都需要我们思考。

二是警惕师从榜样的缺失。这需要学校积极构建师生精神成长的共同体。现在的有些大学并不缺乏教育的硬件设施，缺乏的是需要长时间建设的大学文化，缺少师从榜样。按照心理学的研究，高校学生需要有魅力的教授、有魅力的大学生活，这种精神共同体如何在高校扩招的形势下得以实现？怀德海在 1929 年说过，大学在某种意义上并不完全只是传递知识的场所，也不完全是把一批教师请来进行知识研究的场所；大学是年轻人和教师之间通过知识媒介构成的关系总和。理想校园空间中由知识讨论形成的活跃气氛有利于亲密关系的形成以及对智慧的崇拜。

三是警惕日常生活中公共精神的日益稀薄。这需要我们创造丰富而有意义的大学社区生活。现在的大学生活虽颇具多样性，但仍需在丰富、多样的校园生活中彰显公共精神。毕竟大学时期是最有条件树立责任意识、公民意识的时期。现在大学应发展成一个适合公民生活、成长的机构性领域，建设成一个能够培养公共精神的新型社区性文化场所，包括日常的社团、辩论、剧社等大学生的自治组织，让大学生在参与自治、自理的过程中相互产生道德影响。日常公共生活是对人的领导才干的锻炼，是培养公共精神的基础，亟须加强。

总之，我们需要有思想、有灵魂、有魅力的大学德育。有思想的大学德育能够深谋远虑，有明确思想指向，能够既站在国家立场，又站在以人为本的个体生命立场，把大学的年青一代培养成真正意义上受过高等教育的人。有灵魂的大学德育能够在杂多和纷呈的多元文化中聚焦德育发展的方向、脉络。有灵魂才能够塑造一代有责任感、有民族气节、能够承担社会重担的栋梁之材。现在，我们需要有大情感的人，需要有崇尚自由又十分理性并自律的人，需要既有判断力又能独立思考的人，需要有勇气、有意志、有追求、能够经受中国特色社会主义考验的人。有魅力的大学德育能够通过教师的思想、丰裕的情感、充实的内心世界、对待生活的积极态度以及丰富的人生经验等师者形象，走近大学生的心灵，吸引他们拒绝平庸、提升趣味。只有这样，我们的大学才会具有魅力，我们的德育才能够称得上是和大学精神完全一致的德育，成为魅力德育。

国际全民教育发展对价值观
教育的新诉求^①

全民教育是联合国教科文组织自 1945 年成立以来持续追求的一个目标，并为 1948 年的《世界人权宣言》所确认。该宣言中有一条是"人人都有受教育的权利"。全民教育是国际社会在全球范围内提出的新概念，其最终目标是要满足全体儿童、青年和成人的基本学习需要。在过去一二十年间，全民教育对基本学习需要的理解发生了一些具体、深刻的变化。其中最为根本的变化在于，价值观教育在全民教育的深入发展与推进过程中日益凸显出来，而过去则是被隐匿在对基本学习需要的内容界定中。

一、价值观教育在全民教育发展进程中日益凸显

1990 年，世界全民教育大会在泰国宗迪恩举行。人们对什么是"基本学习需要"取得了基本共识：基本学习需要包括基本的学习手段（如读、写、口头表达、演算和问题解决）和基本的学习内容（如知识、技能、价值观念和态度）。这些内容和手段是人们为能生存下去，充分

---

① 本文是作者与李敏合作发表在《全球教育展望》2009 年第 10 期上的文章。

发展自己的能力，有尊严地生活和工作，充分参与发展，改善自己的生活质量，做出有见识的决策并能继续学习所需要的。① 可以看出，价值观念和态度被纳入基本的学习内容。这在一定程度上表明，教育在传递并丰富共同的文化和道德价值观念上的重要使命开始为人们所关注。②

2000 年在达喀尔举行的全民教育国际会议颁布了《达喀尔行动纲领》。③ 此纲领指明了 2015 年实现的六项全民教育目标。其中第二项目标要求各国实行"优质"的初等教育；第六项目标承诺改善教育质量的所有方面，让每个人都能取得更好的学习成果，尤其是在识字、识数和基本生活技能方面。全民教育国际会议充分体现出"追求有质量的全民教育"思想。然而，什么是优质全民教育？尽管众说纷纭，但有两条原则得到人们的普遍认可：第一项原则是将学习者的认知技能发展认定为一切教育系统的主要明确目的；第二项原则强调教育在促进负责公民形成应具有的价值观和处世态度以及在培养创造能力和情感方面所发挥的作用。④《达喀尔行动纲领》所追求的"优质"教育理念弥补

---

① 赵中建：《教育的使命——面向二十一世纪的教育宣言和行动纲领》，15～16 页，北京，教育科学出版社，1996。

② 在世界全民教育大会上，引入了基本教育（basic education）的概念。基本教育包括为生活关键方面打基础的教育形式，它指向最低的技能和知识。这些技能和知识是人们能够充分贡献于自己的本地环境和控制自己的生活所必需的。人们主要将注意力集中在教育政策的数量指标上。该大会一再强调普及入学机会并促进平等；强调学习评价；注重扩大基础教育的范围和手段等学习的数量和技术方面，而在很大程度上忽视了伴随儿童的创造力和情感发展的共同价值观的形成。

③ 《达喀尔行动纲领》宣称接受优质教育是每个儿童的权利，并确认质量是教育的核心所在，是儿童入学、上学和完成学业的一个主要决定因素。该行动纲领扩大了教育质量定义的范畴，阐明了学习者（健康上进学生）的美德、教学过程（称职教师采用的积极教学方法）、教学内容（相关课程）和相关体制（善政和公平的资源分配）。

④ 联合国教科文组织：《全民教育：提高质量势在必行——2005 年全民教育全球监测报告》，21 页，北京，中国对外翻译出版公司，2005。

了以往偏重认知领域和忽视情感、态度、价值观的缺陷。至此，学校教育在形成价值观方面的功能定位由过去仅仅作为基本学习内容上升到教育目标的高度。在追求"优质"的全民教育的过程中，教育不再可以简化为学会读、写、算，它必须教会人们学会生存、学会做事、学会学习和学会共同生活。

全民教育国际会议拓展了全民教育的理念，超越了传统的读写能力培养，在更广阔的范围内要求教育应致力于培养工作和生活所需要的能力。该会议引发了人们对价值观教育的广泛关注，价值观教育已逐渐上升为 21 世纪教育的主要目标之一。价值观教育不再仅仅是一项具体的学习内容，它在很大程度上已经构成了优质教育的核心。当今时代的价值观教育旨在为每个学习者找到有尊严、有价值和满意的生活方式，它试图超越着眼于局部利益的民族意识，在一种全球视野中追求公平、公正、合作、宽容、进取的精神。

全民教育发展过程中不断彰显的价值观教育，其所携带的时代信息和要素从一些重要方面弥补了我国价值观教育存在的不足。虽然新型的价值观教育系统尚在商讨和构建之中，但我们从优质全民教育的发展理念中能够领悟到许多与时俱进的价值观教育的重要元素。全民教育所倡导的价值观教育有着更为人本的思想和宽容的胸怀，它将对我国的价值观教育带来诸多富有力量的启示。

二、"优质"的全民教育追求什么样的价值观教育

2003 年，联合国教科文组织全体会议指出，当前的全民教育应当超越传统的读写能力，向多元素养拓展，即培养工作和生活所需要的能力。之后的多次会议上，联合国教科文组织逐步明确了对全民教育的看法：从一般的读写能力和普及初等教育，转向全民教育的具体方

面，如职业技术教育与培训、就业能力、有效的公民素质、面向工作世界的功能性素养。2004年，国际教育会议的评论强调了全民教育中"教育"的新含义："为生活和工作做准备的基本教育"[1]，并特别指出全民教育必须与教育最具生产性的要素联系起来。从中我们不难看出，教育面向生活世界和工作世界成为全民教育努力追求的价值核心。从强调读写能力到强调"面向生活世界和工作世界"的价值理念，深刻地反映出我们正身处一个需要新的价值建构和引领的时代。而此时的价值观教育必然承担起更多的使命和要求。

（一）价值观教育被视为全民教育质量提升的根本

全民教育理念的不断深入发展，表明人们在看待教育与经济、教育与社会发展等一系列关系的方式上已经发生了逐步的但却是根本性的变化。与以往被视为一种消费方式所不同的是，教育现在被认为是对生产的最本质要素——人的能力的一项投资。这一根本变化不仅体现在关注教育投入与教育产出的直接学校教育上，也日益体现在价值观教育的内涵延展上。前者关注教育的"物质""有形"的一面，后者关注教育的"精神""无形"的一面。当前，有越来越多的人士认识到社会的快速发展需要价值观教育去完成更为根本的使命。正如蒙特里国际研究所非营利性管理教授、教育发展中心组织学习和发展中心主任贝丽尔·莱文杰（Beryl Levinger）所指出的那样："需要阅读、写作和基本计算的工具性技能，还需要自然科学、社会研究、健康和营养学的内容知识。但他们的教育也必须关注价值观、过程和态度。后三者绝对是'有质教育'的实质。"[2]

---

① 联合国教科文组织国际教育局：《教育展望135/136》，华东师范大学译，6页，上海，上海教育出版社，2007。

② ［美］Joel E. Cohen：《普及基础教育和中等教育的目标》，见联合国教科文组织国际教育局：《教育展望139》，华东师范大学译，8页，上海，上海教育出版社，2008。

(二)关涉价值观教育更为完整的框架

"面向生活世界和工作世界"的价值导向不仅涉及道德向度,而且也涉及职业、文化、人生等多项价值观教育的内容。[①] 全民教育所倡导的价值观教育不仅在于帮助学习者获得社会规范意识,而且还在于推动学习者将当下的生活与未来的工作联结起来,形成积极向前的人生态度,以此在日常生活与职业生活中确证自我,获得存在的意义感。社会发展的需要表明,价值观教育的框架和内容是丰富的;道德价值虽构成价值观教育的根基,但它不能解决人在发展过程中的所有问题。尤其是现在迫切需要价值观教育能够兼顾理想层面与现实层面、精神层面与物质层面、生存层面和发展层面、生活层面与职业层面。只有尽可能观照价值观教育的完整框架,综合考虑价值观教育的多项内容,才能获得符合时代精神的价值真谛,以引领教育的发展和人的发展。

(三)注重人的情感和态度的改变

全民教育的发展日益重视培养负责任的公民,强调价值观标准的重要作用。上文中曾提到,优质全民教育的第二项原则是强调教育在培养学习者创造能力和情感方面的作用,在支持和平、公民和安全目标方面的作用,以及在促进平等与向下一代传递文化价值观方面的作用。其中不难看出,优质全民教育所倡导的价值观教育更多是关注如何将知识升华为更高层次的理解和领悟,如何将知识提升到情感领域(感觉、感情、赏识和爱),以及如何将这些知识内化,进而转化为学习者的实际行动。不得不承认,价值观教育是一个完整的过程,是一次完全的学习体验。简言之,在情感和态度方面所发生的改变将在价值观教育中发挥至关重要的作用。全民教育中彰显的价值观教育,其

---

① 价值观作为一种稳定的被赋值的观念系统,从内容上看,涉及政治、经济、文化、宗教、人生、道德、职业、家庭等具体领域。

所倡导的关注学习者的生活世界和工作世界，实际上是在引导学习者努力建构指向个体的联结个体与社会的"生活的意义"。而人们使用"意义"一词时，往往就是和人的情感、情绪和态度有关。它揭示和表明人类的最高价值，体现出人类所怀抱与追求的理想。这理想也正是人类行动的目标和生活的依据。

三、对于我国价值观教育的启示

国际全民教育在其发展历程中日益重视价值观教育，强调学习者应对生活世界和工作世界的能力和态度。这对我国当前的教育发展及其价值观教育均有着积极的启示。其中，对于整体教育发展而言，它让我们认识到价值观教育并非德育这门学科的独有任务，而是已成为新时代的教育目标之一。全民教育发展带给我国价值观教育的启示集中体现在以下三个方面。

（一）谋求科学发展和社会道德精神价值间的平衡

目前，我国正从传统加工业向产业过渡。这一转型时期不可避免地出现一些问题，如失业、社会关系紧张等。科学并非全能，科学发展推进了人类文明，但同时在某些方面给人类带来了负面影响。在教育领域，人们希望通过识字教育、普及教育来推动社会发展，对个人来说主要表现在促进就业、提高专业化水平上。然而，西方社会上出现了教育性失业现象，使得一些孩子对教育、对生活、对工作逐渐变得不自信、缺乏安全感。美国学者艾克斯雷曾试图在这种社会危机现象背后探寻当代价值观的真谛，指出"西方文明的现代灾难，诸如青年的自杀、吸毒和犯罪，通常可以用个人的、社会的和经济的原因来解释：失业、贫困、虐待儿童、家庭破裂或其他原因。他人的和我自己的研究似乎表明了西方社会的本质中存有某种更为基础的东西。我相信这种'东西'（something）是西方文化的一种深刻而不断加剧的失败——不能给我们的生活提供意义、归属和目的以及价值体系。"①

艾克斯雷十分睿智地将这些社会问题归为价值观的缺失。为此，他进一步指出，人需要信任某种东西并为之生存奋斗，也需要获得一种与其生活的世界和宇宙有着关系或联系的感觉。艾克斯雷所说的这两种需要关涉的正是人的工作世界和生活世界。在当前，一个人拥有怎样的对待工作世界和生活世界的态度不仅关乎教育的终极意义，而且关乎人之存在的意义和价值。目前，教育范式的一个重大转变就是态度和行为方式的转变，以及对人的思维、感知觉和行动方式的再教育。正因为如此，我们必须在科学发展和社会的道德精神价值之间找到平衡；我们需要提供一种有出路的教育，让人通过受教育过上好的生活，让所有受过教育的人都能够置身于健康、有为的工作世界和生活世界中。

（二）价值观教育应兼顾工具性与终极性、个体性与社会性

"面向生活世界和工作世界"的思想将价值观教育的工具性与终极性、个体性与社会性统一起来。我国传统的价值观教育往往强调工具性和社会性，关注怎样将学习者培养成与社会生产相匹配的从业者，忽视个体存在的价值感和幸福感，更没有在行动中真正体现"社会发展的终极理想在于人的全面健康发展"的一贯思想。而国际全民教育对于"生活世界"和"工作世界"的观照在教育实践方向上打破了原有价值观教育的工具主义取向，用"生活"和"工作"的话语向人们揭示出价值观作为一种深层建构所包含的信仰体系与行为选择之间相互体现及依存的关系。各国的教育实践均表明，价值观教育所谓"认识"不同于一般

---

① 联合国教科文组织：《为了21世纪的教育——问题与展望》，王晓辉、赵中建等译，43页，北京，教育科学出版社，2002。

知识教育所谓"认识"，主要指的是对以社会、经济、政治、文化为根基的道德、精神、美学之价值的认识。这种认识是人类生存的目标，科学技术只是实现这一目标的手段。同时，对于个体来说，形成怎样的价值观便意味着在许多时空场景中会绝对服从怎样的道德律令。这带给个人的影响在很多时候是终极性的。为此，应当让价值观教育与和个体生命息息相关的"生活世界""工作世界"发生积极的关联，让关心人类终极生存目标的价值观教育表达出个体丰富的生命意义和终极价值。

同时，无论是"生活"还是"工作"，它们不仅触及信仰问题，而且涉及个体和社会共同的行为选择。关注人的"生活世界"和"工作世界"的价值观教育会尽可能充分地考虑人的尊严和劳动的尊严，重视健康、人与自然和谐、真理与智慧、爱心与同情、创造、和平与公正、可持续发展、国家统一和全球团结、全球精神等人类社会的共享价值观，有效并适宜地兼顾"个体"与"社会"这两个重要维度。这种强调融个体性与社会性为一体的价值观教育与国际全民教育发展所努力追求的"促进负责公民形成应具有的价值观和处世态度"的目标相一致。

一旦价值观教育的工具性与终极性、个体性与社会性统一起来，对于学习者的价值观形成而言，最初在生活和工作中更多地表现为一些规范性的价值要求，也会伴随着个体的生命历程和生活体验逐步内化，成为较为稳定的价值信念。这是价值观教育较为理想、自然的实施过程和实现状态。

（三）遵从"以人为本"的价值观教育理念

就价值观教育而言，它像所有的教育活动一样有一个目标设定和目标实现的过程。不过，传统的价值观教育习惯于把人的本质仅仅看成理想化的先验主体和美好向往的根据。这一导向下的价值观教育往往遵循着"预设理想目标—导入理想目标—期待理想目标"的实施路径。

它在很大程度上脱离了教育场域中人的现实生活，从而导致一些教育者和受教育者在教育实践中产生一种"异在感"，找不到教育内容与个体经验、理想层面与现实层面之间的对接点。而优质全民教育试图立足于人的"生活世界"和"工作世界"去设定目标，试图在人的现实生活中追求理想价值的实现，遵从的正是一种"以人为本"的价值观教育理念。"教育事业一个义不容辞的使命，就是最大限度发掘人的潜能，从而构建更为人道和公正的社会体系。"①

"以人为本"的价值观教育内在地蕴含着一种主体伦理诉求，它将价值观教育从过高的、抽象的、脱离实际的文本教育现实化为教育者可感、可知、可行的行动教育。"以人为本"的价值观教育以人的权力、尊严、幸福为本，从个体的生存状态出发，观照人的生活世界和工作世界，重视为人的发展提供良好的环境、条件以及强调人在一定外在环境中的主体能动性。在"以人为本"的价值观教育理念的指导下，人的生活世界和工作世界既是价值观教育的起点，又是价值观教育的目标实现。这便意味着价值观教育成为能够让人过上有尊严的生活的、与人的生存和发展紧密联系的、最基础的教育需要和教育行动。正是在这样的价值观教育过程中，个体才会去主动寻找可能的生存空间，不断积累经验。

从以上论述中不难看出，不断发展的国际全民教育将价值观教育推到了教育的核心位置，同时彰显出许多重要的价值观教育理念。我们需要了解和把握这一趋向与旨趣，以使我国的价值观教育进一步利于调动人的潜能和活力，更好地促进人的全面发展。

---

① ［菲］Lourdes R. Quisumbing：《职场教育与公民教育：走向可持续发展的未来社会》，见联合国教科文国际教育局：《教育展望 135/136》，华东师范大学译，36 页，上海，上海教育出版社，2007。

当前中国中学道德教育课程标准
及其创新方式[①]

　　2002 年 8 月，教育部启动中学思想品德和思想政治课程标准研制项目。经过不到两年的工作，《全日制义务教育思想品德课程标准（实验稿）》和《普通高中思想政治课程标准（实验）》分别已于 2003 年 5 月和 2004年 3 月正式颁布实施。此次课程标准的研制较 20 世纪 80 年代以来的改革有非常大的调整。做出这种调整的原因在于社会发展和整个课程改革的大背景，同时由于我们对学校道德教育课程功能、学习方式和作为制度性学校的学科与生活关系的认识的改变。需要说明的是，中国长期以来沿用的是一种大德育概念，而不是狭义的道德教育概念；它既关心学生的道德成长和心理健康，又具有明确的思想性和政治导向性。这也是此次改革继续沿用"思想品德"和"思想政治"作为课程名称的原因之一。

一、当前中国中学道德教育课程标准研制的背景

（一）时代的变化要求加强中学道德教育

　　在一个经济全球化时代，重视道德教育，重视以道德教育为基础

----

① 本文是作者发表在《全球教育展望》2004 年第 4 期上的文章。

的政治教育、思想教育和法制教育，已经成为世界教育改革的一个共同趋势和走向。在经历了 20 世纪六七十年代多元价值、相对主义、消费主义和科技主义洗礼之后，越来越多的国家和地区重新认识到道德教育对于一个民族、国家和社会所具有的指引方向、凝聚人心、提升人口素质和国力的重要作用。美国在扬弃"美德袋"教育传统之后，重新强调基础性的德性品格是人的发展最重要的内核与基础。早在 20 世纪 60 年代，日本教育家就严厉指出，日本教育是忘掉了一半的教育，因而近三十年来的日本教育改革一直致力于加强情感品格教育，后来又提出了一体化的道德教育设计。英国教育改革同样要求重新确认核心价值观引导，重视品格教育、社会教育和情感教育，重视对学生的精神关怀。

改革开放以来，随着社会主义市场经济体制在整个社会生活中的不断确立，传统价值观正经受时代的涤荡。社会道德要求和价值取向的剧烈转型，以及地区经济发展不平衡导致的一系列新的社会问题，要求学校道德教育在帮助青少年形成正确的价值辨析、积极的生活态度、建立在亲社会基础上的自我认同和一定的道德生活能力等方面承担起新的责任。

(二) 当前中国中学道德教育存在的问题

就大德育概念而言，我国目前的学校道德教育存在具有强制性、理想化、说教式、唯知识论和封闭性特征的现象，因而长期以来都存在缺乏吸引力和实效性的问题。

①在初中学生最喜欢的课程中，思想品德课排在第 10 位（共 14 门课）；它在最不喜欢的课程中排在第 3 位。

②有近 1/10 的初中学生将思想品德课列为最不喜欢的课程。

③高一学生中喜欢思想品德课的人数比初三学生低了近10个百分点。①

分析原因：一是以往德育课程存在对基础性品德的教育重视不够的问题；二是以往德育课程存在对学生思想和生活实际缺乏关注及更实在和有深度的帮助的问题；三是以往德育课程存在强调知识传递，内容枯燥抽象，教学方式单调，无法激发学生内在道德学习的动力和兴趣，更谈不上道德实践的愿望和能力的问题。因此，中国学校道德教育改革迫在眉睫。

(三)学校道德教育要坚持核心价值观引导

在经济全球化背景下，面对由于社会快速转型引起的"思想激荡"，学校教育需要坚持核心价值观引导。

第一，当前中国正处于全面建设小康社会、实现民族伟大复兴的现代化进程中，需要通过对核心价值观的认同来凝聚人心，保证社会发展方向。

第二，中华民族的文化传统一向重视褒扬社会主流价值观，因而要求以培育民族精神为要旨的中国学校道德教育尊崇这一传统，弘扬具有时代特点的先进文化和价值观念。

第三，学校教育是为一个人的终身发展奠定良好的、健康的、以德性品格为核心的思想道德素质的基础阶段，对人的影响具有目的性、系统性、集中性和不可移易性的特点。

第四，在学校教育中坚持核心价值观引导是帮助学生顺利融入社会、积极适应和参与社会进步与社会建设、实现个人价值的有效途径。事实上，绝大多数中学生并不拒绝思想教育、政治教育、道德教育和

----

① 参见魏曼华等：《新课改前初中思想政治课教材及其使用状况调查报告》。

法制教育，而反感于教学内容与生活实际的脱节、教材呈现方式的单调刻板、教学形式的枯燥和评价方式的单一。

①有 4/5 的初中学生认为思想政治课"非常必要"或"有必要"。

②超过 3/4 的学生认为，初中思想政治课应该加入更多"贴近中学生生活的案例"。

③超过 2/3 的教师认为，初中思想政治课应该加入更多"关注实际问题、能引起学生行为改变的内容"。

④80％以上的初中学生和 90％以上的教师认为，"有必要"把社会热点问题加入初中思想政治教材。

⑤赞同现行初中思想政治教材编排方式的学生仅为 5％，教师仅为 3.3％。

⑥70％的学生喜欢政治课上开展活动，90％以上的教师认为有必要在思想政治课中开设专门的活动课。①

因此，在学校教育中坚持核心价值观引导是我们基本的教育信念和主张。

(四)新课程改革对学校道德教育的影响和冲击

新一轮课程改革的基本精神是要把学校教育的立足点真正转变到以育人为本、以发展人为本、以促进人的全面发展为本，从而为学生的终身发展奠定基础。因而淡化课程的知识传递功能，强调课程作为平台对于联结学校和社会生活、经验和结构化知识的整合作用，强调课程参与者的实践与反思对于课程拓展和重新建构的意义，也更加强调让学生学会学习和积极学习。新课程改革不仅深刻影响着学校道德教育理念的改

---

① 参见魏曼华等:《新课改前初中思想政治课教材及其使用状况调查报告》。

造，而且对学校道德教育的实践产生有力的冲击。

第一，此次道德教育课程改革的重点是要让道德教育回归学生生活，让思想教育的内容充分融入生活，让一种以知识教育为主的道德教育走向强调知识、能力、情感态度、价值观整合并以感受体验为基础的道德教育，让既往的单向灌输式的道德教育变成一种讨论性的、对话性的、分享性的道德教育，让过去孤立封闭在学校和课堂的道德教育变成一种全息开放的道德教育，变成一种不是成人中心、权威中心的道德教育。

第二，学校道德教育必须遵循学生身心发展及其生命成长的需要，否则就只是一种想象和愿望，而缺少魅力和针对性。学校道德教育必须符合人的思想品德形成的规律。有效的道德教育强调体验重于知识，践行重于言说，过程重于结果，隐性重于显性。

第三，学校道德教育必须回归生活，把生活作为来源和主体，引导学生在生活中发现和感悟生命成长的道德需要，用生活滋养人，用生活教育人，让道德重归心田，让生活中的真、善、美成为学生生命中最重要的东西。因此，我们把德育课程仅仅设想为一个平台，一个讨论关乎道德成长和思想成长话题的窗口和契机。我们需要诉诸学生的认知活动、情感活动和意志活动展开道德学习，拓宽学生的视野，丰富心胸，提升思维品质，其中包括动力品质、态度品质和能力品质。这是一个反复经历、反复对话、反复感受、反复共享、反复理解、反复实践的过程。通过这个过程，学生的思想矛盾、内心焦虑、成长中的快乐和烦恼得以呈现。事实上，经过这种全息性影响和整合性作用，一个完整的道德教育将为学生的终身发展奠定扎实基础。

二、初中思想品德课程标准及其实施

(一)初中思想品德课程标准的设计思路

目前,世界各地保留单独品德课程的国家并不多。比如,日本开设的道德课,并不是一门独立课程,而是一个进行道德教育、开展道德活动的时段。考虑到我国正处于特殊的历史转型时期和所具有的具体国情,因此在中学阶段仍然保留独立的道德教育课程。但其课程功能和理念都发生了很大变化。其中《全日制义务教育思想品德课程标准(实验稿)》的"课程的基本理念"如下。

①初中学生逐步扩展的生活是本课程建构的基础。

②帮助学生学习做负责任的公民、过有意义的生活是本课程的追求。

③坚持正确价值观念的引导与启发学生独立思考、积极实践相统一是本课程遵循的基本原则。

其中一个重要转向就是,作为学校教育的核心和灵魂,道德教育课程在坚持核心价值观引导的同时要以人为本,回归学生生活,从而成为温馨的、有魅力的、受学生欢迎的课程。

初中思想品德课程具有明确的思想性、政治导向性,同时关心学生的心理健康和道德成长。其核心和基础是学生的人格发展,所有的课程理想最终都必须落实和聚焦到这个核心上来。所谓品格是指一些最重要的核心价值观,是在一个人身上经过行为、习惯内化形成的相对稳定、能够认同的东西。虽然课程标准中没有明确提出究竟有哪些核心价值观,但实际上选取了一些人格特征作为基本要求,如自尊、自强、诚实、友善、平等、尊重、责任等。

初中思想品德课程标准根据思想品德教育的目标，从初中学生的认知水平和生活实际出发，围绕成长中的我、我与他人、我与国家和我与社会（自然）的关系，整合道德、心理健康、法律和国情教育等内容，要求课程设计增强针对性、实效性和主动性。《全日制义务教育思想品德（实验稿）》的"课程目标"如下。

以加强初中学生思想品德教育为主要任务，帮助学生提高道德素质，形成健康的心理品质，树立法律意识，增强社会责任感和社会实践能力，引导学生在遵守基本行为准则的基础上，追求更高的思想道德目标，弘扬民族精神，树立中国特色社会主义共同理想，逐步形成正确的世界观、人生观和价值观，为使学生成为有理想、有道德、有文化、有纪律的好公民奠定基础。

初中思想品德课程标准遵循这样一个设计思路。

第一，坚决改变分科化、知识性道德教育模式，改变原有初一到初三按不同学科设置课程的方式，打破不同学科的分割，打破学科内部的逻辑体系，不追求学科知识的完整，不以传授各学科的知识体系为教学目标，走综合化道路，将政治、伦理、法律、国情等方面的内容加以整合。这既体现国家对初中学生在价值观和思想道德素质方面的要求，又服务于以品格发展为核心的学生道德素质的养成目标。

第二，以品格为核心构建逻辑网络。品格是道德个体化了的品质，它反映人在与自然、与他人、与社会、与国家的关系中自我的应对、处置及逐步内化了的性格。因此，初中思想品德课程标准采取以道德、心理健康、法律、国情等相关内容为横坐标，以成长中的我、我与他人的关系和我与国家、社会（自然）的关系为纵坐标，形成组织内容的逻辑网格(见表1)。其中,人与自然的关系体现了道德的本性,并反映了当代道德的许多新特点。但考虑到地理、科学等课程将其作为主要内容,所以把这方面内容渗透在生命、环境和国情教育中去体现。

表1 初中思想品德课程标准的逻辑网格

主题	道德教育	心理健康教育	法律教育	国情教育
成长中的我	自尊自强	认识自我	学法用法	文化认同(中国心)
我与他人的关系	交往的品德	交往与沟通	权利与义务	共同理想
我与国家、社会(自然)的关系	承担社会责任	积极适应社会	法律与社会秩序	知国情、爱中国

第三,关于课程标准逻辑网格中教育要目的选定,坚持从初中学生的生活实际出发,以其成长过程中常见的基本问题为依据,将青春期的心理问题、公民的基本道德修养、维权意识、守法精神以及对社会、对民族、对国家的责任感具体化为一个个与学生身心发展水平相适应、具有时代特征和生活气息的要目。从初一到初三,在内容和学习要求上逐渐加深,增加问题的层次性和挑战性,尽可能体现时代性和针对性。同时,作为国家对初中学生思想品德的基本要求,它又是一种普遍要求,因而具有一定的基础性。这里的基础性是指一种品格要求。初中思想品德课程标准还具有如下特点。全面性是强调青少年都必须经过这一教育过程;普遍性是指国家对人的发展的要求都必须有所覆盖;时代性是指必须与经济全球化时代息息相通,体现时代特点;针对性是指必须反映12～15岁年龄段学生的生活、生命成长的需要和身心发展规律。初中思想品德课程标准提出的一些活动建议不是硬性规定,而是为教师组织教学与学生主动探索提供启示和线索的。

第四,与其他课程标准一样,初中思想品德课程标准也采取分类设立教育目标的方式。不同的是，它在分类目标中将情感、态度、价值观方面的目标置于更加突出的位置，以充分体现思想品德课程的特殊性。它强调学生多主动观察、多感受体验、多参与活动，在亲身经历中，在讨论对话中，在独立思考和理解认同中，使知识、能力、情感、态度得以整合。

（二）初中思想品德课程标准的教材呈现

新的初中思想品德课程标准体现了国家的意志，寄托了我们的教育信念，表达了我们关于道德教育创新的基本看法。道德教育必须借助丰富的载体才能实现，教材的编写寄托了我们的第二次创造，还有教师的现场工作那将是第三次创造。可以说，每一次创造都让我们更接近道德教育的本真。

第一，教材是初中思想品德课程标准的补充和拓展。它的作用在于提供材料、提供资源、提供媒介、提供平台，激发学生道德学习的愿望。按照新课程标准的要求，道德教育的内容从大单元到每一课都是整合的。因此，教材不再孤立地讨论道德、心理健康、法律和国情，它真正要寄托的是道德教育。这是要诉诸一定的心理过程才能实现的。初中学生正处于青春期，常常因青春期的烦恼出现情感、心理变化，是进行品德教育的契机。这就要求教材以螺旋上升、反复出现的主题和丰富多彩的形式把握青春脉动，说青春的话，讨论青春话题，引起青春的感动和回响。教材的总体呈现方式是从"要你学"走向"我要学"，从道德教育的模式走向道德学习的模式。不同于小学品德课程，初中思想品德课程更强调道德学习是学生生命成长、生活主题之内在矛盾的展开过程，必然伴随情感和认知发展上的冲突。在这里，教材只是平台和工具，它将吸引更多有利于学生成长的东西，从而把生活经验与学习建议联结起来。随着新的联结的不断形成，将构成新的和逐步扩展的道德教育平台，同时激发起学生更强烈的渴望成长、向往美好的内在需要。

第二，初中思想品德课程标准要求教材在发展和提升学生的认知发展水平、情感发展水平和行为能力水平上较小学品德教材有所突破。因而更强调在个人生活和公共生活领域为学生提供更为理性的训练和帮助，提出有一定梯度和难度的新要求。在这方面，教材必须为个人的提升提供充分条件和机会，同时为道德发展评价提供可能性（见表2）。

表2 《思想品德(七年级)》上册目录[①]

第一单元：扬帆起航	第一课：走进中学	校园风景线 跨越陌生
	第二课：昨天与今天	适应新学习 遵守新规则 承担新角色
	第三课：新的起点	放飞理想 凡事预则立，不预则废 千里之行，始于足下
第二单元：学会学习	第四课：工欲善其事，必先利其器	珍惜时间，合理安排学习时间 独立思考，自主学习 兼顾全面基础与学科特长 从社会生活和社会实践中学习
	第五课：文武之道，必先利其器	一张一弛，劳逸结合 文明娱乐，健康休闲
	第六课：聪明以外的智慧	态度决定未来 习惯造就成功，合作带来共赢
第三单元：成长中的我	第七课：成长的烦恼	青春发育 直面烦恼
	第八课：正视自我，成就自我	成就自我，认识自我 悦纳自我，发展自我

---

① 朱小蔓、魏贤超：《思想品德 七年级上册》，目录1～2页，北京，教育科学出版社，2004。

第四单元：人与人之间	第九课："人"字的结构	心灵的呼唤 发展的需要
	第十课：假如我是你	平等与尊重 宽容与理解 关心与互助
	第十一课：交往有艺术	礼貌的力量 表达与倾听
第五单元：在分数的背后	第十二课：考试的心情	从容应考 平静看分数
	第十三课：分数的品质	诚实的检验 公平的比较
	第十四课：分数之外的收获	分数之外的成绩 一分耕耘，一分收获

第三，按照初中思想品德课程理念，课程和教材要留有相对充分的空间，不能太定型化。事实上，道德教育的根源在于活泼的生活，道德教育的课程和教材需要的是来自生活的鲜活素材。它们能激发学生的好奇心和学习愿望，与学生的思想实际碰撞产生新的火花。同时，教材的"留白"为教师教学的再创造提供了可能性。教材无须网罗天下，而只需要为教师和学生提供理解课程的线索。

(三)初中思想品德课程的管理与实施

初中思想品德课程实行"一纲多本"的管理改革，强调教师对课程的再创造，强调教师和学生在教与学的过程中共同建构新的意义平台，从而使教材真正成为教师教的工具和学生学的工具。从这个意义上说，课程标准的制定和教材的编写都只完成了课程创造和教育创新的特定的一步，而教师教和学生学的过程中的创造将使道德教育课程始终保持一种开放和更新状态。因此，强调课程实施过程中的自主管理是新课程标准所寄托的理想得以实现的基本条件之一。

有效的道德教育的实现必须强调科学的课程评价方式。新的课程标准要求全面、完整地评价学生的学习，尤其是学习过程中情感、态度、价值观的形成；要求体现评价过程的互动性和广泛的参与性，强调评价的过程是学生发展和教师专业成长的过程；要求重视评价的反馈。

三、高中思想政治课程标准研制的基本思路

高中道德教育旨在引导学生树立建设中国特色社会主义的共同理想，初步形成正确的世界观、人生观和价值观，提高参与现代社会生活的能力，为其终身发展奠定思想政治素质的基础。它和义务教育阶段的品德课程一以贯之。从德育目标上讲，它们都致力于培养学生的以心理品质、道德修养、法律意识、思想方法和政治觉悟为内容的基本素质，进而培养有理想、有道德、有文化、有纪律的公民。但不同的是，小学阶段侧重于陶冶学生的"五爱"情感，初中阶段以树立集体主义、爱国主义和社会主义思想为教育重点，而高中阶段则以确立科学的世界观、人生观、价值观为主。从内容上讲，它们都围绕学生成长、社会需要和学科知识，以学生的生活逻辑为基础整合课程内容。但不同的是，小学阶段强调个人生活主题，初中阶段则致力于为学生未来的公民生活做准备，进入高中同样是生活主题，凸显的则是与社会物质文明、精神文明和制度文明相对应的三大基本社会生活领域：经济生活、文化生活和政治生活。

高中思想政治课程标准完整体现了素质教育的培养目标：一个有经济头脑的人(生活规划、自立能力、创业精神)；一个有政治觉悟的人(政治意识、政治参与、民主与法制观念)；一个有文化涵养的人(文化理解、文化认同、文化情趣)；一个有理论思维的人(价值判断、思想方法、科学精神)。

高中思想政治课程标准强调坚持马克思主义基本常识教育与顺应时代发展要求相统一，注重思想政治方向的引导与学生成长阶段特点相结合，构建以生活为基础、以学科为支撑的课程模块，强调课程实施的时间性和开放性。高中思想政治课程设计采取模块式的组织形态，全部课程分必修和选修两大部分。各课程模块的内容都相对独立，实行学分管理。《普通高中思想政治课程标准（实验）》的"课程设计思路"关于必修和选修部分的介绍如下。

①必修部分是所有学生必须学习的课程，共8个学分，设4个课程模块。

②选修部分是学生自主选择的课程，共12个学分，设6个课程模块。

第一，高中思想政治课程标准强调以生活德育为主线，从关注个人生活转向关注公共生活，进而跃升到社会生活的三大基本领域，帮助学生深入了解经济生活、文化生活和政治生活，提高他们在这三大领域的认识能力、情感能力和行为能力。同时，把哲学生活作为提升生活智慧的一个独特领域单独设置一个模块。

第二，高中思想政治课程标准继续强调大德育概念，以社会生活四大领域为课程的主题轴，以世界观、人生观、价值观为目标体系的核心整合课程资源，并不断提高德育要求。

第三，高中思想政治课程标准强调遵循分科为主的课程思想，保持相对独立的学科性和知识的系统性、完整性，围绕社会生活主题的方方面面构建学科知识与生活现象有机结合的课程模块。四大课程模块都有一定的学科支撑，目的是满足高中学生理性思维分化的需要，同时为他们进入成人社会逐步建树学科概念奠定基础。《普通高中思想政治课程标准(实验)》关于四大课程模块的介绍如下。

①思想政治(1)：生活与消费、投资与创业、收入与分配、面对市场经济。

②思想政治(2)：公民的政治生活、为人民服务的政府、建设社会主义政治文明、当代国际社会。

③思想政治(3)：文化与生活、文化传承与创新、文化与民族精神、发展先进文化。

④思想政治(4)：生活智慧与时代精神、探索世界与追求真理、思想方法与创新意识、价值判断与行为选择。

第四，高中思想政治课程标准强调围绕政治领域、经济领域、思维方式、法律及公民道德与伦理常识等生活主题设置选修课程。其目的是在更宽广的知识背景下提升学生的思想政治水平，同时为学生坚定共产主义政治信仰和部分选考文科专业的学生进入大学学习奠定知识基础。

第五，为了体现道德教育课程教学的特点，高中思想政治课程标准提出四条建议。

①注重学科知识与生活主题相结合。

②坚持正确的价值导向，采用灵活的教学策略，把"目标—策略—评价"与"活动—体验—表现"的过程结合起来，引导学生在范例分析中展示观点，在价值冲突中识别观点，在比较鉴别中确认观点，在探究活动中提炼观点。

③强化实践环节，丰富教学内容。

④倡导研究性学习，鼓励学生独立思考、合作探究，主动经历观

察、操作、讨论、质疑、探究的过程。

第六，高中思想政治课程标准强调把评价作为促进学生发展的手段，把思想政治素质的评价放在突出位置(见表3)。

①对知识目标的评价，借助内容标准中不同行为动词的表达，在程度和范围上区分了评价的不同层次。

②对能力目标的评价，强调在活动过程中进行动态的、综合的、有侧重的评价。

③对情感、态度和价值观目标的评价，关注学生情感和态度变化的趋向。

表3　高中思想政治课程目标

层次	类别	意义	行为动词
识记	指认事物	指认其特性、归属、来源	识别、区分、辨认、了解、选用、找出、观察等
	再现事实	表述其内容、过程、表现、形式、状态	描述、引述、描绘、列举、概述、简述、表明、展现、回顾
理解	澄清概念	澄清其原因、实质、性质、理由	分析、辨析、辨识、说明、比较、解释、阐述、评述、揭示、理解、剖析、归纳等
	审视某种观点	审视其真假、优劣、利弊、好坏、取舍	体察、评估、评析、评判、解析、把握、品味、发掘、赏析等
运用	支持某种论断	支持或采纳一个见解；为某一立场辩护	领会、明确、认同、确认、确信、领悟、探寻等
	采取某种行动	经历、感受、体验其过程	考察、收集、查找、尝试、感受、探讨、体验、品味、经历、寻求等

高中思想政治课程标准目前正在广泛征求意见。和初中思想品德课程标准一样，它的研制过程本身就是我们对教育规律和教育知识不断加深理解和创造性运用的过程。相信在正式颁布实施之后，经过广大教师和专家学者开发教材及生成课程的实践活动的创新将更具生命力。

　　需要说明的是，学校道德教育不是仅仅靠道德教育课程就能实现的，它还必须依靠其他课程所奠定的认识世界、他人和自我的素质基础，以及校园文化、社区服务等其他隐性课程共同支撑才能完成。

　　既然新一轮基础教育课程改革仍然设置道德教育课程，我们就必须以最新的课程理念和最丰富的课程资源做好这门课。中国学校道德教育将因此向前迈出有力的一步。

德育机制的创新：班组串换[①]

1999 年，我听说江阴的峭岐实验小学在做"班组串换"课题，当时觉得很新鲜的、挺好的，于是鼓励他们做下去。因为这个课题是关于道德学习的，和我自己的研究方向与兴趣非常一致。

道德学习不同于科学知识学习，后者更多的是通过陈述性和命题性的知识实现的。而道德学习不是光知道就行了，它还得去做，要把道德知识转化为自己身体力行的事情。现在的道德教育存在只告诉学生做什么、应该怎么做，却没有相应的制度保障，没有创设一定的文化环境、氛围和条件让学生真正去做，并且在做的过程中自然而然地获得感受、体验的现象。如果说得多、做得少，当事人就不能有所感悟，也无法获得自己的生活经验，道德教育就不会有实效。所以，我们主张道德教育应在一定情境中，在一定的相互关系中，让人具体地、真切地去感受、去体会、去判断、去选择，去不断地调整自己的价值观念、态度和习惯。

班组串换的设计正是体现了这种有利于道德学习的情境。它直接针对班级授课制，在现有班级组织结构的基础上加入动态串换的因素，

---

① 本文出自作者所著的 2012 年由北京师范大学出版社出版的《关注心灵成长的教育：道德与情感教育的哲思》一书。

让学生每学年重新分班（串班），经常性地重新分组（串组）；并且每学期组织每班开展两三次的班际互访，每次出访使六分之一的学生串换到另外的班级学习 20 天左右。表面看起来，它似乎只是班级组织形式的调整，而实际上却是把班级组织形式作为一种隐性课程巧妙地帮助学生进行道德学习。

班组串换对于学生的道德学习是一种好的设想。因为班组串换的要点是串换，就是不凝固在一种方式、一种制度、一种结构上，不局限于一种固定不变的关系中，而是通过不断改变原有关系、原有组合，形成一个新的结构。一旦结构调整以后，要素与要素之间就会形成新的组合关系，结构的功能肯定会发生变化。这是系统论的概念。如果用网络来形容的话，网络的节点很重要；节点越多，网络承载的信息就越多，组织就越丰富。班组串换最基本的道理实际上是把原有班级授课制凝固了的关系、凝固了的结构、凝固了的那几个屈指可数的节点，通过关系和结构方面的调整，形成新的网络节点、新的网络组织。班组串换符合时代的要求，适应现在的文化、科技发展要求，有坚强的生命力。

我国的道德教育强调内容取向，就是首先确立一些要教给学生的社会要求或者德目，然后逐条逐条地教给学生。从道德教育是让学生社会化这个角度来说，这种方式的教育是需要的。但是，班组串换的做法似乎并不是直接把社会的要求教给学生，而是试图首先改变学生生活于其中的环境、制度和相互依存的关系，让改变了的环境、制度和关系系统促使学生产生自我调整的新的欲求和需要。当学生开始成为学习道德的主体时，教师只是在创造一些促使学生发展的支持性环境、制度和推动方式。只有激发学生内在的动机、通过学生自己的体验，才能真正让学生发生改变、获得成长。教师没有办法替学生完成这种成长的任务。这说明班组串换实现了从道德的"教"到道德的"学"

的转变，使基于外在道德要求的道德教育转化为基于学生内在需要的道德学习。

任何一个课题要做下去，关键是教师。教师最应具有的一个观念就是爱人，以人为本，以发展学生为本。这是教师的根本，也是教育的灵魂。如果没有对学生的爱，我们的教育就弄不清方向，也许做了很多事，却没有效果。小学教师要经常蹲下来。同时，在任何场合、任何地点，教师说话的方式、看人的眼神，甚至于一个细小的动作，都要传递爱人、爱生命、爱孩子的信息。此为第一条。

第二条就涉及多年来我一直强调的情感教育。我们做家长的、做教师的，有时只会关心孩子知识学得怎么样，分数考得好不好。我们应该想想孩子的感觉怎么样，孩子的感觉和情绪是不是正向的、积极的。如果我们学校办教育办到最后，孩子们得不到幸福，孩子们的生活不完整，我们办教育究竟为了什么呢？情感教育就是要把孩子好的情感保护起来、张扬起来，然后让它提升起来，把负性的情绪调整过来。当然，有些负性的情绪可能会起到积极的作用。同样，并不是说快乐情感在任何时候都需要或者越多越好，也许学生的快乐发生在不正当之处。这需要有经验的教师去调整，要让孩子对正当的、于身心、于他人、于社会有价值的事情产生兴趣，获得快乐，心向往之。

第三条是教师还要创造一种动态的、多样的关系。这种关系一定要对个人产生实际意义，才能形成个人化的情感。如果班组的形式千篇一律，教师用一种方式、一种方法、一种声调，就很难使这种关系变成一种个人化的经历。我们要创造一点个人化的经历，要注意自己的眼睛是否看到某一个学生。当目光、事件落到学生身上，学生才觉得有意义。我们还要注意，有的学生的感觉是表现出来的，有的学生的感觉是不表现出来的。有的学生就调皮，想引起教师、同学的注意，这是情感的一种表达方式。人的任何情感都需要表达。当然表达的方式有合不合理、恰不恰当、合不合时宜之分。问题是有些学校给学生提供的表达方式较少，只让学生在学习分科知识的功课上进行表达。我们能不能多一点表达方式呢？班组串换给了学生更多的表达方式、更多的表达机会，让他们在这个组表达不出来，可以到那个组去表达；在这个班表达不出来，可以到那个班去表达；这个班形成了对他们固有的看法，就到另一个班去表达、表现。好多人换了个环境就会觉得轻松，他们觉得一切可以从零开始，从头再来。人是可变的，人的变化有时需要一定的转机。教育是什么呢？教育是给学生一些转机，给他们一些机会。班组串换机制就是不断给学生提供"清零"的机会，使以往的成败不成为影响后续发展的消极因素。

峭岐实验小学走过了百年历程。我去考察过几次。全校教师励精图治，兢兢业业。学校在硬件设施上发生了翻天覆地的变化，在科研意识上得到了很大的增强；学校领导带头做扎扎实实的科研，教师中间也涌现出了一批很不错的科研队伍，使学校从一所乡镇中心小学发展成省级实验学校，成为当地颇有名气的科研特色学校。我一直以为，做科研不必追求课题的级别，不要把课题做成一种包装。峭岐实验小学之所以能够真心实意地坚持做科研，我想这是跟学校领导和教师比较健康的科研观念密切相关的。他们不是为了学校的扬名，而是为了通过这个实验的研究去寻找一种新的教育思想、新的教育方式和办法，为了真正有利于学生的成长。实际上，峭岐实验小学起初并没有刻意用班组串换去申报上级的课题，只是实实在在地做。在做出了一些成就以后，是江阴市和无锡市的专家、江苏省教育科学研究所的专家主动将之确认为市重点课题和省重点课题。他们的教育科研态度给了我们一些启示。我们不能受到不健康功利主义思想的侵染，仅仅为了学校的名声、为了校长的政绩做教育科研；也不能受到不成熟市场观念的驱动，使做教育科研成为市侩味十足的庸俗行径。

当然，峭岐实验小学的这个实验虽然做了多年，它仍然有一些问题需要继续研究。好在学校不会放弃这个实验，所以几年以后他们会总结出更加成熟的经验，或者以班组串换为基础生发出更丰富、更深入的研究主题。教育实验其实是很艰难的实验，它在观念上需要大胆创新，但在操作上要求慎之又慎；它在逻辑上允许失败，但又是经不起失败的，因为教育实验的失败将直接影响学生的身心发展，它没有办法推倒重来。我真切地希望，中国有越来越多的中小学能够以对学生、对国家高度负责的态度，在正确的科研观念的指导下，积极参与教育科研，探索具有中国特色的、具有时代精神的教育之路。果真如此，那将是学生的福气，也是中华民族的福气。

H. 加登纳的智能结构新说与
西方理智主义教育框架的动摇[①]

H. 加登纳是美国哈佛大学教育研究院泽罗研究所的负责人，专事发展心理研究。1979 年，他应荷兰海牙一个致力帮助特殊青少年的国际性基金会的要求，与其他哈佛学者一起，进行人类潜能的特征及其发掘方面的探索，于 20 世纪 80 年代推出《智能的结构》一书。在中译本问世后，加登纳博士一头抓住生物学，一头抓住文化人类学，对形形色色的大量个案进行详尽分析，并对前人几乎所有的智能理论进行审视与批评，在此基础上提出他的多元智能理论——MI 理论。MI 理论，特别是其中的人格智能理论对于纠正传统的理智至上的智能观，全面发现和发展人的才能，重视人格与道德教育，以实现教育的全面效益，可以说是一个有突破性进展的理论。

一、基本理论与方法

(一)关于智能的含义

加登纳关于智能是什么，有以下几种表达和说明。[②] 这可以看作

---

① 本文是作者发表在《高等师范教育研究》1992 年第 3 期上的文章。
② 参见［美］H. 加登纳：《智能的结构》，兰金仁译，北京，光明日报出版社，1990。

加登纳确定智能的原则。

①智能是找出或制造出难题的潜力，因而为新知识的获得打下基础。

②智能必须是有用、重要的，至少在某些文化情境中是如此。

③智能是指某种普遍性质以上的实体。它们比具体运算机制要宽泛，又比大多数普遍能力（像分析、综合或自我感）要狭窄。各个个别的智能均照其自己的程序工作，并有自己的生物学基础。

④智能不可用评价的方式赋予价值。我们没有理由认为智能肯定会用于好的目的。

⑤智能并不是作为身体上可加以证明的实体而存在的。只能把它作为潜力来看待，也可把它看作一种原胚形式、一堆自然的积木或化学元素。

（二）何为 MI 理论（多元智能理论）

加登纳用三个不同文化区域的儿童各自展示的不同聪明行为的例子，说明当前评估智力的办法不足以评估出他们的潜力成就。问题的症结与其说是在测量的技术上，不如说是在我们所惯常的对智力的认识方式及我们对智力的根深蒂固的看法上。只有扩展、重新描述我们对智力的观点，才能设计出更恰当的评估智力的方法，找到更有效的方式去培养它。

MI 理论认为人类并不存在一种像知觉、记忆与注意这样普遍的精神能力，而存在相互自律的七种智能。它们是不与对象联系的语言智能、音乐智能；与对象性活动有关的数学—逻辑智能、身体动觉智能、空间智能；包含内省感和人际感的人格智能。①

---

① 参见 ［美］H. 加登纳：《智能的结构》，兰金仁译，北京，光明日报出版社，1990。

(三)什么是七种智能的自律性

证明和强调人有多种智能方式并不新鲜。加登纳强调智能的自律性则是独特的。他认为,如果不相对自律,而且离开某种智能,另一种智能便不复存在,那么这种具体的智能根本无法凸显出来,人的某种具体潜力也就无法得到肯定。[①] 如果每种智能不相互剥离开,找不到其生物学根据、神经活动机制、信息加工方式,就依然不能准确找到教育介入的途径。从加登纳的著作中可以看出,自律性包含以下三层含义。

第一,每一种智能都有自己区别于其他智能的可以识别的核心运算方式。

加登纳认为,人类有多种基本信息加工运算或机制存在,它们能处理特定的输入物。这种机制或系统由遗传所编定,由某种内在或外在提供的信息所激发或引发出来。通过考察诗人,他发现语言能力的核心是对文字的敏感性,包括对文字的细微差别、语法规则(或打破语法规则)、韵律、说服力、激发力、传达信息。语言智能是一种独立的能力,否则不能解释为什么失语症病人在其他能力方面不受什么妨碍。音乐智能的核心是对音乐关系的敏感性,说明人有一套信息加工系统对音调与节奏进行加工。数学—逻辑智能的核心是熟练处理长推理系列和对长推理系列各个步骤的纯记忆的能力。身体动觉智能的核心是对身体运动的控制能力和熟练操作对象的能力。身体动觉智能是一种与语言、逻辑及其他所谓高级智能形式均无联系的智能。例如,舞蹈是身体动觉智能发挥最充分的领域。身体动觉智能是仔细观察并复现实况之细节,是善于模仿并记忆行为,并且在无意识记忆的帮助下去

---

① [美] H. 加登纳:《智能的结构》,兰金仁译,7~8 页,北京,光明日报出版社,1990。

感受的能力。空间智能的核心是准确地知觉到视觉世界的能力，是对一个人最初所知觉到的那些东西进行改造或修正的能力，是能够重造视觉经验（即使在有关的特体刺激不在的情况下）的某些方面的能力。例如，象棋大师可以掌握5万多种棋谱。如果棋子摆法是任意的，他的记忆与一般人没有什么两样。他的不同之处在于能把一种格局与他先前遇到过的格局联系起来，以富有意义的方式解释，并在联系的基础上回忆这种格局。① 军事指挥员和理论物理学家一般都有这种抽象再现空间格局的智能。人格智能表现为两个方向的能力。一是内省智能。其核心是一个人感受自己生活（一个人的情感或情绪范畴）的能力，是在感受中进行辨别，最后再去表明它们，用符号去固定它们，利用它们来理解和指导自己的行动的能力。小说家、病人、治疗者、教育家普遍具有这种智能。二是人际智能。其核心是发现其他个体间的差异并做出区分，尤其是在他们的情绪、气质、动力与意向上进行区分的能力。政治领袖、管理者、有水平的家长、教师以及从事帮助性职业的个体都具有这种智能。

第二，每一种智能都有可以区别的发展史，在发展史中有独特的关键时期和可区分的里程碑存在。

比如，正常的阅读时间开始于5～6岁，而4～5岁儿童的语言技能可能会超过任何计算机程序。加登纳同意乔姆斯基所认为的儿童生来便具备大量关于语言规则及形式的"内在知识"。② 特别像学习句法和音韵的过程几乎不需要环境因素的支持便能展开，但学习语言的其他方面，如语义和实效领域则要使用更普遍的人类信息加工机制。在

---

① ［美］H. 加登纳：《智能的结构》，兰金仁译，224页，北京，光明日报出版社，1990。

② ［美］H. 加登纳：《智能的结构》，兰金仁译，90～91页，北京，光明日报出版社，1990。

个体可能具有的所有天赋中，音乐天赋是最早出现的。2 个月的婴儿能模仿母亲歌曲中的音高、音响和旋律轮廓；4 个月的婴儿能模仿节奏结构；1 岁半能独自发出二度音、小三度、大三度、四度音，已能发明难以记录的自发歌曲；但到三四岁，主导文化的旋律便取得了胜利，自发性歌曲和探索性声音游戏一般便消退了。[①] 在人格智能的发展上，从母子依恋中可以找到人格智能的起源。1 岁左右，依恋感达到最高点。如果缺乏依恋关系，将给今后发展带来困难。2～3 个月的婴儿会出现社会性微笑；10 个月出现最初的移情现象；2～5 岁可以用符号方式充当媒介，在全部文化术语与释义系统的指引下对自己、对别人进行较丰富、精细的辨别。青春期则是个体把两种人格知识引入更具组织化的感觉中去的生命阶段，自我感开始形成。[②]

第三，各种智能有不同的极致状态，在神经加工方式和崩溃格局上有明确的证据。

数学才能是一种最专业的才能。有些个体喜欢在高压、难题的压力下进行运算，倾向于无休止地追求一个与日常真实无直接相似性的、创造出来的对象及概念世界，哪怕没有结果、没有个人利益。通过传记性材料说明发现，逻辑—数学领域的天才很早就有表现，都有其早期不同的经验。物理学家及其他自然科学领域的科学家以数学为工具，来治理杂乱的事实总体，渴望解释自然世界和改造人类的心理世界。哲学家则为悖论、为终极实现问题及命题间的关系所吸引。各种智能各自衰退的时间不一样，大部分数学家在 30 岁、40 岁、50 岁时才能衰退，而社会、人文领域的主要成果出现在 50 岁、60 岁、70 岁。数

---

① ［美］H. 加登纳：《智能的结构》，兰金仁译，125～126 页，北京，光明日报出版社，1990。

② ［美］H. 加登纳：《智能的结构》，兰金仁译，282～291 页，北京，光明日报出版社，1990。

学—逻辑智能的神经组织方面不像语言和音乐那样明显于颞叶和前叶，有较多的灵活性。但一般认为左颅顶叶及相邻的前部与后部的联系区域起最重要的作用。这是通过对成年人盖茨曼综合征、失去计算等方面能力的分析得到的。语言和音乐智能之间具有很大的相似性，且仍能通过实验将两者分离开来：一个严重失语症病人可能无明显的音乐智能受损，而失去音乐智能的人却保持着基本的语言智能。人际智能与内省智能的神经活动有两种不同的机制。大脑主要部分的损伤会使面部的意向性使用瘫痪，而面孔的自发性情绪表达不受影响。脑皮质腹面(颞部)区域的一套皮质区对做出恰当的情绪应对方面是关键的；而处于脑皮质背面颅顶区域里的一套皮质区在监视、注意与唤起方面是关键的，如果受伤，会引起淡漠，并失去对本人的照应感。①

(四)关于智能的发掘与培育

这七种智能从生命开始时就存在。每个个体在某些智能方向上强些，在某些方向上弱些；有人在某一两种上特别有天赋。但总体来说，它们是所谓"原胚"形式，严格说，只是潜能。一旦受到早期恰当的训练，受到本文化的珍视与支持，又有发展这种智能方向的动机、决心，那么这种智能便能达到它们应有的最高水平。加登纳提出一些智能培育的设想。首先是对早期智能轮廓的测试和评估，对不同年龄的个体不能用相同的方式去评估。比如，可以花 5～10 小时对 3～13 岁的儿童进行测试，弄清个体的哪些智能已开始发展，哪些方面有明显的发展潜力，哪些方面有障碍。在此基础上，施以恰当的教育介入非常重要，对其中处于弱势的智能方向可以做些补偿工作。其次是掌握每一种智能的发展关键期。比如，数学—逻辑智能、身体动觉智能发展早，

---

① ［美］H. 加登纳：《智能的结构》，兰金仁译，303 页，北京，光明日报出版社，1990。

而空间智能中对"完形"的把握却是对年长者的报偿。人在每个年龄段会表现出不同的兴趣，需要很好地掌握关键期，还要弄清楚其较为敏感的符号系统。教育心理学对此应有更积极的介入和参与。最后要有一个适合的教育体制、教育政策、合理的战略思想以及考虑社会所追求的目标、地区与历史的文化情境、不同利益集团的协调安排。加登纳相信，以文化所珍视的角色与功能为一方，以文化中人所具备的个体智力为另一方，这两者之间总有一种辩证法在起作用。职业市场或人事人员的目标便是在各种角色的要求与特定个体的智能特征之间找出一个具有建设性的匹配方案。

(五)独特的研究方法与综合的哲学世界观

加登纳对近代以来智能研究的思想、理论与方法一概采取批评与审视的态度，认为从根本上说西方关于智能的观念有着以数学—逻辑智能为中心的根本缺陷，从古希腊开始的理性至上、知识至上的观念统治了人类两千多年。比内和西蒙的智力测验虽然是心理学的巨大成就，按库恩的说法，具有一种真正的科学范例的作用。但这种测验以描述性回答为特征，很少能估计出一个人吸收新信息的能力或解决新难题的能力。一个人可能失去脑前叶，表现不出任何主动性、创造性，但智商仍可以接近天才的水准。同时，这种测验肯定有利于社会上受过正规教育的个体，有利于习惯书面考试的个体。皮亚杰的认识发展理论虽然是结构化、精细化、动态化的，但它过分强调普遍性的结构而忽略人在生物学上的差异；过于强调数学—逻辑能力，而且只适合于少数个体。信息加工心理学智能理论在集中处理细节方面，在揭示一种加工活动的微观结构方面前进了一步，但其考察的难题仍是逻辑—数学类或语言方面的，缺乏一种不同认识形式相互关联（或区别）的理论。加登纳认为，以往的智能理论忽略生物学，未能衡量高层次的创造性，而且对人类社会的许多角色范围不敏感。他的智能研究坚持两个原则：一是提出的理论一定是满足生物学与心理学特定的规范；二是把握人类文化所重视的适当完整的全部智能种类。在具体研究方法上，他走了一条智慧的道路，以避开大脑在某种程度上的"黑箱"状态，从人的活动领域入手，重新考察了大量没有相互联系的资料，即关于神童的研究，关于天才个体、脑损伤病人、有特殊技能而心智不健全者、正常儿童、正常成人、不同领域的专家以及各种不同文化中的个体研究，通过不同资料的汇合提出 MI 理论。一百多年来，心理学热衷于牛顿式的物理学的综合方法，试图在人类学习领域寻找某种统一的、规律的东西，结果使心理学日益走向形式化、机械化。人本主义、非理性主义心理流派的崛起，是对这一僵硬思维方式的挑战。但是，在个人与社会、理性与非理性、科学与价值方面，加登纳又奏出一些新的不协调的弦音。他把自己的研究坚实地立于生物学和文化人类学的基地上，坚持人是理性、非理性，以及自然、社会、文化三维统一的。因为他对分析哲学、生物还原主义始终保持自己的独立思考，最后必然不同于一般人本主义哲学家仅从人的本体角度、从抽象人性去论证人的全面发展。因此，他虽然站在美国实用主义哲学的土壤上，但他的哲学观是综合的，较少有片面性。就直接意义来说，MI理论重新解释了一个教育理论的基础性概念。从更大的方面看，这种新的解释标志着世界人学理论、教育理论的新趋向，即将价值与实证、人文与科学重新融合起来的科学人本主义。

二、由 MI 理论引发的感想

(一)西方理智主义教育传统与教育的民族化问题

西方逻辑—理性至上的教育观念虽然面临挑战，但始终在社会中占据主导地位。同时，这并不是 17 世纪以来近代自然科学发展的产物，而是远在古希腊就埋下了种子。按古希腊人的本意，哲学、科学都是"爱智慧"、发展求知欲。"理论"（theoria）一词的原初意义是指人参与祭祀、庆祝之类的活动，真正出席现场，具有迫切性和亲缘性。柏拉图甚至曾经认为，追求集体知识及其过程才是人类理性的需要，它是存在的合理性的一部分。可见，在早期希腊人那里，理性是把握全部"自在之物"的形而上学的思维方式。智慧的真谛并不是知识，而是能力，并且是认识到自己无知、渴望不断追求的能力。但是，实现理性追求的本性不能没有工具。希腊人最早掌握的是两个工具：数学与语法修辞，用它们来进行概念的逻辑推理，分别说明自然、社会与人生的辩证关系。比如，毕达哥拉斯学派把世界上的万事万物以及它们之间的联系都数学化，认为唯有借助数学，"理智的沉思"才成为可能；而只有理性的沉思才是达到对世界确定认识的唯一道路。柏拉图试图用从几何学借来的概念和模式建立理论体系，认为唯数学框架上建立起来的推理才永远正确。就柏拉图本人而言，原本才华横溢、具有诗人气质，但是他的两个举动对其后的西方哲学产生了深远的影响。一是他要把哲学家作为他设想的"理想国"的国王，而把艺术家、诗人逐出理想国，唯恐艺术家、诗人会煽动起人的情欲、情感。二是在西方第一座学校——雅典学园入口处镌一铭文："不懂数学的人请勿入内。"这一崇拜、偏爱数学的源流发展到近代。笛卡儿宣布其全部哲学新方法在于强调一切均需经数学推导系统的确证，否则一概持怀疑态度。对数学化的追求到莱布尼茨可谓发展到顶点。这一思想源流对近现代教育的影响体现为不仅在内容上，而且在受教育者的认识方式上都要求数学化，要求逻辑推理的程式化。另外，苏格拉底是借助另一种工具——语言概念的推导来追求"逻各斯"的。他在正反陈述中、在格言与矛盾中让思想通过语言的中介成为概念，使哲学为明晰的语言及其逻辑推理关系所引导。粗略考察作为西方文明发端的希腊人的整体理性追求向知识逻辑概念演变的轨迹，才可能理解理智因素的优势地位在西方为什么经久不衰，甚至在中世纪也是如此。

相反，在中国文化源流及教育思想中，没有这种借助知性工具追求理性的传统。与西方人的理智型思维不同，中国人传统的思维方式不是纯概念、纯形式、纯逻辑的理智型思维，而是体验型思维。中国人习惯于用体验的方式直接把握事物的意义，善于从具体感受中形成一般原则，而不讲求概念的形式化与公理化。因此，中国教育传统并不强调教育的外部形式，而要求受教育者解决内心世界的问题。重视内心世界，并不是为了征服世界，满足外在需要，而是充实自己的心灵世界，实现自己的理想人格。所以，无论是孔孟学派及后来的理学，还是道家，包括玄学，都把情感经验及其自我体验变成思维的普遍原则，把培养人的体验自我、体验他人的能力看成教育的重要原则和目标。总之，传统的中国教育的过程，并不是纯粹理智活动，且一向反对"自私而用智"，而是人的情欲净化、情感升华、意志磨炼的过程，从而实现内在自觉，而后"主宰"万物，"为天地立心"的教育理想。

加登纳十分尖锐地批评西方文明中根深蒂固的以探求外部知识至上、以概念推理能力至尊的教育观念。他由 MI 理论阐发三个基本的主张。第一，人类没有笼统的、普遍的智能。近代心理学着力研究的感知、记忆、注意、理解的能力只在个人不同的活动领域、活动方式上表现差异，并没有抽象、绝对的意义。七种不同的智能方向客观存在，并无高下之分。第二，对智能本身并不能赋予价值评价，它们无所谓好坏。只有在一定的文化支持情境里发挥社会功效的，才是有现实意义的智能。第三，要使智能有价值，除了社会功效这一取向外，必须有好的人格智能参与。这种思维便与中国教育传统思想中的某些思维方式颇为相合。可惜，近现代以来的中国教育未能珍惜自己一些宝贵的传统智慧，在现代文明、科学技术进步的过程中，片面学习西方，用一两把智能尺子衡量和要求学生，造成一方面现有的一些学校教育难以培养适应社会各个职业领域需要的人才，另一方面一些过不了数学—逻辑和语言智能关的人才被压抑、埋没。我国在教育体制、结构上的总体改革，旨在正视国情基础，考虑文化传统，在教育战略决策上增强了灵活性，在教育模式上呈现了多样性。但就最深刻的改变还在于人们的内在观念而言，我们仍然十分需要普及、宣传正确的智能观念，在研究中国教育现状、当代中国人的观念现状的基础上，建立一个弘扬传统体验型思维并加强理智型思维，重视道德人格并强化基本职业技能训练，两者并行不悖、兼而得之的民族化教育模式。

（二）人格智能与道德教育

人格智能是 MI 理论中论述最为详细的部分，不仅在七智中占了两种智能形式，而且被赋予重要的地位。加登纳认为人格智能是处于最高层次的、统一的智能形式，是理解并调整个体其他能力的东西。这在西方学者对智能的研究思路中确未有所闻。这种重要的地位可以从两个角度来看。一是从大脑发展与神经活动机制看，人格智能发展的大脑解剖部位主要在额叶。特别是人际智能，主要以额叶前部的使用为其生理基础。较之原始脑、边缘脑、大脑，额叶前部是人类特有的神经结构，是动物演化的第四阶段，也是动物脑神经结构演化的最高阶段。无论是从额叶前部在人脑神经活动系统中处于统率性地位的意义讲，还是从其在发生学上与其他三部分相比根浅力薄，必须经过教育和锻炼才能控制住原始的冲动、节制和调整不良的生命驱力这一意义讲，都显示出其独特的生物学地位。二是从人格智能与其他智能的关系看，人可以不用其他智能，但不能不用人格智能。其他智能离开人格智能便失去价值评价的根据，无以发挥任何社会功效。从本质上说，人是自然、社会、文化三位一体的，正是借助一定社会文化所提供的符号作为解释手段对自己或他人的经验进行理解、认识，从而发挥自己各方面的智能的作用。提出将人格智能作为人的潜能，正是在教育思想上强调人的生物学前提与社会文化本性的辩证关系，强调智能的科学取向与价值取向的统一。

加登纳不是从道德理论的框架中，而是从智能的框架中界定人格智能的。除了令人感到西方逻辑至上的观念在他身上难觅烙印外，其积极意义在于他实际上提出了一个情感能力新概念，包括内省感和人际感在内的人格智能形式，主要是指人的情感能力。这种能力表现为对内识别、表明、体验自己的感受、情感，对外识别、判断、理解别人的情感。道德问题在一定意义上说就是人与他人、人与社会、人与自然的关系问题。所谓有德不过是人在一定的社会物质生产方式及政治、历史、文化条件下，表现出的正确处理这一关系的观念和行为方式。道德教育要解决人对合理的道德体系、道德态度接纳，以至于内化成习惯的行为方式问题。因此，根本的是要解决道德主体的主观感受、感情、意向、态度以及由此形成的动机体系问题。

伦理学史上的主情学派以及当代伦理学家已从哲学认识论的角度在一定程度上揭示了情感对个体道德实现的内核作用，在教育理论与实践中已注意用激发情感、转化情感、形成动机的途径来解决道德教育的难题。问题在于，我们对这一情感培养的生物学、心理学根据还掌握不多，更没有形成一个家庭、学校和公共舆论的共识。把人格方面的情感能力引入智能范畴，使得与道德含义有关的人的情感具有了凝结性、结晶感。或者说，人的情感不仅是当下稍纵即逝的，也具有"质"的意义，可以衡量，可以训练（当然，衡量、训练的办法目前还不完全明朗）。道德教育中"重"情的环节，由此就发展为一个对情感长期开发、训练、引导、培养的过程。在这方面，加登纳推崇苏联心理学界，认为他们从教育心理学方面做的研究比其他任何国家都多。我们确实应当将有关的各种实证资料汇集起来，形成一个初步的轮廓，为伦理学、教育学中关于道德教育问题注入一些新的思想观念、新的操作方法。

当然，人格智能是有助于人格完成的潜能，并不是现实的人格。同时人格智能也并不能等同于个体道德。道德人格的实现是一个长期、艰苦的社会化过程，包容着较强的思想丰富性和人生实践经验，绝不是加登纳所说的成熟的自我感所能涵盖。但加登纳从个人自身寻找人格发展的基础和条件、揭示内部规律，对于开掘道德教育在主体性方向的研究很有意义。

(三)对智能因素与非智能因素及其相互关系的重新认识

我国教育学和心理学界对智力因素与非智力因素通常是这样分类的：智力因素属于理性范畴，智力活动一般与理性活动，或者称为认知活动相联系。所谓认识活动(过程)是反映客观世界的各种心理活动的总称，主要包括感知、表象、想象、思维、记忆等。非智力因素属于非理性范畴，一般与人的意向活动相联系，主要包括需要、动机、注意、兴趣、情感、意志等。加登纳的智能结构理论突破传统认识论和认知心理学的视界，不是把智能看成笼统的感知、表象、思维能力，而是把智能看成既有理性成分，又有非理性成分，在不同的领域表现出不同的能力，专指人类用于学习创造的潜力。作为潜能，它主要受先天遗传因素的制约；作为现实的智能，它则要受后天支持性文化情境与个人专注、发展方向的制约。如果以此为一对范畴的一方，那么非智力因素就不是如传统认识论和心理学所认为的，仅与非理性活动相联系，而是同样包括理性和非理性成分。我们可以这样解释智力因素与非智力因素的作用及其关系：智力因素运用于人的学习创造活动，凡是被调动起来进行学习创造的各种能力都是智力的。它可以是语言的、逻辑的形式，也可以是非语言、非逻辑的形式。非智力因素则是支持、推动、调节人的学习、创造活动的态度系统。它可以是明晰的、以知识为基础、由价值观念支撑的理性的心理活动形式。非智力因素并不像有些心理学家认为的是后天因素。其实，它的发生、发展有明显的生物学前提，受到人的神经活动类型及活动方式的制约。

在我们的教育中如何利用、发展人的智力因素和非智力因素呢？加登纳由 MI 理论提出教育战略思想、教育政策、不同文化中教育介入等主张，基本上还是从教育外部关系上考虑解决西方理性至上的问题。我们可以进一步从教育内部运行上研究智力和非智力因素的关系。从广义上看，可以把教育看作内含情感教育过程的大认知过程。但若是认知过程取狭义的理解，认知过程是直接用人的智力因素通过传授与接纳知识的途径不断发展人的智力因素，是人的智能从潜在到现实的过程。这种对知识的吸纳过程会有助于人的非智力因素的发展。人类辨认和识读外部世界与内部世界不外有两种形式：一是用逻辑反应及表达的方式；二是用情绪反应及表达的方式。教育也不外是要提高这两方面的反应及表达的质量与能力。所以，与狭义认知教育过程平行的必定有一个情感教育的过程。认知教育过程着眼于智力因素的发挥及其发展，情感教育过程则旨在提高非智力因素的素质，以支援、支持智力活动。情感教育过程更主要的在于把人的以情感为核心的非理性成分培养成一种以体知、意会、理解为特征，虽然不用概念词句逻辑，却也十分清醒、丰满，具有理性本质的情感境界。现在，确实到了要重视智力因素中的非理性成分，不唯逻辑理性至上，重视以情感为核心的非理性心理序列的教育的时候了。

20 世纪 60 年代以来，美国心理学家马斯洛、英国哲学家波兰尼等向传统的认识论发出挑战，向西方科学世界观中的种族中心主义与理性至上主义发出挑战，积极主张扩展知识、科学以及教育中的价值、伦理、个性、体验、美的内涵，十分推崇所谓东方体知文化、道德科学风范。加登纳与他们有着相近的思路，他们共同代表着西方人学、教育学、心理学的最新趋向，即将价值与实证、理性与非理性重新融合起来的科学人本主义。我们完全可以借鉴其中合理的养料，来完善我们一贯主张的全面发展教育思想与实践。

诺丁斯以关怀为核心的道德教育
理论及其启示^①

关怀伦理学兴起于 20 世纪 70 年代末至 20 世纪 80 年代初的美国，经过多年的发展已成为汇聚众多学者和著作思想的重要伦理学流派。其中，理论最具深度和最为系统的当推美国教育家内尔·诺丁斯的以关怀为核心的道德教育理论。

与关怀伦理学的另一位奠基人卡罗尔·吉利根在两性问题视域中所做的研究不同，诺丁斯试图从哲学和历史的视角反思整个西方男性主义文化传统，全面建构关怀伦理学，并在此基础上形成了以关怀为核心的道德教育理论。不同于康德的义务论伦理学，诺丁斯的关怀伦理学更重视某种行为选择会有什么反应，即关注该行为是否有助于维系关怀的关系。在美国，她的关怀道德教育理论被认为是后柯尔伯格时代重要的道德教育理论之一。同时，她的理论也得到跨国界和跨文化的接受。这说明关怀主题已经成为当今世界共同关注的一个触及人类精神领域的基础性课题。

---

① 本文是作者与侯晶晶合作发表在《教育研究》2004 年第 3 期上的文章。

一、诺丁斯关怀道德教育理论主要概念及其关怀概念的时代性特征

诺丁斯从 1984 年出版《关怀：一个伦理和道德教育的女性主义视角》开始，提出以关怀为核心的道德教育理论，已出版了 14 本相关著作，并发表了近百篇相关论文。本文主要根据她的一些重要出版物，如《关怀：一个伦理和道德教育的女性主义视角》《教育道德的人：品格教育之外的关怀路径》《对学校关怀的挑战》《教育哲学》《故事人生的述说：教育中的叙事和对话》《唤醒内在的眼睛——教育中的直觉》等来研究她的关怀道德教育思想。

诺丁斯道德教育理论的核心概念是关怀（caring）。对于关怀的理解，她首先引证了一般字典中的解释：一种投注或全身心投入（engrossment）的状态，即在精神上有某种责任感，对某事或某人抱有担心和牵挂感。由此，诺丁斯引出了关怀的两种基本含义：其一，关怀与责任感相似，如果一个人操心某事或感到自己应该为之做点什么，她就是在关怀这件事；其二，如果一个人对某人有期望或关注，她就是在关怀这个人。关怀一般是通过行为来表达的，关怀行为就是根据具体情境中的特定个体及其特定需要做出的旨在增进其福祉、有益于其发展的行为。关怀意味着对某事或某人负责，保护其利益、促进其发展。关怀和教育责任相关。关怀者始终有责任将自己真实的想法告知被关怀者，并帮助被关怀者在充分知情的情况下尽可能做出正确的选择。就此而言，关怀是要考虑效果的，但又不是功利的。在诺丁斯看来，关怀具有复杂性，无法用若干条规则概括。在原则与情境的问题上，诺丁斯认为追求绝对原则是不切实际的。她特别强调道德情感和道德实践，认为参与重于事不关己的讨论，"学生需要亲自参与到具

体的情境中"。因此，必须要有一种广角的教育引导所有的学生关怀自己，关怀身边的人，关心人类，关心植物、动物、环境等。可见，什么样的行为是关怀行为，既要有一些明确的判断标准，又要取决于具体的情境、具体的人与事、具体的需要和关怀者具体的能力。诺丁斯区分了两种不同类型的关怀：一类是自然关怀，它是不需要某种道德努力便能实现的；而与此相对的另一类就是伦理关怀。诺丁斯认为，自然关怀是伦理关怀的生物学基础；每一个人都可能是自然关怀的受惠者；这种被关怀的记忆构成了人们做出某种伦理关怀行为的动力源泉。诺丁斯的道德教育理论中还有一对重要概念：伦理和道德。诺丁斯在其著作的某些地方对这两个概念做了一些区分，认为伦理是内在的，道德是外在的；伦理是根据人的关怀倾向做出的反应，道德是根据外在的原则与规范行事的结果。但更多的时候她并不坚持这种区分，而认为伦理和道德是相通的，甚至是同一的。关于道德与教育的关系，在她看来，教育的主要目的是道德，它和认知等次级目的并不矛盾，但主次之分绝不能颠倒。从某种意义上说，诺丁斯将道德教育和教育重合起来了，认为所有的教育行为、过程与方法都应具有道德性，即关怀性①，否则不称其为教育。教育中关怀者的行动目的就是要维持并增进自己与所交往者之间的关怀性关系。

诺丁斯的关怀与以往教育家所指称的关怀的意义是不尽相同的。它所具有的具体性、个体性和主体间性等特征彰显出了鲜明的时代个性。在科技和文明高度发达、教育日趋民主化的时代，一种相互学习、共同成长的新型教育关系正在逐步形成。诺丁斯以关怀为理论抓手把握住这种教育精神，强调尊重学生，把关怀深刻地建立在教育者与受

---

① Noddings, N., *Caring: A Femine Approxch to Ethics and Moral Education*, Bekeley, University of California Press, 1984, pp. 172-173.

教育者相互理解及民主和尊严的基础上。客观来说，诺丁斯的关怀有别于传统意义上的那种强制性的关怀、随心所欲的关怀和想象中的关怀。它是一种主体间性的关怀、超越权利的关怀；它不仅是西方文化的思想产物，而且属于这个需要培养关怀精神的时代。

与诺丁斯相对照，在人类文明的早期，教育家们主张的教育关怀其实是一种人类性关怀，或者说类关怀，其次级路向则是知识—德性式关怀。古代思想家大都关心怎样划清人与其他动物间的界限，为人之为人寻找类的依据。苏格拉底重申的那句名言"人，认识你自己"是类关怀的代表思想之一。他开出的药方是知识和理性使人成为人。以此为预设，他在教育上倚重"产婆术""辩论法"等一些启发和诱导的方法。柏拉图相信人具备了某种素质（智慧、勇敢和顺从）便可成为相应社会等级的人。在柏拉图指明的三种善中，国王所特有的善——智慧与理性，无疑是最高等级的。亚里士多德同样把类关怀的重点落在了知识和理性上。虽然他讨论过情感之于道德的问题，但从他对植物性学习、动物性学习和人特有的学习的区分中，我们可以看到他所秉持的关怀的侧重点其实是只有最终发展出理性才能成为真正的人。显然，西方先哲对关怀的认识，诸如苏格拉底的辩论法、亚里士多德的实践习惯观对诺丁斯都产生了一定影响。

发展到近代，随着知识的积累和人伦的普及，人的类合法性不再成为问题，西方教育家们言及的关怀逐渐演变为一种权利性关怀。其中，根据强调的权利主体的不同主要分为国家权利型、阶层权利型和个体自然权利型。一部分思想家站在社会中上层的立场上，为中上层的个体如何充分发展为上等人具体地出谋划策，如洛克和斯宾塞。另一部分思想家则坚持为社会下层的未充分发展者呐喊，为他们争取"每一个人与生俱来的教育权、发展权"，如夸美纽斯。事实上，近代西方教育中的"双轨制"正是在承认不同阶层的基本权利和特殊权利的基础上逐渐成形的。其实质是以不同方式为不同阶层的个体提供发展的可能。在关注个体发展的同时，不同的教育家们对个人和国家权利的看法却不尽一致。卢梭认为，自然曾使人幸福而善良，社会（主要是工业和都市文明）使人堕落而悲苦。为了调节人们各不相同甚至相互抵触的福利需要，人应当服从社会法则，但最重要的法则应该是能够在有所需要的时候可以毫无危险地打破法则。① 由于相信个体的自然天性是善良的，卢梭在《爱弥儿》中描述了一个青少年个体在充满自然主义的教育环境中的成长过程。显然，卢梭关于法则和个体性教育关怀的思想对诺丁斯产生了重要影响，但卢梭的"附属和服务于男性的女性教育观"却是诺丁斯所坚决反对的。② 和卢梭不同，赫尔巴特认为，儿童扰乱成人计划的烈性须从小加以约束，才不致发展为反社会的方向。③他曾提到道德关怀，但是他所说的"道德关怀"表征的主要不是个体学生的权利，而是国家的权利，或者说当时普鲁士王国君主和贵族阶级的权利。从他对内心自由、完善、仁慈、正义和公正或报偿"五道念"的具体解释中可以看出这种倾向性。④ 此外，赫尔巴特规定的教育过程的顺序是管理、教学、道德教育，他所重视的管理方法是惩罚、监视、命令和禁止与体罚等。这些恰好说明他所提倡的关怀其实是一种控制型的关怀。因此，诺丁斯在《教育哲学》一书中借杜威的话委婉地指出：赫尔巴特的四步教学法只关心知识教学的效率，完全没有关照

① ［法］卢梭：《爱弥儿 论教育》上卷，李平沤译，156 页，北京，商务印书馆，1978。
② Noddings, N., *Philosophy of Education*, Colorado, Westview Press, 1998, pp. 16-18.
③ ［德］赫尔巴特：《普通教育学 教育学讲授纲要》，李其龙译，26 页，杭州，浙江教育出版社，2002。
④ 张焕庭：《西方资产阶级教育论著选》，258～308 页，北京，人民教育出版社，1979。

到学生作为生命体的兴趣、学习目的、学习态度等。[1]

现代教育思想家试图消解近代个人主义与国家主义的对立。如马丁·布贝尔提出的"我—你"的教育思想以及他关于"教育的实质是关怀学生的品格"的观点，其矛头就是直指凯兴斯泰纳的国家主义及其在学校生活中的投影——教师权威主义的。布贝尔主张师生之间的平等与交流。这要求教育者"关切着学生整个人，即当前你所看到的他生活的现实情况，以及他能成为什么样人的种种可能性。只有像这样把一个人看做一个现实的并有潜在可能性的整体，才算把他看做个性……或把他看做品格"[2]。教师只能以他的整个人，以他的全部自发性才足以对学生的整个人产生真实的影响。布贝尔在教师的谦逊感与自觉性、信任等方面的思想，特别是其"我—你"理论对诺丁斯有直接的启发作用。诺丁斯坦言，她在形成关怀论教育哲学的过程中"深受布贝尔'我—你'关系思想的影响"[3]。事实上，杜威也反对个人与社会的绝对对峙。作为美国杜威研究会的主席，诺丁斯对杜威的理论有很深入的研究。她认为，杜威深受达尔文的影响，坚信儿童发展的自然可能性，并认为发展就是教育的目的。但杜威不是像卢梭那样排斥社会的自然主义者。在他看来，社会和个人是相互构建的，双方不是根本对立的，彼此可以在互动中共同得到发展。所以他提出，我们如果要培养有能力和社会互动的人，就必须让他们在还是学生的时候就参与课程决策和自我管理。只有通过参与民主的活动，才能学会民主的程序和发展

---

① Noddings，N.，*Philosophy of Education*，Colorado，Westview Press，1998，pp. 20-21.

② 王丞绪、赵祥麟：《西方现代教育论著选》，325页，北京，人民教育出版社，2001。

③ Noddings，N.，*Philosophy of Education*，Colorado，Westview Press，1998，p. 60.

民主的能力。在《教育哲学》一书中，诺丁斯全面分析了杜威的下述教育思想：高度重视学生的心理，主张学校应该提供丰富的课程大纲以发展学生多元化的学习兴趣。只要让学生自主地发展他们的兴趣，充分地利用自己的经验，他们一定能学得好。所谓学习主要不是死记硬背现成的知识，而是掌握解决问题的方法和能力。这样培养出来的人不仅会接受已有的知识，还具备了自主思考和创造文化的素质。在民主和教育的问题上，杜威认为，作为社会动物，人有交往的需要。这就是建构共同价值观的动力。和永恒主义者不同，杜威认为，所有社会生活的法则都要经过实践的检验；学生不是从既定的共同价值观出发，而是在民主的交流中建构价值和知识的。因此，民主不是静态的，而是动态的建构和再建构的过程。正是在这个意义上，杜威提出，学校应该是个小社会，学生只有在学校里民主地生活、民主地参与才能学会民主。[1] 杜威的这些观点滋养了诺丁斯的关怀理论，支持了诺丁斯的活动与互动的关怀实践观，与诺丁斯关于学校作为关怀的实践共同体的观点也不无联系。诺丁斯之所以在丰富的教育思想资源中特别倚重布贝尔和杜威，是因为他们旗帜鲜明地追求民主和平等这样一些现代的价值观念；他们不把人当作某个整体的元素，不像近代双轨制教育那样把人主要看作某个阶层的成员。在他们的思想基础上，诺丁斯更明确地提出，教育的关怀不只是要锻造人某方面的功能，更是要使每个学生充分实现他的潜能，感受到作为平等主体的尊严，并学会将其他人作为平等主体去尊重和关心。这种教育关怀不是建立在算计学生可能做出贡献的大小的基础上的，因此它超越了历史上存在的整体主义的、功利主义的和单向度的教育关怀。诺丁斯在 20 世纪 80 年

---

[1] Noddings, N., *Philosophy of Education*, Colorado, Westview Press, 1998, pp. 24-36.

代阐述的关怀思想所反映出的时代性特征，在联合国教科文组织 20 世纪 90 年代初的《学会关心：21 世纪的教育——圆桌会议报告》等文件中可以得到充分印证。

二、诺丁斯关怀道德教育理论的特点

在对诺丁斯关怀道德教育理论的思想线索做初步梳理之后，与传统道德教育相比，诺丁斯的道德教育理论具有以下四个特点。

特点之一是对学生生命的尊重。这与诺丁斯对人性的理解直接相关。诺丁斯认为，教育者不应该从教育大纲或整齐划一的教育目标出发约束或拔高学生。相反，教育者应该走进千差万别、各个不同的学生的生命世界，不仅要用自己的，而且要时刻用学生的眼睛去观察，用学生的心灵去感受。即使在知识教学中，教师最关心的不应该是冷冰冰的知识或真理，而应该是允许学生基于多元智能、各异的兴趣和知识背景对学习材料有不同的感受和不同层次的理解。关怀型教师会耐心地不断以自己的关心为学生补给能量，允许学生以自己独有的生命节律实现带有个性烙印的发展。他们鼓励学生根据自己的生命需要分配时间、筹划学术与职业发展。[①] 关怀型教师不会试图把自己教授的这一门学科变成所有学生的强项，从而给自己增光添彩。教育本身应该关注学生整体性的发展，关心学生的幸福。所以诺丁斯指出，道德应该是学校教育的每一个过程的一个内在方面。她所理解的道德其实就是对学生的关怀。既然学校教育的每一个过程必然包括知识教学，那么在关怀型教师的心中，学生必定重于学科，而绝不会

---

① Noddings, N., *The Challenge to Care in Schools*, New York, Teachers College Press, 1992, pp. 174-175.

相反。

特点之二是重视学生的体验和感受。诺丁斯认为，关怀始于教师的关怀行为，完成于学生的被关怀感受。教师要通过发掘学科与生活的关联来激发学生的兴趣，打消其对学科的隔膜感，促进其理解，增强知识的亲和力。① 个人的感受性之所以如此重要，是因为正如西谚所言：一个人的美味在另一个人却可能是毒药。正如法国教育社会学家的调查所表明的，不同学业成就的学生对教师的关怀需要明显不同。学业成绩不好的学生渴望得到教师积极的态度，从中获得平等感和信心，从而间接地有益于提高学业；而学业优秀的学生更看重教师进一步促进自己学业成长的能力和耐心。② 而我们在现实中经常看到一种错位的关怀：对于学业成绩不好的学生，有些教师往往关注的是其学业成绩的迅速提高，而这只会加剧他们的焦虑；对于学业表现较好的学生，有些教师又往往给予过多态度上的褒奖，而忽视了其学术潜力的充分实现。事实上，这种出于教师的行为习惯和喜好的以不变应万变的关怀与学生真实的被关怀需要还存在差距。

特点之三是强调教师的榜样作用。在现代社会里，教师要想帮助学生培养关怀之心，就不能是空泛地复述关于关怀的大道理，即杜威所说的那种"关于道德的知识"。因为道德不仅是理性的问题，更是情感和行为的问题。现在，能识字的人口越来越多，但越来越多的学者却在焦虑地讨论道德的碎片化现象。所以，只有关怀的行为才是建立师生间信任关系的基石，只有关怀的行为才能给予学生被关怀的温馨感受。知识是中性的、无情感的，而教师讲述知识时伴有的热爱、着

---

① Noddings, N., *Caring：A Femine Approach to Ethics and Moral Education*，Bekeley，University of California Press，1984，pp. 1-4, p. 8.

② ［法］玛丽·杜里-柏拉、［法］阿涅斯·冯·让丹：《学校社会学》第 2 版，汪凌译，136 页，上海，华东师范大学出版社，2001。

迷或者冷漠、厌烦的情绪却会传递给所有学生，并使知识带上感情色彩，进而影响到学生与知识及学科的关系。毫无疑问，教师用心、用情去理解和讲授的知识是最容易在学生心中扎根的。另外，关怀行为是有具体对象的。那种一对一的关怀关系会在得到关怀的学生心中镌刻下难忘的记忆，融入他们的生命之河，不时像浪花般不经意地跃起，折射出耀眼的人性光辉。关怀型教师的榜样作用是学生学会关怀的无言向导和动力之源。可以说，诺丁斯理论的力量部分来自她在现实中的榜样作用。曾经是一名高中数学教师的她，对那些学业成绩不好的学生不是采用常见的做法：勒令其及时交作业，作业质量不好的要反复订正，却并不指导这些学生订正的思路。相反，她会让这些有困难的学生在放学后晚些走，指点他们应该怎样订正、怎样思考。她允许基础不牢的学生补基础，允许他们反复学习不懂的教学内容，选择适当的时间参加若干次测验，直到自己觉得确实掌握了，再开始下一阶段的学习。作为教育管理者，她还进行了所在学校高中数学教学的改革，改变传统的由每名教师把教材从头至尾讲完的做法，安排不同教师负责专门的章节，让学生根据自己的进度和需求选课。

特点之四是突出道德教育的实践性特征。诺丁斯使自己的理论和实践高度一体化，她的理论打上了鲜明的生活史烙印。作为十一个孩子的母亲，其中有三个是领养的国际儿童，诺丁斯在其著作中多处提到这些孩子各具特点，学业上的兴趣各不相同，而且有些兴趣与他们的学业并不直接相关，但她都爱护、鼓励他们充分地发展自我。她认为，在这个竞争激烈的时代，任何学科的教师都负有关怀学生的责任。只有在师生间建立起一种真正的关怀型的教育关系，才能使学生在被关怀的感受中学会关怀他人。因而关键在于，教师是通过"行"道德而不是"讲"道德塑造学生的道德品质的。① 后柯尔伯格时代的一些学者认为，在理性与情感、认知与实践的关系上的明显偏向性是柯尔伯格理论值得探讨的方面。柯尔伯格之所以在后期重视"以色列农庄理论"，正是因为他无法回避一个事实——他的"三水平六阶段"中的第六阶段甚至第三阶段在现实中很难找到印证，而且即便到了后期他和其他许多注重学生道德践行的学者一样对教师的榜样作用还是重视不足。② 正如卡罗尔·吉利根指出的那样，柯尔伯格理论总结的是男性发展规律，偏重的是道德判断能力，是去情境化、冷冰冰的理性主义，是男性中心的理论。其中，女性的一些特点，如更关心情境、更富有同情心、更注重个人际遇等，非但没有得到肯定，反倒成了她们道德发展"滞后于男性的证据"③。正是有感于"柯尔伯格的道德教育理论主要是道德推理的一套层级体系，而且对女性的适用性弱于男性"，所以诺丁斯"另辟蹊径"④，从关怀视角入手讨论道德教育问题。在她看来，女性的关怀能力不比男性逊色，而且这个视角比较适合于两性，是两性同样需要的。诺丁斯的关怀主要强调实践的教师关怀。她认为，关怀是教师职业的基本特点；一个人选择了教师职业，首先就是进入了一种关怀关系；关怀先于、重于做事和职业技能，这是教师与其他职业的最大区别。教师在与学生建立起来的关怀关系中，必须开放地、非选择性、不怀功利目的地接纳学生，设身处地地为学生的发展性需要

---

① Noddings, N., *Caring: A Femine Approach to Ethics and Moral Education*, Bekeley, University of California Press, 1984, p. 179.

② 戚万学：《冲突与整合——20世纪西方道德教育理论》，407～408页，济南，山东教育出版社，1995。

③ Thompson, Audrey, "Surrogate Family Values: The Refeminization of Teaching," *Educational Theory*, 1997(3), pp. 315-340.

④ Noddings, N., *Caring: A Femine Approach to Ethics and Moral Education*, Bekeley, University of California Press, 1984, p. 42, pp. 96-97.

着想，通过"动机移置"把学生当作自己，运用自己的动机力量为学生服务。用马丁·布贝尔的话说，就是要把学生当作充分的主体，与学生建立"我—你"关系。教师关怀体现在丰富的课堂生活中：当学生回答问题时，教师回应的不仅是学生的话语，而且是一个道德发展的主体和完整的人。当学生思考时，教师不能对学生进行过分的诱导，否则久而久之，学生自然会放弃自我，迎合教师。诺丁斯同意布贝尔的观点，认为教师只能影响学生；教师过分的干涉会使学生表面顺从、内心逆反，容易导致人格分裂。教师关怀的最好表现方式是看似无心、实则有意的包容式引导。① 我们相遇、教导和关怀的每个个体都应得到我们直接的关注和体验，而不是把活生生的"你"变成语言、符号的"它"，否则会冲淡师生的"我—你"关系。② 在教学过程中，师生间的关怀关系将使教师充分尊重学生的自主性，敢于和学生结成合作关系，同时也会充分调动起学生的效能动机并提升学生的道德理想。

三、诺丁斯关怀道德教育的方法

诺丁斯从长期的以关怀为核心的道德教育实践中提炼出四种方法。

第一是榜样（以身作则）。诺丁斯认为，教师的作用不在于监督学生遵守规则，关键在于以身作则。她从不视规则为最高圭臬，而时刻关心学生的道德自我。当发现学生犯错时，她不会因为违规就给他当头棒喝或惩罚，而会说"我知道，你并不想做错事，你只是想……"然后再做具体分析。在她看来，作为关怀者的教师看重的是学生与自己

① Noddings, N., *Caring: A Femine Approach to Ethics and Moral Education*, Bekeley, University of California Press, 1984, pp. 196-197.

② Noddings, N., *Educating Moral People*, New York, Teachers College Press, 2002, p. 165.

的关系对学生道德态度产生的影响。这样的教师自然而然地会把教知识的过程和教做人的过程合而为一，对学生践行关怀具有催化之功。[①]没有被关怀的体验，学生只会以冷漠的理性去待人接物，很难产生关怀的冲动。可以说，榜样、对话和认可都是与师生关系直接相关的。所以，诺丁斯特别看重关系，尤其是师生关系对学生学会关怀及发展道德的作用。

第二是对话。对话发生在我、你之间。学生是一个人，而不只是他说出的话语。教师不仅要在意学生说了什么，还要思考他们为什么这么说、这么想。[②]教师所做的一切都有道德的弦外之音，对话时保持对学生的关怀是教师关怀的底线。教师的时间和精力是有限的，不可能要求教师对每一个学生都保持深刻、持久的个人关系。但是，当学生和教师对话时，教师一定要全身心地、无选择性地聆听他们的心声。对话的时间可能是短暂的，但师生在对话中的相遇却是无保留的。[③]对话的主题可以涉及所有学术性的话题、所有人类生存的核心问题，并在课堂上进行讨论。[④]讨论要求的并不是形式的平等，而是实质的平等；不是教师"循循善诱"地将数十名学生引向一个标准答案，而是师生共同进行批判性的、合情合理的思考。与对话相关，诺丁斯从人本主义、解释学与道德想象力等视角指出，叙事法是道德教育的有效方法。听到或述说故事的功能在于为我们在某个生活阶段或转折

① Noddings, N. , *Caring: A Femine Approach to Ethics and Moral Education*, Bekeley, University of California Press, 1984, pp. 178-179.

② Noddings, N. , *Caring: A Femine Approach to Ethics and Moral Education*, Bekeley, University of California Press, 1984, p. 178.

③ Noddings, N. , *Caring: A Femine Approach to Ethics and Moral Education*, Bekeley, University of California Press, 1984, p. 180.

④ Noddings, N. , *Caring: A Femine Approach to Ethics and Moral Education*, Bekeley, University of California Press, 1984, pp. 185-186.

关口赋予生活新的意义和提供新的生活素材，还在于把我们与他人以及我们自己的生活史联系起来，展示一幅时间、地点、人物和观点丰富的图景。故事所包含的神话、隐喻和意象往往具有道德意味。叙事法实质上是给我们提供道德情境，让我们发挥道德想象去体验。从这个意义上说，道德叙事有助于我们的理解与被理解，其中叙事结构在自我形成和文化建构、传递和转型中具有核心作用。①

第三是实践。诺丁斯认为学生的关怀实践可以是多种多样的。在师生关怀关系中，学生最基本的道德实践是保持对教师关怀行为的敏感性和反应力。这并不是指一种学生迎合教师的教学策略，而是说学生学会关怀、学会自主性发展是最让教师感到欣慰的。事实上，社会或社区对教师的尊重和理解都不能替代这种教学的自然回报，否则教师便会因为无法获得一种效能感而感到身心俱疲。这正是有些学校产生关怀危机的主要原因。学生进一步的道德实践是关怀教师个人，如尊敬教师、愿意为教师分担一些课堂杂务，甚至协助教师教低年级的学生。同时，她又提出关怀是需要一些基本技能的，必须让学生通过践行学习关怀，并将这个过程称为"关怀实习"。她指出，关怀能力和数理化知识一样是有价值的，需要为学生提供在广阔的社会情境中丰富而真实的关怀实习机会；提供关怀实习机会时可以采取学生自选、分配与推荐相结合的办法。学生在实习中做一些与平时角色不一致的事是有益的。例如，数学成绩好的学生可以做他不擅长的技工活，而平时数学成绩不太好的学生可以教低年级学生学习数学。这种角色变换能使学生分享到成功感和失败感，丰富自己的情感体验，超越骄傲

---

① Noddings，N.，*Educating Moral People*，New York，Teachers College Press，2002，pp. 1-4.

与自卑，有利于学生间增进了解、相互关心。① 在诺丁斯看来，无须对学生的道德实习状况进行等级性评价，否则又会造成学生间竞争和分离的状态。除此之外，诺丁斯认为，适当改变美国的学制有利于学生关怀能力的发展；增强教学的关怀性需要关注学生对所学科目的感受与兴趣。

第四是认可。诺丁斯认为，学生担当多种角色（学生、朋友、身体的自我）所获得的感觉是加强或削弱其道德理想的重要力量；教师不断对他们做出的反应是其形成自我形象的一个重要影响。所以，教师应该赋予学生与现实相符的积极的自我形象，而不应将一种主观的期望强加给学生。唯其如此，学生才能产生力量感，才能形成积极的道德追求，这就是对学生的认可。② 认可是现实性和理想性的最佳结合点，它之所以重要是因为每个人与生俱来的道德理想需要师长温情地、创造性地介入、鼓励才能巩固和发展。诺丁斯把认可看作一种评价，认为传统的评价方式要求教师割裂与学生的关怀联系，把学生某一方面的表现与其整体性发展割裂开来，将教师陷于两难境地。她设想了一个解决办法，即把任课教师的评价职责让渡给某种专职评价员。这样做的合理性是，任何一种教育评价实际上是对学生和教师的双重评价，教师也是被评价的对象，从而不会破坏师生的"我—你"主体间关系。但她又指出，连这种外来的评价其实是不必要的，因为关怀学生的教师自然会注重培养学生的自评能力，平时就会以认可的方法给学生最有利于其发展的评价。这才是诺丁斯有关评价问题真正的观点。不仅学生需认可，而且教师同样需要认可。对教师最好的认可就是学生

---

① Noddings, N. , *Caring: A Femine Approach to Ethics and Moral Education*, Bekeley, University of California Press, 1984, pp. 188-189.

② Noddings, N. , *Caring: A Femine Approach to Ethics and Moral Education*, Bekeley, University of California Press, 1984, p. 179.

对教师关怀的敏感反应性；还有就是整个教育界要有认可教师的正确标准，否则容易使关怀型教师心灰意冷、不知所措。教师是直接面对学生的，他们是教育过程中的核心人物。正如教师不应控制学生一样，教育管理部门也不应该控制教师，而应该通过对话倾听教师的心声，尊重教师的感情和首创精神，让教师相互分享教学经验。[①]

　　榜样、对话、实践、认可这四种方法只是为了讨论的便利才分而述之。在实际应用中，它们常常难分彼此。例如，在对话中，教师常会将学生的一些问题行为先做最好的归因。这实际上就是对话和认可的综合。而认可的前提是对学生的深入了解，这不经过对话肯定是不可能的。

　　在关怀教育的具体做法上，诺丁斯在《对学校关怀的挑战》一书中提出了较详尽的建议。它包括：教育的目的应当是培养有关怀意识和能力的人；尽可能让师生、生生相处在一起；放松控制的冲动；让教师和学生更多地做出自己的判断；教师不必为教学成功而无所不知；把专业定义得更为宽泛实用；鼓励自我评价。让学生参与管理自己的教室和学校；为所有学生提供出色的课程，非升学取向的课程可以同样丰富、有深度；每天至少有一部分时间从事关怀主题活动；自由讨论现存的问题；帮助学生以道德的方式彼此相待，给他们实践关怀的机会；帮助学生理解团体和个人如何产生对立和敌对，使他们学会"站在双方的立场上"解决问题；鼓励学生关心动物、植物、自然环境以及人类创造的物质、精神文明的世界；帮助学生深切地关心自己的思想；告诉学生在任何领域的关怀都需要有能力；关怀意味着责任，发挥我们的能力，使接受我们关怀的人、物或思想观念从中受益；关怀绝非

---

① Noddings, N., *Caring: A Femine Approach to Ethics and Moral Education*, Bekeley, University of California Press, 1984, pp. 196-197.

可有可无，它是人生中牢固而富有弹性的支柱。①

四、结语

通过以上分析，我们认为诺丁斯以关怀为核心的道德教育理论最重要的贡献在于，它重视关怀者与被关怀者之间的关系，并特别关注被关怀者角色的主动性。她认为，关怀绝非完全取决于关怀者一方的态度与目的，而必须考虑关怀者的关怀在被关怀者身上产生什么样的效果。这样，将被关怀者当作主动的角色纳入关怀的体系，便使得我们无法为关怀这个行为套上固定的模式。

尊重每个学生的生命就要尊重并合理引导学生生命的个性、差异性。即便每个人都实现了最好的自我，差异仍然难免。一元化的求全责备是对榜样道德教育法的误用。真正的榜样是以教师本人的关怀行为去感染、熏陶学生，在教育生活中给予学生足够的时间和机会去实践关怀，鼓励学生把所受的关怀教育放在广阔的生活世界中去实践、体验、升华。现在我国已踏过高等教育大众化的门槛，一些地区已率先实现了高等教育普及化。这为改变教育评价体制、全面提升教育的关怀性提供了新的现实平台。关怀道德教育特别关注被关怀者角色的主动性，而学生的关怀主动性及关怀能力的培养无一不需要时间、情境、师生互动的榜样做保障。在高竞争的考试压力下，我们要如何关怀学生？如何关怀其思想？由于关怀道德教育具有具体性、情境性的特点，加之我国教育存在的地区发展不平衡性，我们无法也不必为从小班化教学到复式教学等形式各异的道德教育规定某种固定的关怀道

---

① Noddings, N., *The Challenge to Care in Schools*, New York, Teachers College Press, 1992, pp. 174-175.

德教育模式。但可以确定的是，我们不可能以逻辑的方式推算出自己该怎么做，也不可能用某一条道德规范来印证自己的行为；既不能以功效论的方式计算行为的合理性，也不能仅凭心中的道德感做出为人们"尊崇"的行为。由此反思我国的教育现实(特别是道德教育现实)存在的言多行少的"授受"、单方面的"导善"目的、以权威自居的"关怀"、不允许"他者性"的提升以及僵化固定的"关怀"模式这些问题，无不呼唤着更多的身体力行、尊重、宽容、平等和对话。

此外，诺丁斯的道德教育研究方法对于研究者亦有启发。她的关怀道德教育理论扎根在她早年中学理科教学中遇到的复杂问题与丰富的师生交往经验的实践沃土中。这是她以教育现象学方法论为主，辅之以逻辑方法来构建自己理论体系的重要原因。她著书立说的方法独具风格。她思想深邃，但不只是从概念出发，而是扎根于实践和现场经验。她的书中有丰富生动的案例，这种现象学的研究方法是契合于道德教育的。道德教育的实践性特点要求道德教育理论研究必须来自教育现实和现象，并落实在教育实践当中，才能永葆理论的生命力和魅力。

关于负责任的道德主体如何成长的
一种哲学阐释
——基于对巴赫金道德哲学的解读①

面对我国当代急速变化的社会，中国的教育学、德育学的研究、建构负有重要而紧迫的学术使命，需要研究如何调整思路、改善教育方式，以培育、造就具有个人美德、负责任的现代社会公民。现实的育人工作，面对和承载着国家意志、社会理想和每个家庭（家族）的期待。其归宿点在于如何帮助、支持一个个鲜活的生命个体在他们自己的生活中，通过具体行为的实现，成长为负责任的、有丰富精神性和个性的道德主体。

米哈伊尔·米哈伊洛维奇·巴赫金（1895—1975年）是苏联哲学家、思想家、语言学家、美学家和文艺理论家。他在步入晚年之后，曾三次被学术界"发现"，赢得"二十世纪最重要的思想家"的美誉。学术界第一次"发现"巴赫金，是在20世纪60年代苏联世界文学所的青年研究人员柯日诺夫读到巴赫金的《陀思妥耶夫斯基创作问题》一书，进而查阅到巴赫金的学位论文《拉伯雷在现实主义历史中的地位》。之后，由于上述著作的出版，人们发现了作为诗学家、文艺学家的巴

---

① 本文是作者与杨桂青合作发表在《全球教育展望》2011年第2期上的文章。

赫金。

第二次"发现"是在 20 世纪六七十年代。巴赫金关于语言哲学、美学的著作发表出来，人们"发现"了作为符号学家、美学家的巴赫金。

第三次"发现"是在 20 世纪 80 年代。1986 年，巴赫金关于"伦理哲学"的著作被整理后，以《论行为哲学》一书发表。同年，鲍恰罗夫和柯日诺夫合编的《文学批评文集》出版。1984 年，美国学者克拉克和霍奎斯特合著的《米·巴赫金》出版。人们又发现了作为哲学家、人类学家的巴赫金。

现在，巴赫金还需要继续"被发现"。中国国内美学界和文学界曾兴起过一段时期的"巴赫金热"。但他关于道德哲学的学说，还没有被研究者更为有意识地、比较系统地挖掘出来。本文以他的《论行为哲学》为主，兼及其他著述，围绕着"负责任的道德主体如何成长"这一主题，初步整理出一个哲学阐述的轮廓。

一、道德哲学是研究存在即事件的第一哲学

巴赫金在早期论著中阐明，道德哲学是"第一哲学"。但国内外有些学者似乎忽略了这一点。

"第一哲学"是古希腊哲学家亚里士多德提出的概念。这门学问具有为所有其他哲学部门准备基本概念和基本规律的功能，其成果是所有具体哲学部门的预设性前提。因此，它应当是"在先的"——最先的，所以被称为"第一哲学"。① 在古希腊，大致有三种"第一哲学"倾向：一种是把自然哲学放在首位，另一种是把伦理学放在首位，还有一种

---

① 汪子嵩、陈村富、包利民等：《希腊哲学史》第四卷(上)，414 页，北京，人民出版社，2010。

是把逻辑学放在首位。① 巴赫金则把道德哲学看作"第一哲学"，他说："权威的意向（它创立准则）这个问题，是法哲学、宗教哲学的问题，是实际道德哲学（它是基本科学、第一哲学）的问题之一（立法者的问题）。"②虽然在诸多领域成就斐然，但他表示自己主要是哲学家，在其著述中多次比较明确提到道德哲学是第一哲学。

　　巴赫金的道德哲学建立在批判19—20世纪表现强势的理性主义哲学的基础上。他批评"整个现代哲学都脱胎于理性主义，彻底浸透着理性主义的成见，即使在有意摆脱这种成见的地方情况也是如此"③。他认为理性主义至少有两个成见：一是"只有合逻辑的东西才是明晰和合理的"④；二是"视客观因素为理性因素，视主观、个体、单一因素为非理性、偶然因素，而把客观因素与主观、个体、单一因素对立起来"⑤。而他主张的第一哲学鲜明地以人在生活中的实际行为为中心。他充满激情地说："这是一个可以思考、可以观察、可以珍爱的中心。这个中心就是人，在这个世界中一切之所以具有意义和价值，只是由于它与人联系在一起，是属于人的。一切可能的存在和任何可能的意义都是围绕着人这个中心和唯一的价值配置起来的。"⑥可以看出，巴赫金吸收了存在主义哲学、人本主义哲学、现象学的新成果；同时沿着历史唯物主义与历史辩证法的思维方向，构建了面目一新的道德哲学，或曰全新的伦理学。

① 汪子嵩、陈村富、包利民等：《希腊哲学史》第四卷（上），415～416页，北京，人民出版社，2010。
② ［苏联］巴赫金：《论行为哲学》，见《巴赫金全集》第一卷，晓河、贾泽林、张杰等译，27页，石家庄，河北教育出版社，1998。
③④⑤ ［苏联］巴赫金：《论行为哲学》，见《巴赫金全集》第一卷，晓河、贾泽林、张杰等译，31页，石家庄，河北教育出版社，1998。
⑥ ［苏联］巴赫金：《论行为哲学》，见《巴赫金全集》第一卷，晓河、贾泽林、张杰等译，61页，石家庄，河北教育出版社，1998。

巴赫金指出，所有伦理体系一般都区分为物质的和形式的两种。他认为这种区分完全是合理的。但问题在于：第一，"物质的伦理学试图找到并论证专门性的具有道德内容的准则"①。巴赫金认为，其实"专门属于伦理的准则是不存在的，每一个含有内容的准则都必须由相应的学科——逻辑学、美学、生物学、医学、某一社会科学对其价值做出专门的论证"②。"未来得到哲学论证的社会科学（它们现在的状况却极为可怜），将极大地减少这类不植根于任何学科的游移不定的准则。"③巴赫金认为，"应分"这一因素本身，亦即把理论原理变成准则这一点，在物质伦理学中完全没有得到过论证，甚至找不到与"应分"沟通的途径。因此，这种伦理上的"应分"是从外面加上去的（"应分"的原文是 долженствование，含有应当和责任的意思。——作者注）。第二，物质伦理学认为"应分"这个因素可以适用于任何人。"既然准则的内容取自具有科学价值的判断，而形式是从法或戒条中吸取来的，那么准则的共有性就是完全必不可免的了。"④

巴赫金批评在他那个时代完全在康德主义基础上发展起来的形式伦理学。他指出，"应分"乃是一个意识的范畴，是无法从某种特定的物质内容中引导出来的一种形式。他承认，形式伦理学将"应分"作为意识的范畴，出发点是正确的。但问题在于：第一，虽然把"应分"作为一个意识范畴，却把其理解为理论意识的范畴，即将其理论化，结果便忽略了个体的行为。巴赫金强调："应分恰恰是一个针对个体行为

<hr />

① ［苏联］巴赫金：《论行为哲学》，见《巴赫金全集》第一卷，晓河、贾泽林、张杰等译，24 页，石家庄，河北教育出版社，1998。

②③ ［苏联］巴赫金：《论行为哲学》，见《巴赫金全集》第一卷，晓河、贾泽林、张杰等译，25 页，石家庄，河北教育出版社，1998。

④ ［苏联］巴赫金：《论行为哲学》，见《巴赫金全集》第一卷，晓河、贾泽林、张杰等译，27 页，石家庄，河北教育出版社，1998。

的范畴，甚至乃是个体性本身的范畴，即指行为的唯一性、不可替代性、唯一的不可不为性、行为的历史性。"①巴赫金洞见道："命令祈使的坚决而绝对的性质，被偷换成具有普遍的意义，被理解成一种理论上的真理性。"②他认为康德和康德主义推崇的实践理性是从形式伦理学的角度描述的，其推崇实践理性实际上依然是推崇理论领域，将其置于所有其他领域之上。巴赫金尖锐地批评康德式的实践理性不可能论证第一哲学。第二，在形式伦理学中，意志自己独立地把完全合乎规定立为自己的法则，这只是意志的内在法规。好比意志划定一个圈子，把自己关在其中，从而排除了个体的和历史实际的行为主动性。③因此，形式伦理学的原则根本不是行为原则，而是对已实现的行为从理论上进行可能的分析概括的原则，它本身是没什么效能的。

由此巴赫金判断，形式伦理学与物质伦理学一样，都存在"致命的理论化"④；它们都摆脱了唯一的自我，把理论领域置于其他领域之上，忽视现实世界中的人和人的行为。人和人的行为被抽象成普遍的含义，虽然涉及价值，揭示的却是抽象的世界及其结构与原则，单个的人和人的行为在其中没有存在的地位和价值。在这样的世界中，人便无法发挥有效的能动性，只要遵守规则就可以了。

在巴赫金心中，"历史上实有的唯一的存在，比起理论科学的统一的存在，要更大也更重"⑤。巴赫金不满于理论抽象的"非人化"，认为

① ② ［苏联］巴赫金：《论行为哲学》，见《巴赫金全集》第一卷，晓河、贾泽林、张杰等译，27页，石家庄，河北教育出版社，1998。

③ ［苏联］巴赫金：《论行为哲学》，见《巴赫金全集》第一卷，晓河、贾泽林、张杰等译，28页，石家庄，河北教育出版社，1998。

④ ［苏联］巴赫金：《论行为哲学》，见《巴赫金全集》第一卷，晓河、贾泽林、张杰等译，29页，石家庄，河北教育出版社，1998。

⑤ ［苏联］巴赫金：《论行为哲学》，见《巴赫金全集》第一卷，晓河、贾泽林、张杰等译，11页，石家庄，河北教育出版社，1998。

人不仅仅是认知性存在，人还有情感和意志，是鲜活的生命。他甚至说："在我那唯一的现实中历史地一度出现的东西，比起仅仅是头脑里想到的东西，其分量可以说是无比地重。"①

以理论哲学建立起来的伦理学系统是恰恰倒置了的价值判断系统，因为它不需要人做出道德选择，只需要人遵从道德规范。人在理论世界中是僵死的、无意义的。"我们会成为已然确定的、先就设定的、已属过去的、最终完成了的人，多半不是活着的人；我们会让自己脱离开生活，脱离开负有责任的、充满风险的、没有完结的成长行为，投入到不动感情的、原则上已经现成完结了的理论上的存在中去。"②被物质伦理学和形式伦理学奉为圭臬的理论规则，本身并没有约束人的行为的力量。由此，巴赫金否定了仅从抽象的、理论认识的角度来讨论道德问题的观点。

既然伦理上的"应分"是不存在的，任何一个理论原理在自己的内容中都不包含"应分"因素，也不能用"应分"因素来证明。那么什么决定价值取向？从哪里入手分析这种取向的结构？

巴赫金对伦理学的基本范畴"应分"做了新的解释。"应分"是《论行为哲学》一文的核心概念之一，兼有应当、应该之义，表示义不容辞的责任和义务。巴赫金将作为道德律令的"应分"（"你应当"），从"天上"拉回到"人间"，把"应分"交付于个人的生活。他说："应分的因素则存在于我的独一无二的负责的生活整体中。"③

什么是巴赫金所界定的"应分"呢？巴赫金认为，"应分"并不是与自明真理相生相伴的，从真理本身推导不出"应分"因素，也并非仅仅

①② ［苏联］巴赫金：《论行为哲学》，见《巴赫金全集》第一卷，晓河、贾泽林、张杰等译，11 页，石家庄，河北教育出版社，1998。

③ ［苏联］巴赫金：《论行为哲学》，见《巴赫金全集》第一卷，晓河、贾泽林、张杰等译，7 页，石家庄，河北教育出版社，1998。

是头脑中的概念。"应分"是人在做出判断时必须考虑的因素。它仍旧是体现价值引导的范畴，为技术性因素指明发展方向。否则，任凭技术性因素的发展，将会带来毁灭性后果，就像科技发展中可能遇到的后果一样。但是，它并非威力无穷，因为它只是"一个特殊的行为范畴"①。巴赫金说："应分所能表明的，只是在当下的特定条件下恰是在我的意识中实际存在着这一特定判断，即只能表明个体事实的历史具体性，而不能表明判断在理论上是正确的。"②

在他看来，现实中的一个判断仅仅含有正确性因素并不能成为"应分"之事，还必须和人的实际认识行为联系起来，有发自主体内心的回应行为，即承认"应分"的正确。在此，巴赫金强调道德问题中人的维度，强调具体的道德主体的作用。他说："虽说特定的并能自具价值的道德规范并不存在，但却存在着具有特定结构（当然不是指心理和生理结构）的道德主体，能够研究的正是这一主体：因为他能知道什么是和在何时是合乎道德的应分，确切些说，是一般意义上的应分（因为没有专门的道德方面的应分）。"③

总之，巴赫金认为，物质伦理学和形式伦理学"从根本上歪曲了现实的道德上的应分，而且全然无法使我们了解行为的实际状况"④。他主张必须建立新的第一哲学。

什么是巴赫金的第一哲学呢？

---

① ［苏联］巴赫金：《论行为哲学》，见《巴赫金全集》第一卷，晓河、贾泽林、张杰等译，8页，石家庄，河北教育出版社，1998。

② ［苏联］巴赫金：《论行为哲学》，见《巴赫金全集》第一卷，晓河、贾泽林、张杰等译，6页，石家庄，河北教育出版社，1998。

③ ［苏联］巴赫金：《论行为哲学》，见《巴赫金全集》第一卷，晓河、贾泽林、张杰等译，8页，石家庄，河北教育出版社，1998。

④ ［苏联］巴赫金：《论行为哲学》，见《巴赫金全集》第一卷，晓河、贾泽林、张杰等译，28页，石家庄，河北教育出版社，1998。

第一哲学试图揭示存在即事件，它"不是关于统一的文化创造的学说，而是关于统一和唯一的存在即事件的学说"①。综观巴赫金的相关论述，"统一"指涵义世界和现实世界、文化与生活、理性与感性等之间的统一，"唯一"指事物的具体性、个别性和历史性。他认为："行为以自己对存在的唯一性参与为基础实现取向的那个世界，正是道德哲学的研究对象。"②

"第一哲学只能以实际行为作为自己的目标"③，只有从实际的行为出发，才能达到实际的存在。行为不是从自己的内容方面，而是在自己实现过程中了解到、接触到统一和唯一的生活存在，在这个存在中把握自己，而且是把握整个的自己。不能把行为看成一个从外部观察或进行理论思考的对象，而要从行为的内部联系它的责任来观察。

至于第一哲学的研究方式，他认为："不可能提出关于这个世界的概念、原理和规律（即对行为的纯粹理论抽象），而只能成为对这一行为世界的描述和现象研究。事件只能得到参与性的描述。"④"描述从价值角度对世界进行的体验感受是如何实际而具体地建构起来的。"⑤"这些具体个人的不可重复的世界有着一些共同的因素，不过不是共同的

---

① ［苏联］巴赫金：《论行为哲学》，见《巴赫金全集》第一卷，晓河、贾泽林、张杰等译，22页，石家庄，河北教育出版社，1998。
② ［苏联］巴赫金：《论行为哲学》，见《巴赫金全集》第一卷，晓河、贾泽林、张杰等译，53页，石家庄，河北教育出版社，1998。
③ ［苏联］巴赫金：《论行为哲学》，见《巴赫金全集》第一卷，晓河、贾泽林、张杰等译，30页，石家庄，河北教育出版社，1998。
④ ［苏联］巴赫金：《论行为哲学》，见《巴赫金全集》第一卷，晓河、贾泽林、张杰等译，33页，石家庄，河北教育出版社，1998。
⑤ ［苏联］巴赫金：《论行为哲学》，见《巴赫金全集》第一卷，晓河、贾泽林、张杰等译，60页，石家庄，河北教育出版社，1998。

概念或规律，而是在它们具体建构中的共同因素。"①

从上述来看，巴赫金显然改变了道德哲学的研究对象、研究目标、研究的描述方式和建构方式。这就是巴赫金的"第一哲学"鲜明地区别于历史上已被命名的各种"第一哲学"之处。

二、道德主体负责任地参与整体性的生活

巴赫金在《艺术与责任》中把人类文化分为科学、艺术和生活三个领域。这三个领域应该是有机联系在一起的。但在现实生活中，三者却处于机械联系中。

巴赫金主要讲了艺术和生活的关系，指出两者往往是分离的，艺术是人对生活的逃避，生活是艺术要远离的地方。"生活与艺术，不仅应该相互承担责任，还要相互承担过失。诗人必须明白，生活庸俗而平淡，是他的诗之过失；而生活之人则应知道，艺术徒劳无功，过失在于他对生活课题缺乏严格的要求和认真的态度。"②巴赫金认为，科学、艺术和生活三者应该统一，而且"只能在个人身上获得统一"③。能够把艺术与生活融合、统一起来，是人的统一的责任。

在《论行为哲学》中，巴赫金主要讲了文化世界和生活世界的分裂，说这两个世界，"一个是我们的活动行为得以客观化的世界，另一个则

---

① ［苏联］巴赫金：《论行为哲学》，见《巴赫金全集》第一卷，晓河、贾泽林、张杰等译，54页，石家庄，河北教育出版社，1998。

② ［苏联］巴赫金：《艺术与责任》，见《巴赫金全集》第一卷，晓河、贾泽林、张杰等译，1～2页，石家庄，河北教育出版社，1998。

③ ［苏联］巴赫金：《艺术与责任》，见《巴赫金全集》第一卷，晓河、贾泽林、张杰等译，1页，石家庄，河北教育出版社，1998。

是这种行为独一无二地实际进行和完成的世界"①。但在以康德为代表的认识论哲学中,认识与生活、文化世界与生活世界永远是割裂的。巴赫金说:我们活动和体验的行为,有如具有两副面孔的雅努斯神,面对着不同的方向:一面对着客观的统一的文化领域,另一面对着不可重复的唯一的实际生活;由于这两副面孔不具有统一和唯一的方向,这两副面孔因而也就不能面对一个唯一的统一的东西而彼此做出界定。②他认为,人的存在包括现实的生活实际和抽象的涵义世界,是浑然一体的、整体性的生活。

如何弥合文化世界和生活世界之间的分裂呢?巴赫金认为,"唯有现实存在的唯一性事件才能成为这种唯一的统一的东西"③。

那么,如何介入这种事件呢?

巴赫金主张,要用"参与性思维"。在他那里,"参与性"这个概念是人对世界的一种态度和在世界中的生存方式。人生活在世界整体中,要进行一系列行为,介入各种事件。

究竟什么是"参与性思维"呢?"参与性思维"是一种"行动着的思维"。巴赫金说:"我以自己的全部生活实现着行为,而每个单独的行为和体验都是我生活即一连串的行为过程的一个方面。"④"也就是在具体的唯一性中、在存在之在场的基础上,对存在即事件所作的情感意志方面的理解,换言之,它是一种行动着的思维,即对待自己犹如对待唯一负责的行动者的思维。"⑤

---

①②③ [苏联]巴赫金:《论行为哲学》,见《巴赫金全集》第一卷,晓河、贾泽林、张杰等译,4页,石家庄,河北教育出版社,1998。

④ [苏联]巴赫金:《论行为哲学》,见《巴赫金全集》第一卷,晓河、贾泽林、张杰等译,4~5页,石家庄,河北教育出版社,1998。

⑤ [苏联]巴赫金:《论行为哲学》,见《巴赫金全集》第一卷,晓河、贾泽林、张杰等译,45页,石家庄,河北教育出版社,1998。

参与性思维是一种积极的、能动的思维，它使与主体发生联系的一切都带有情感意志的语调。巴赫金说："真正的作为行为的思维，是含有情感与意志的思维，是带着语调的思维，而且这种语调要深入地贯穿于思想的所有内容因素。情感意志的语调在行为中覆盖着思想的全部涵义内容，并把这内容同唯一的存在即事件联系起来。正是情感意志的语调，在唯一的存在中起着定向的作用，并在其中实际地确定着涵义内容。"① 话语一经说出，必然带有语调，表达主体对事物的价值判断和态度。巴赫金说，"我与之发生关系的一切，都是处于我的情感意志的语调中"②。而事物一旦带有了人的语调，便成为事件的一个因素，被包容进事件的整体之中。这种语调表明的是，恰恰是这个人而不是那个人，在此时此地而非彼时彼地，进行这一行为而非那一行为，参与到这一事件而非那一事件中，对这一事物而非那一事物所产生的评判态度。可见，具有这种为统一而唯一的事件服务的参与性思维的主体，与在理论世界中的主体，命运是完全不同的。巴赫金说："在具有理论价值的判断之中，没有实际在思考的我在，没有对自己思维行为负责的我在。"③ 理论判断的形式与内容、对象与内容等方面，都具有价值，但是"都绝不包括个人行为（思想者的行为）这一因素在内"④。在理论世界中，人的行为要受认识的规律控制；人只是认知性的存在，并不能充分发挥积极能动性。

　　当然，巴赫金强调主体的主观能动性，并非主张一切为了自我，

---

① ［苏联］巴赫金：《论行为哲学》，见《巴赫金全集》第一卷，晓河、贾泽林、张杰等译，35页，石家庄，河北教育出版社，1998。

② ［苏联］巴赫金：《论行为哲学》，见《巴赫金全集》第一卷，晓河、贾泽林、张杰等译，34页，石家庄，河北教育出版社，1998。

③④ ［苏联］巴赫金：《论行为哲学》，见《巴赫金全集》第一卷，晓河、贾泽林、张杰等译，5页，石家庄，河北教育出版社，1998。

一切以自我为中心。恰恰相反，巴赫金认为："从自身、从自己的唯一位置出发去生活，完全不意味着生活只围于自身；唯有从自己所处的唯一位置上出发，也才能作出牺牲——我以责任为重可以发展成以献身为重。"①

巴赫金所提出的"参与性思维"，对人的能动性抱有极大的认可和期待，使主体的行为带有理想和希望的色彩。他说："任何一个事物，任何一种关系，在这里都不单纯是实有之物、完全存在之物，而总是带有设定的因素，即事物和关系应该如何、希望如何。"②

"参与性思维"使主体能够在行为中克服理论世界与现实生活之间的二元对立，过一种统一的、具有整体性的生活。主体积极、能动地参与到统一而唯一的存在即事件中，在事件中把涵义世界与现实世界结合起来，能够"连同他的内在生活的整个世界（这是他认识的对象），能够与实际的历史和事件的存在（他只是这个存在中的一个因素）联系到一起"③，使所处的世界成为有价值的、非偶然的东西。

"参与性思维"使主体确认具体的"应分"因素，成为负责任的主体。巴赫金说："承认我的唯一的参与性，承认我的在场，这将为现实提供一种保证，即保证这个世界的统一的唯一性；但不是内容涵义的唯一性，而是情感意志的唯一性，是颇有分量而必不可少的唯一性。"④"我"对事件的参与，也即"我"在存在中"在场"；与"我"发生联系的一

① ［苏联］巴赫金：《论行为哲学》，见《巴赫金全集》第一卷，晓河、贾泽林、张杰等译，49页，石家庄，河北教育出版社，1998。
② ［苏联］巴赫金：《论行为哲学》，见《巴赫金全集》第一卷，晓河、贾泽林、张杰等译，33页，石家庄，河北教育出版社，1998。
③ ［苏联］巴赫金：《论行为哲学》，见《巴赫金全集》第一卷，晓河、贾泽林、张杰等译，9页，石家庄，河北教育出版社，1998。
④ ［苏联］巴赫金：《论行为哲学》，见《巴赫金全集》第一卷，晓河、贾泽林、张杰等译，56页，石家庄，河北教育出版社，1998。

切便因为"我"的参与而成为统一而唯一的事件中的要素。确认这种唯一性，是为了进一步确认"应分"因素。巴赫金继续说："我的这种得到确认的参与性，创造出具体的应分因素——即我应该实现全部的唯一性；这是在一切方面都无可替代的存在唯一性，对这一存在的任何因素我都应实现自己的唯一性；而这意味着参与性将我的每一个表现：感情、愿望、心情、思想，都变成了我的能动而负责的行为。"①从自己在世界中的唯一位置出发，以实现自己全部唯一性为"应分"因素，主体成为负责任的行动者。巴赫金说："我的每个思想连同其内容，都是由我个人自觉负责的一种行为，而我的全部而唯一的生活，作为一连串的行为过程，正是由这些行为构成的，因为我的整个生活可看成是一个复杂的行为：我以自己的全部生活实现着行为，而每个单独的行为和体验都是我生活即一连串的行为过程的一个方面。"②

巴赫金所说的"行为"，在概念表述上是实际参与的诸范畴，是有效地体验具体的唯一性世界的诸范畴。它是"统一而唯一的存在即事件"的一个基本方面，包括人的思想、意识、情感、意志、实际行动等一切活动，表现为个人投入生活中与己相关联的存在、事件、一连串的过程，是具有整体性的统一行为，是统一了内容涵义与实际存在的行为。"存在即事件"在巴赫金的哲学中是具有本体性质的概念。存在由事件构成，事件由行为构成。存在是过程性的，而非实体性的；是运动的，而非静止的。在这样的世界中，人的存在是时刻都在流变的过程；没有抽象的人，也没有抽象的存在。

巴赫金认为，"行为应将两方面的责任统一起来，一是对自己的内

---

① ［苏联］巴赫金：《论行为哲学》，见《巴赫金全集》第一卷，晓河、贾泽林、张杰等译，56～57页，石家庄，河北教育出版社，1998。

② ［苏联］巴赫金：《论行为哲学》，见《巴赫金全集》第一卷，晓河、贾泽林、张杰等译，4～5页，石家庄，河北教育出版社，1998。

容应负的责任(专门的责任),一是对自己的存在应负的责任(道义的责任)"①。只有在这种统一中,才会产生"负责任"的行为。因为理论判断中没有实际思考的主体,也没有对这种判断负责的主体。

在他看来,在具体事件中,真正起作用的不是行动的内容,而是"确曾作出的那种承诺、认可,即负责的行为"②。主体所能够负责的,是认可或否认一种涵义,并不能改变涵义本身。避开涵义或者避开存在都是不负责任的行为。

他强调,"只有通过实际承认我的实际参与而把这思考纳入到统一而又唯一的存在即事件中去,才能够从这思想中产生出我的负责行为"③。

进而,他把这种负责任的行为理解为:"这是能充实他人存在的一种行为,是绝对增益和新的行为,是唯有我能做到的行为。"④而"这种富有效能的唯一的行为,正是存在中的应分因素"⑤。当然,在现实生活中,人的存在是一个时刻都在变化的过程,人对世界的参与并不总是那样充满理想色彩。所以巴赫金主张,艺术和生活应该相互承担起责任来,让生活像艺术那样美好。艺术世界作为一个可能的世界,寄托了人们对理想生活的热望。作为价值中心的人对世界的体验、人的整体性的生活,可以完美地希冀于审美观照的世界中,因为"这个世界以它的具体性和贯通着情感意志的语调,在文化领域的所有抽象世界

---

① [苏联]巴赫金:《论行为哲学》,见《巴赫金全集》第一卷,晓河、贾泽林、张杰等译,4页,石家庄,河北教育出版社,1998。

② [苏联]巴赫金:《论行为哲学》,见《巴赫金全集》第一卷,晓河、贾泽林、张杰等译,40页,石家庄,河北教育出版社,1998。

③ [苏联]巴赫金:《论行为哲学》,见《巴赫金全集》第一卷,晓河、贾泽林、张杰等译,44页,石家庄,河北教育出版社,1998。

④⑤ [苏联]巴赫金:《论行为哲学》,见《巴赫金全集》第一卷,晓河、贾泽林、张杰等译,43页,石家庄,河北教育出版社,1998。

（指它们的孤立状态）中，更接近于行为的统一而唯一的世界"①。

三、道德主体在对话性交往中成长

在巴赫金的著述和思想中，十分突出、贯通其思想全部的是他的交往与对话理论。他把交往与对话看作人的存在方式的本质，也视其为人的精神成长的基本路径。

现代人面对的道德关系包含五大系列，即人与自然、人与操作对象、人与他人、人与社会以及人与自我。人的生命在这些关系系列中永恒地存在着、生成着、完善着。在巴赫金看来，我与他人的关系是世界上最基本的关系。他说："我与他人之间在具体的建构上有着至关重要的区别。"②统一的世界以及现实生活和文化世界的一切价值，都是围绕着"我眼中之我""他人眼中之我"和"我眼中之他人"这几个基本点配置的。

巴赫金把"我眼中之我"看作"作战司令部"③，认为它是行为的起点和中心，一切价值都要在"我眼中之我"身上得到判断和实现。"我眼中之我"是一种内部观照和参与，是"我"对自己的评价，属于主体范畴。我不能把自己整个地纳入客体之中，我作为积极的主体高居于任何客体之上。④

"他人眼中之我"形成于他人之中，属于客体范畴，却在"我"的参

---

① ［苏联］巴赫金：《论行为哲学》，见《巴赫金全集》第一卷，晓河、贾泽林、张杰等译，61页，石家庄，河北教育出版社，1998。
② ［苏联］巴赫金：《论行为哲学》，见《巴赫金全集》第一卷，晓河、贾泽林、张杰等译，73页，石家庄，河北教育出版社，1998。
③ ［苏联］巴赫金：《论行为哲学》，见《巴赫金全集》第一卷，晓河、贾泽林、张杰等译，60页，石家庄，河北教育出版社，1998。
④ ［苏联］巴赫金：《审美活动中的作者与主人公》，见《巴赫金全集》第一卷，晓河、贾泽林、张杰等译，136页，石家庄，河北教育出版社，1998。

与行为中又反射到"我"身上，影响"我"对自己的综合评价。"我"对自己的认识仅靠自己是无法完成的，自我的形成必须依赖于他人之眼，通过"把自己揭示给他人，必须通过他人并借助于他人"①。

"我眼中之他人"是在"我"所处的独一无二的位置上观察到的他人，或在和他人发生各种联系过程中形成的他人形象。他人是处在他自己的位置上而出现在"我"的意识中的。"我眼中的他人整个处在客体之中"②，"我"爱他或恨他，正因为他是他而不是"我"。在巴赫金看来，"我离不开他人，离开他人我不能成其为我；我应先在自己身上找到他人，再在他人身上发现自己"③。

的确，"我与他人——是使得实际的评价成为可能的基本价值范畴"④。只有通过交往与对话，道德意味上的平等、尊重、商谈，以至于双方的独立性、相互理解的能力以及恰当的自我认知与尊严感，才可能发育出来。这是因为人的行为、意识、情感总是在一次次的交往中相互显现、相互表露并相互传递的。

巴赫金认为，我与他人、我与世界之间的关系是对话关系。他说："存在就意味着进行对话的交际。"⑤这就接触到了巴赫金研究领域中的"超语言学"。话语、对话等是超语言学的研究对象。

---

① ［苏联］巴赫金：《关于陀思妥耶夫斯基一书的修订》，见《巴赫金全集》第五卷，白春仁、顾亚铃译，377～378 页，石家庄，河北教育出版社，1998。

② ［苏联］巴赫金：《审美活动中的作者与主人公》，见《巴赫金全集》第一卷，晓河、贾泽林、张杰等译，135 页，石家庄，河北教育出版社，1998。

③ ［苏联］巴赫金：《关于陀思妥耶夫斯基一书的修订》，见《巴赫金全集》第五卷，白春仁、顾亚铃译，379 页，石家庄，河北教育出版社，1998。

④ ［俄］孔金、［俄］孔金娜：《巴赫金传》，张杰、万海松译，96 页，上海，东方出版中心，2000。

⑤ ［苏联］巴赫金：《陀思妥耶夫斯基诗学问题》，见《巴赫金全集》第五卷，白春仁、顾亚铃译，340 页，石家庄，河北教育出版社，1998。

巴赫金说，超语言学"研究的是活的语言中超出语言学范围的那些方面"①。他的超语言学是在批判以洪堡和福斯勒为代表的"个人主义的主观主义"语言学和以索绪尔为代表的"抽象的客观主义"语言学基础上建构起来的。他认为，前者把个人心理看作语言创造的源泉；后者把语言看作稳定不变的体系，先于个人意识而存在，与意识形态、与历史没有任何关联。在巴赫金看来，这两种语言学存在一个共同的缺陷，都摒弃了社会学方法。巴赫金专注于社会和语言，以探究使人与人得以联结的力量。② 他不是从一般意义上讲语言是工具，而是从主体意义上思考语言的价值。

用巴赫金道德哲学和超语言理论来解析，恰恰是话语成为道德个体化的表征，体现了道德表达的个体性和多样性。

话语中的道德表达具有交互性。巴赫金说："话语——是最纯粹和最巧妙的社会交际 medium（手段）。"③他创造性地提出了言语体裁理论，对语言最重要的交际功能进行了阐释。他说，我们所说的言语体裁应该包括日常对话的简短对白，包括日常的叙事、书信，也包括简短标准的军事口令和详尽具体的命令，不可胜数的各种事务性文件，还有多种多样的政论；此外还应包括各种形式的科学著作以及全部的文学体裁。④ 表述是言语交际单位，是可以对之做出回答的最小单位，

①　[苏联]巴赫金：《陀思妥耶夫斯基诗学问题》，见《巴赫金全集》第五卷，白春仁、顾亚铃译，239 页，石家庄，河北教育出版社，1998。

②　[美]凯特琳娜·克拉克、[美]麦克尔·霍奎斯特：《米哈伊尔·巴赫金》，语冰译，79 页，北京，中国人民大学出版社，1992。

③　[苏联]B. H. 沃洛希诺夫：《马克思主义与语言哲学——语言科学中的社会学方法基本问题》，见《巴赫金全集》第二卷，李辉凡、张捷、张杰等译，354 页，石家庄，河北教育出版社，1998。

④　[苏联]巴赫金：《言语体裁问题》，见《巴赫金全集》第四卷，白春仁、晓河、周启超等译，141 页，石家庄，河北教育出版社，1998。

是能够对之或同意或反对的最小单位。不同的言语体裁具有不同的语调和表达力。

话语产生于生活情景中，使主体在生活中获得交际的可能性、自信和持续性。巴赫金认为，生活通过表述进入语言，而语言又通过表述进入生活。"话语就是在创作感知过程，从而也仅仅在生动的社会交往过程中形成，长满活生生血肉的骨骼。"①只有在生活中才能明白话语的含义，对话语做出评价和判断。话语的语调与周围一切变化的社会氛围特别联系密切，它直接与生活相关，是社会性的。"语调总是处于语言和非语言、言说和非言说的边界上。"②而在有同感、有"和声支持"的氛围中，主体能够获得信心，使语调自由地展开。如果遭到怀疑或认为会遭到怀疑，主体就会出现挑战的语调、不满的语调等，使语调变得复杂起来。

话语对人的精神世界的影响是复杂的、多向的。巴赫金把话语区分为"权威话语"或"专制话语"与"有内在说服力的话语"，认为前者是一种命令式的、霸权式的话语；后者指能够引起主体的兴趣、含有多种声音、能和主体对话的话语，能够引起主体的共鸣，促使话语所蕴含的意识形态内容内化为"内部言语"，让主体乐于接受。

据资料载，巴赫金在 20 世纪 30 年代曾专门研究过教育小说的体裁特征，以描述人的精神成长的叙事为研究载体。这可以从一个侧面看出他的超语言学理论对教育之于人的精神成长的关注。

---

① [苏联] B. H. 沃洛希诺夫：《生活话语与艺术话语——论社会学诗学问题》，见《巴赫金全集》第二卷，李辉凡、张捷、张杰等译，97 页，石家庄，河北教育出版社，1998。

② [苏联] B. H. 沃洛希诺夫：《生活话语与艺术话语——论社会学诗学问题》，见《巴赫金全集》第二卷，李辉凡、张捷、张杰等译，88 页，石家庄，河北教育出版社，1998。

道德虽有专门化的规范、通则，但每个人道德面貌的展现却是个性化的。这种个性化会在话语中表现出来。只有体现出个性化的话语，才具有影响主体精神世界形成和发展的力量，成为积极的、鲜明独特的德育（教育）资源。

话语是对话性的，对话是语言的生命，是生活的本质。巴赫金说："生活就其本质说是对话的。生活就意味着参与对话：提问、聆听、应答、赞同等。人是整个地以其全部生活参与到这一对话之中，包括眼睛、嘴巴、双手、心灵、精神、整个躯体、行为。"①这种参与精神和对话精神是巴赫金道德哲学的本质，也是道德主体成长的必由之路。对话并不仅仅指在实际生活中表现出来的人与人之间一问一答式的语言交流，还泛指人类生活中的一切关系和表达形式。对话规定着人与人、人与社会、人与历史、人与文化之间的关系。"我"与他人处于同时共存的关系中。在对话中，"我"与众多的他人的意识处于互相平等、并行不悖且相抗衡的状态。在对话中，"我"与他人彼此难以割舍地生活在世界上，处于永不停止的对话之中。"我"依靠与他人的对话来认识自己，认识自己与历史、社会、文化的关系。对话中，虽然"我"依旧是"我"，他人依旧是他人，但是双方都得到了丰富。

巴赫金还认为，对话总含有"双声"和"复调"。声音是对话中必然存在的现象，指通过语言表现出来的某人的思想、观点、态度和综合体。"双声语"是指蕴含着两个声音的话语，即同一个话语既指向说话者本人，又指向听话者一方。话语说出之前都是别人的话语，一旦说出就具有双声性，一方面带有他人的价值和立场，另一方面又用来表达"我"的价值和立场。但是他人话语纳入"我"的语言之后，必定得到

---

① ［苏联］巴赫金：《关于陀思妥耶夫斯基一书的修订》，见《巴赫金全集》第五卷，白春仁、顾亚铃译，387 页，石家庄，河北教育出版社，1998。

一种新的理解，服从于"我"对事物的理解和评价。因此，双声语是充满了冲突和争辩的语言，是一种充满了张力的话语。他说："单一的声音，什么也结束不了，什么也解决不了。两个声音才是生命的最低条件，生存的最低条件。"①同一话语中还有可能响彻着两个以上的声音，这便是"多声"现象。它揭示出生活的多样性和人类情感的多层次性。"复调"的实质是，"不同声音在这里仍保持各自的独立，作为独立的声音结合在一个统一体中"②。"复调"是对传统的单声结构的超越，是一个复杂的统一体。在复调结构中，众多的个人意志结合在一起，形成事件。

对话与复调理论揭示了人的交往行为的道德价值在于扩展人的心胸和视野，增强人合理的自我认识与判断，培养人站在他人的角度思考的习惯和包容的态度，培养精神丰富的道德自我。

总之，在巴赫金看来，对话关系"几乎是无所不在的现象，浸透了整个人类的语言，浸透了人类生活的一切关系和一切表现形式，总之是浸透了一切蕴含着意义的事物"③。对话没有缘起，也没有终了。"对话的终了，与人类和人性的毁灭是同义语。"④"对话结束之时，也是一切终结之日。"⑤巴赫金的交往与对话思想具有强大的开放性，他的话语理论呈现出人的精神发展的无限丰富性与可能性。它向人们昭

① ［苏联］巴赫金：《陀思妥耶夫斯基诗学问题》，见《巴赫金全集》第五卷，白春仁、顾亚铃译，340页，石家庄，河北教育出版社，1998。

② ［苏联］巴赫金：《陀思妥耶夫斯基诗学问题》，见《巴赫金全集》第五卷，白春仁、顾亚铃译，27页，石家庄，河北教育出版社，1998。

③ ［苏联］巴赫金：《陀思妥耶夫斯基诗学问题》，见《巴赫金全集》第五卷，白春仁、顾亚铃译，55～56页，石家庄，河北教育出版社，1998。

④ ［苏联］巴赫金：《在长远时间里》，见《巴赫金全集》第四卷，白春仁、晓河、周启超等译，372页，石家庄，河北教育出版社，1998。

⑤ ［苏联］巴赫金：《陀思妥耶夫斯基诗学问题》，见《巴赫金全集》第五卷，白春仁、顾亚铃译，340页，石家庄，河北教育出版社，1998。

示，具有道德性的教育需要关注人的生活经验的开放性、道德主体生长的复杂性及道德个性的多样性。

教育是人类社会实践的重要组成部分，育人是教育的灵魂。要把人培养成负责任的道德主体，必须创造出更多面向生活的、高度重视个人行为及其独特性的、让主体在其中可以独立思考分享和可以体验、践履并负起个人责任的道德学习环境。学校德育必须从知识化德育、灌输性德育、封闭型德育走向以活的生活为基础的德育，走向以自我负责任的行为为目标的德育，同时也走向互动对话式的德育，走向更多地关注人的心灵成长的德育。巴赫金道德哲学所蕴含的反对现代唯理性主义、反对现代文化分裂的忧患意识，特别是他所积极倡导的参与生活、在个人的负责任的行为中形成道德个性的价值主张，不乏许多合理、深刻的思想，可以给当下教育带来启示。

其实这些年，我国中小学的教育，包括德育已经发生了很多改变。尤其是在一批有理想信念和激情的校长带领下的学校，在培养有个人美德的现代公民方面，在素质教育的深入推进中，创造了许多生动可感的、充满新的时代价值观的实践形态。从巴赫金的作品中我们会发现，他的哲学更接近哲学人类学，他的哲学和伦理学有着浓郁的审美化倾向，他的美学则具有明确的伦理学意识。他主张不是用一般的原理、概念和规律来概括，而更多是用现象学描述的方式来具体建构。巴赫金的这一研究特征与方法特别适合应用在教育活动中那些具有人文属性的部分，帮助我们去发现并具体建构时代中那些已经显现出来的、可以引领学校道德方向的共同价值要素。

苏霍姆林斯基教育思想对当代中国及
未来国际全民教育的影响^①

一、苏霍姆林斯基教育思想在当代中国的传播与持续影响

苏霍姆林斯基教育思想在当代中国的传播共有三次高潮，时间分别为 20 世纪 80 年代中期、20 世纪 90 年代中后期以及 21 世纪初至今。其主要表现为三个重要事实：①翻译、出版并不断再版、重印苏霍姆林斯基的著作、论文，形成一个热心研究和传播苏霍姆林斯基思想及经验的人群（见附表 1）；②借鉴苏霍姆林斯基思想进行中小学教育教学改革，所形成的操作模式，如成功教育模式、愉快教育模式、和谐教育模式、赏识教育模式、情境教育模式，成为中国学校推行素质教育的基层典范；③一批中小学教师以苏霍姆林斯基为楷模，成长为中国最优秀并享有盛誉的教师和校长。

分析这几次传播高潮、产生的国内背景以及可能构成的长远影响，主要与以下三个主题有关：中小学的素质教育、教师职业的专业化、

---

① 本文是作者发表在《教育家》2011 年第 7 期上的文章。

一线教师参与科研。

改革开放后，我国中小学教师所看的外国教育家著作更多是苏霍姆林斯基的著作。那时学校刚刚恢复正常教学，教师和学生表现出巨大的教与学的热情。苏霍姆林斯基著作的思想性、丰富性和给教师的职业现场感吸引了中国教师。之后，我国大力推进旨在培养全面和谐发展的人的素质教育。一批中小学的校长和教师与大学学者合作，借鉴苏霍姆林斯基的思想经验，创造出诸如成功教育模式、愉快教育模式、和谐教育模式、乐学教育模式、审美教育模式等。正是他们在我国中小学素质教育从民间发端到酿成潮流，并最终上升为国家政策的过程中带了头。

21世纪初在中国开始新一轮中小学课程改革，并将教师专业化建设提上日程。新课程改革旨在改变过分强调知识传递的现象，要求在教学过程中统整知识、能力和情感态度价值观。苏霍姆林斯基在智力教学中实践德育的经验，以及他的民主平等的师生观，重视基础知识但反对死记硬背，主张认识外部世界与自我表达相平衡、集体生活与个性舒展相平衡的和谐教育观基本符合我国中小学课程改革的方向与基本理念。

关于教师专业化，中国文化一直有自己独特的旨趣，即所谓"学高为师，身正为范"。除具备专业知识技能外，要求教师有道德操守和人文情怀，成为学生的榜样；同时还要求教师参加教育科学研究，有的学校甚至将其纳入考评教师的范围。现在我们进一步提倡中小学教师的研究要立足学校生活，以改善教育教学为目的。苏霍姆林斯基一生把日常教育生活作为教育科学的实验场、诞生地，在科学研究方面取得的成就激励和吸引着中国教师。

展望未来，苏霍姆林斯基教育思想对中国中小学教育界仍会有持续的吸引力。

二、苏霍姆林斯基教育思想为国际全民教育指明了方向

全纳教育思想通过联合国教科文组织的工作得以有力传播。2008年第48届国际教育大会的主题是全纳教育。全纳教育被认为是推进教育公平、实现有质量的全民教育的重要保障。随着第48届世界教育大会的召开，为每一个学习者提供支持性学习环境而减少排斥、减少被边缘化的人群，从而促进世界的安宁、和谐日益成为人类教育思想的主流。

回顾世界全民教育运动，其思想与实践有一个演进和发展的过程。即人人享有受教育的权利，普及初等教育；提出对每一个人应接受的基本教育；指出什么是有质量的全民教育；以全纳教育的思想跨越式地推进全民教育。其间十分明显的进步轨迹在于，越来越强调尊重学习者主体，主张用个别化的、适切于不同人的方式进行教育；进一步明晰质量的内涵是认知和情感两个维度，重视人作为个体的同时作为公民应对生活世界和工作世界的价值观和态度；越来越强调支持性的环境对人的作用，尤其是积极情感的引发和激励。全纳教育思想虽然源出于特殊教育，现在仍然更多地指向关怀处境不利群体，但它已大大超出原意。它相信每个人的学习动机和积极情感都可能被支持性的环境激发。20世纪90年代以来，联合国教科文组织的多份报告强调情感态度与知识、技能相比更为基本，提出学会关心、学会共同生活，因为我们面对的是需要终身学习、持续发展、推动社会和谐的人。苏霍姆林斯基在一生的教育工作中从不放弃每一个孩子，与中国古代教育家孔子主张的"有教无类"一样。他们的伟大之处在于彻底的人道主义，他们的才华在于能够因材施教。苏霍姆林斯基不仅接续古代、近代文明，而且能与今日文明对话，其根本在于他的全部心血和研究都

付诸在教养人上。他如饥似渴地吸收当时所能阅读到的生理学、心理学文献，但他不是盲目的科学技术主义者，他创造了崭新的、以人的哲学为基础的"活"的教育科学。它们完全来源于真实生活和直接的教育情境。其中最深藏的奥秘在于：他不仅从心理学，还从教育学，从现在看来是用一种现象学的教育立场、方法认识情绪、情感的性质、特征和重要价值，把情感看作认知发展、个性形成、道德成长的重要基础；他在教学工作中提出"情绪上的智力"，主张办"快乐的学校"，并通过与家庭、社区的合作为孩子实现"惬意的童年"。他认为，情感教育不只是教导，更不能靠命令，要靠积极改变环境、增强环境的情感—道德氛围培养、培育情感。他为处境不利儿童的情感关怀创造了多样化的、动人的方法。现在证明，这些吻合于新的社会情绪理论和当代神经认知科学的发展，吻合于新的人格理论和积极心理学。他虽然没能有幸活得更长，但却与德国新现象学哲学家赫尔曼·施密茨的思想一脉相通。他以自己的教育行动同样承认和重视人的身体知觉（在肉体上直接获得的知觉，它是身体的情绪震颤的事态），而不仅仅强调感官知觉引发的情感。因此他不仅关注作为主观体验的情感，而且更关注人因特定际遇所构成的客观事实状态。教育者必须面对人的这种身体、文化差异，它们往往是通过情感，包括身体的情绪震颤来表征人的生存状态的。活生生的、日常教育活动中的科学研究更多是在场的、整体性的、瞬间把捉的，由中小学教师参与的、立足于学校育人质量提高的教育科研更多也是这一形态。教师通过这类科研既有助于发展学生，也有助于发展自身。

现在，联合国教科文组织不仅呼吁各国继续加大公共财政投入，在不发达国家和地区继续改善办学条件，而且一定要通过全纳教育思想的广泛传播影响世人。如此看来，苏霍姆林斯基教育思想和实践的诠释在现今时代依然有巨大的张力，依然具有无穷的魅力。

附表 1　1979—2004 年翻译和研究苏霍姆林斯基的著作及论文情况统计

时间(年)	著作出版(本或卷)	论文发表(篇)
1979	0	2
1980	0	15
1981	7	24
1982	2	34
1983	7	19
1984	11	12
1985	3	19
1986	5	4
1987	2	7
1988	2	5
1989	1	3
1990	1	2
1991	4	0
1992	5	2
1993	1	1
1994	1	6
1995	0	5
1996	0	5
1997	0	10
1998	2	7
1999	1	14
2000	1	18
2001	7(含教育科学出版社的 5 卷本)	18
2002	2	12
2003	3	10

续表

时间(年)	著作出版(本或卷)	论文发表(篇)
2004	1	5

注：1.制表依据。著作出版数目通过国家图书馆索书系统检索整理；1979—1993年的论文发表数目通过网络检索整理；1994—2004年的研究论文发表数目通过中国期刊网检索整理。

2.论文统计标准。论文的采集只指向直接研究苏霍姆林斯基的论文，即在论文标题中明确出现"苏霍姆林斯基"字样的论文，而不包括大量或多或少涉及苏霍姆林斯基思想的文章。

3.著作出版数目中有重印和不同出版社重复出版以及一些以评介为主的著作，但不影响我们考察不同时期人们对苏霍姆林斯基教育思想关注程度的统计目的。

关注心灵与精神成长的德育

——苏霍姆林斯基德育思想及其与教育现象学的契合①

中国改革开放取得了巨大的社会进步。随着社会物质生活环境的不断改善，人们对转型中社会的道德品性、价值共识、精神气质的走向越发关注并思虑日多。整体而言，学校德育的基本理念和实施途径、方法等经过不断反思和调整，已有很大进步。德育就其本质，是要影响人的价值系统，关注人的精神成长。它首先是做心灵上的工作。而就这一诉求来看，现有学校德育的调整和变革仍需付出努力。学校德育如何能够更加关注青少年儿童的心灵与精神成长呢？除了进一步思考社会环境对当代青少年的影响外，也需要从人的身心系统内部思考人的思想道德发展、精神成长的规律、机制。

苏联教育家苏霍姆林斯基是扎根中小学进行教育研究的典范。他以每年不少于360节的听课记录及与师生密切的交往为其研究教育的坚实基础。他的教育研究以"反思性实践"为基本模式，克服了理论与实践的二元对立。他33年坚持在乡村学校工作，所做的一切都是为了培养道德高尚的人。为了促进学生的心灵与精神的成长，他的德育思

---

① 本文是作者发表在《上海教育科研》2007年第4期上的文章，原文为《走向心灵的德育》。

想、实践以及研究工作始终以此为出发点和归宿点。他反对目中无
"人"的教育，反对把教养与教育割裂开来，反对不能激起学生感受体
验的形式主义的活动；要求教师成为有情感素养和能力的人，成为能
走进学生心灵的人。在我国当前的社会氛围和教育改革中学习、重温
苏霍姆林斯基的教育思想体系，走进他的教育叙事、科研笔记，咀嚼、
体会他教育思想的精髓和基本立场，是一件有意义的工作。

一、情感：道德发生的基础

人在社会性交往关系中不仅使用语言，还以情感表达、显露自己
的价值偏好。因此，现代心理学已经将情感视为人的价值观的标示器。
苏霍姆林斯基在其教育生涯中把情感的培养作为儿童道德面貌形成过
程的本质，而不仅仅是完成局部的狭隘的任务。他指出："伊·彼·巴甫
洛夫把情感称之为模糊力。情感的生理基础隐藏在使人和动物相似的
各种本能之中，而人之所以能上升到动物界之上，那是由于人的各种
情感通过特殊的素养、人的认识、劳动和多种社会关系而使人变得高
尚。"[①]在他的教育著述中，关于情感与人的精神成长的关系以及情感
教育的思想特别丰富；在他的教育实践中，情感教育与道德教育至为
相关。他把情感视作道德发生的基础，而哪些情感品种被看成道德发
生最重要的源泉呢？他指出，重视人的同情心、善良、怜悯、敏感性、
友谊、义务感、责任感能够增强精神情感力量，这些情感力量微妙地
交织在一起，进而达到高尚的情感激动。只有这些情感的培养才能使

---

① ［苏联］苏霍姆林斯基：《公民的诞生》，见《苏霍姆林斯基选集（五卷本）》第 3 卷，
　蔡汀、王义高、祖晶编，719～720 页，北京，教育科学出版社，2001。

道德概念变为信念。① 在人的情感谱系中，不同的情感与人的道德发展有不同的相关，情感品质的层级也有所不同。从他的诸多论述中看出，他把同情、怜悯、善良等看作人道德发展的最基础的情感，而把正义感看作青少年道德良知中最深刻的情感。同时，他明确指出："自尊感是学生道德发展的重要因素。"②

对于怎样培养那些与道德相关的情感素养，苏霍姆林斯基认为一定要有道德情感产生的环境。这一思想十分重要。他指出："有这样一种刻板的公式：我给你讲什么，你就去理解什么，我要在你的心灵里树立什么，你就感受什么，这样你就会成为一个好人——如果教师相信这样一种公式的效能和教育力量的话，崇高言语就会在少年的意识中变成不值钱的小分币。感情需要引发，需要激起形成道德素养和情感素养所必需的感情，而为此需要有产生情感的环境。"③在苏霍姆林斯基的主张中，培养情感不用理论，更不能用公式。他揭露和批评实际存在的道德教育和情感教育的一厢情愿、强迫性和虚假性，指出："真正的爱是无须表白的，要教会爱，而不是教会谈论爱；要教会感知和保持情操，而不是教会寻找说出不存在的感情的言词。"④因此，在培养情感素养时，不容许有故意的和人为的做法。他认为："情感环境是培养情感的手段，它的实质在于，人用心灵来感觉别人内心的极其细腻的活动并通过自己的精神活动来回答它们。表现为精神激奋的一

① ［苏联］苏霍姆林斯基：《公民的诞生》，见《苏霍姆林斯基选集（五卷本）》第 3 卷，蔡汀、王义高、祖晶编，719 页，北京，教育科学出版社，2001。
② ［苏联］苏霍姆林斯基：《学生的精神世界》，见《苏霍姆林斯基选集（五卷本）》第 1 卷，蔡汀、王义高、祖晶编，439 页，北京，教育科学出版社，2001。
③ ［苏联］苏霍姆林斯基：《公民的诞生》，见《苏霍姆林斯基选集（五卷本）》第 3 卷，蔡汀、王义高、祖晶编，747 页，北京，教育科学出版社，2001。
④ ［苏联］苏霍姆林斯基：《清泉》，见《苏霍姆林斯基选集（五卷本）》第 5 卷，蔡汀、王义高、祖晶编，822 页，北京，教育科学出版社，2001。

种活动反映出情感环境的特点。"①

什么是苏霍姆林斯基所说的情感环境？他首先强调的是必须建立起师生之间的人道主义关系，这种人道主义关系建立在对儿童的人道主义态度的基础上。怎样才是对儿童的人道主义态度呢？乌克兰教育科学院的苏霍姆林斯基教育思想研究专家阿拉·博古什认为，人道主义教育教学要求在良好的背景下，在孩子们情感愉快、嘴在笑、眼睛神采明亮的情况下开展教育教学活动。阿拉·博古什认为人道主义教育学的起源早已隐含在苏霍姆林斯基的著作中。在苏联时期，研究苏霍姆林斯基的学者常用"惬意性"原则来概括上述思想，认为"童年"的自然属性本身需要惬意感。苏霍姆林斯基当年写道，"儿童是幼芽，是柔弱的茎叶"，"他能够变成大树……童年需要特别地加以爱护，需要特别细心对待"。他希望智慧而且具有丰富生活经验的年长者，不仅为孩子负责，而且关心孩子的乐趣、心理波动和忧虑。阿拉·博古什这样来定义"惬意性"："惬意性是一些自然、社会、教育心理的因素，它们决定儿童在从出生到长大成人之前这一阶段，在良好的情绪环境中的生命活动。"他建议，"要保证儿童从婴儿到普通学校毕业的整个年龄阶段都具有惬意感"②。长期以来，在我本人的研究中，一直在寻找那些与道德发生相关的情感品种，关于"惬意感"的描述和概括使我大受启发。这正是一种具有自然属性的、却能通向道德的情绪感受。

---

① ［苏联］苏霍姆林斯基：《公民的诞生》，见《苏霍姆林斯基选集（五卷本）》第 3 卷，蔡汀、王义高、祖晶编，751 页，北京，教育科学出版社，2001。

② ［乌克兰］阿拉·博古什：《苏霍姆林斯基人道主义教育中的惬意童年》，姜晓燕译，载《中国德育》，2007(3)。

二、德育：心灵沟通与精神建构的过程

苏霍姆林斯基的全部德育思想，包括德育目标、过程、机制与方法都与建构人的精神世界相关。他不是把德育仅仅看作外部知识的堆积、外在纪律的束缚、形式主义的刻板的措施，而是把德育看作心灵沟通、精神建构的过程。他说："造成少年教育困难的原因之一恰恰在于童年时期的情感——道德财富丧失了，而童年时期的情感——美感领域往往比较狭小而又贫乏。形式主义给教育工作带来极大的危害：儿童们和少年们做的许多事情没有触及到他们的内心……"[①]他主张要让尽量多的人和物进入童年的精神生活，并且整个少年时期在情感领域中一直保存着这些人和物的迷人的吸引力。这与他在整个教育生涯中极为重视学生获得真正的感受体验有很大关联。在他看来，所有的教育工作都只有在人产生内在的、具有属于自己的感受时，才能使心灵得到扩展。这种靠内部起变化的特征，正是道德教育最重要的特征。这是与知识学习的过程不尽相同的。我把它称作德育的"内质性"特征。这一特征主要表现在身心内部，较为隐蔽并且往往变化缓慢，难以从表面测定。如果轻视、忽略它们，德育便走向短视、肤浅、形式主义和功利主义。

俄语中的"精神"和"心灵"是两种不同层次的存在：精神高于心灵，精神是心灵的最高品质，是心灵的真理和意义。科尔恰克认为，如果说心灵是人的自然属性，那么精神则具有价值性，精神是真、善、美、意义、自由。阿拉·博古什认为："精神不是某种被简单孤立的个性品

---

① ［苏联］苏霍姆林斯基：《公民的诞生》，见《苏霍姆林斯基选集（五卷本）》第 3 卷，蔡汀、王义高、祖晶编，753 页，北京，教育科学出版社，2001。

质和性格特点，而是个体的一种独特的内在状态……如同幸福，只有当人感觉到它存在于'自我'之中的时候，才会存在。"①苏霍姆林斯基认为，德育的过程首先是人与人之间心灵沟通的过程；当教师用心灵去感受学生，甚至把全部心灵献给学生的时候，学生的精神建构的过程才成为可能。因此，他极为重视师生关系的细微性、人道性，强调关系情境的道德气氛。他还有一段教育格言："假如你们需要的话，我来告诉你们，教育的秘密就是要使学生始终有这样的希望，希望你们做他的朋友，希望你们是一个有智慧、有知识、能够付出情感、道德美好、精神美好而且丰富的人。"②他是从教育学的立场谈论师生关系。在早期的德国和荷兰的教育学文献中，教育的关系被描述为成人和孩子之间一种强烈的个人关系。他同样强调成人与孩子关系的亲密性。在教育现象学看来，不是所有的关系都是教育关系，最好的教育关系是在师生（亲子）之间那种孕育了某些特殊品质的关系。教育的关系总是有着双重的意向性关系，在这种关系中成人的奉献和意向是让孩子茁壮成长、走向成熟。反过来，孩子需要有一种乐于学习的欲望。这就是所谓双重意向性，也是具有教育性的关系。他认为通过对物的"人化"，通过建立关系、对关系的认识，许多信息进入无意识，儿童的情感环境，又称道德氛围才能建立起来。所以学生只有在充满求知思考和探索精神的情况下，才能学好知识，展示才能。因此，他高度重视课外阅读，培养学生课外阅读的习惯，在学校里建立"思想之室"，引导学生突出三项爱好，即最喜爱的课外读物、最喜爱的学科、最喜爱的劳动创造项目。

苏霍姆林斯基一生倡导"和谐的教育"，主张把人的活动的两种职

---

① ② ［乌克兰］阿拉·博古什：《苏霍姆林斯基人道主义教育中的惬意童年》，姜晓燕译，载《中国德育》，2007(3)。

能配合起来，使两者在人的发展中得到平衡：一种职能是认识和理解客观世界；另一种职能是人的自我表现，即自己的内在本质的表现，自己的世界观、信念、意志力、性格在积极的社会生活和创造活动中，以及在社会成员的相互关系中的显现。在他看来，精神建构是一个由外向里、由里向外反复循环的过程，两个过程、两种活动职能需要平衡；这种平衡是人的精神获得和谐发展的基本前提。在学校教育中，课程与教学活动、狭义的德育工作无一不运行在人的关系中，尤其是在师生关系中。关系的道德性是儿童心灵与精神发育平衡、和谐的重要基础和保障。

三、道德教师：善于走进学生心灵的人

苏霍姆林斯基认为学校中的教育力量首先是教师力量，教师的教育力量的源泉则是教师的行为和个性。他认为："利用人们关系中丰富多样的生活环境，有意识地创造培养情感素养的环境，这是最细腻的教育艺术的领域，是教师素养的本质。如果不去掌握细腻的对周围世界进行情感——美感观察的方法，就不能当一个教师。"[①]他还强调教师所具有的那种善于创造培养情感素养环境的品质和能力，正是教师素养的本质，我把它称为情感人文素质。教师的情感人文素质决定其对学生的道德影响力。因为，道德教师不仅指专门从事道德教育的人，还指具有道德魅力、能对学生产生道德价值观影响的人。苏霍姆林斯基常常对教师说，你们不是在教物理，你们是在教"人"学物理。现在我们确实需要好好研究各门学科的教师是如何通过学科教学的过程体

---

① ［苏联］苏霍姆林斯基：《公民的诞生》，见《苏霍姆林斯基选集（五卷本）》第3卷，蔡汀、王义高、祖晶编，747页，北京，教育科学出版社，2001。

现出对学生道德教育的作用的。

苏霍姆林斯基主张教师首先要通过心灵来感觉儿童、少年。他认为，培养用心灵来感觉的能力，是完善教师教育技巧的重要方面。他在日记中这样写道："教师如果没有热情的智慧、没有道德的知识，就说明精神境界不高和个性的贫乏。我引导帕夫雷什中学教师注意教育工作者对发展中的个性所承担的特殊的责任，强调教师的个性对形成儿童精神世界的影响，强调教师与学生之间的情感联系的重要性。这是通向思维源泉之路的精神力量和武器。"他看重教师的情感，强调教师与学生的情感联系。他认为教师与自己的教育对象的每次接触，归根结底是为了引导学生的内心活动。这种引导越是细腻，来自学生内心深处的力量就越大，学生也就能在更大程度上成为自立的学习者。在这个科学技术日益强大并被越来越多地运用到教育中的时代，有些教师很容易过于"技术化"地看待自己的知识、能力、专业素养。对此，一些有识之士不断在表达忧虑之心。苏霍姆林斯基对教师职业、教师作用、教师素养最敏锐、最为本质性的认识越发显现其思想洞察力，越发促使人们对现代教育的反思。

四、苏霍姆林斯基是教育现象学的积极行动者

为了反对教育及教育学研究中过分依赖认知型和科学实证型思维方式的倾向，从 20 世纪五六十年代开始，源于荷兰和德国的教育现象学最近一些年在北美、中国得以传播。教育现象学奉行现象学的基本立场，在教育活动中注重个人的生活体验，以儿童（学生），成人（教师、父母）和他们的现实生活世界为中心，将教育作为一种观察和反思的活动。教育现象学认为教师在与学生的共同生活中，逐渐生成和发展起教育的机智和敏感性；教师通过关注

学生在关系中的体验，通过阐释这种体验，敏锐地感受和发现学生的主体性，从而在具体的教育情境中做出直觉性的道德判断和临场机智果断的教育处理。

马克斯·范梅南将教育现象学解释为一种着眼于儿童生活的新型教育学理论和实践，认为教育从根本上讲不是一门科学技术，而是一门成人与孩子如何相处的学问，是一种生活实践的体验；认为教育学要更多地指向人的生活体验的世界，因为生活的体验可以开启我们的理解力，恢复一种具体化的认知感。① 因此，它"必须把握好对儿童和青年保持一种体贴和坦率的关系，而不是一味地遵循传统的信念、过时的价值观、陈旧的规章制度，以及一成不变的惩罚"②。在教育现象学的观点中，个人的生活世界以及个人对生活世界的感受是不同的，所以教师不能用齐一化、标准化的眼光去认识和对待学生的发展。"我们的生活情境每时每刻都不一样，而每一个人的体验都有他的独特性，因此不能用一个标准来衡量所有的人。机智的行动总是即刻的、具体情境中的、偶发的、随机应变和果断的。机智敏感的老师具有一种非常细腻的平衡感……他就有可能即刻知道，对于此时此刻的情境，应该做到什么程度、保持多少距离。教育的机智以一种道德的直觉力为特征：机智的教师似乎瞬间就能感知该怎样做才是对这个孩子合适的、好的。"③因此，教师的教育智慧本身就包含着对学生、对教育的情感及其体验，它不能通过技术化的手段来获得，而需要教师通过自身对

---

① ［加拿大］马克斯·范梅南：《教学机智——教育智慧的意蕴》，李树英译，13页，北京，教育科学出版社，2001。

② ［加拿大］马克斯·范梅南：《教学机智——教育智慧的意蕴》，李树英译，5页，北京，教育科学出版社，2001。

③ 李树英：《关注生活的体验与以人为本的德育——现象学的人文科学方法在德育中的运用》，载《中国德育》，2006(8)。

现实的教育生活世界的体悟和反思而获得。马克思·范梅南尖锐地指出："有些人可能学了所有的儿童发展理论、了解所有的课程方法、运用过所有的教学策略，可是这个人可能仍然是一位很糟糕的教师。""我们可能没有什么技术化的手段来培养一个品格高尚的优秀老师。技术化的手段和方法做不到这一点。教育的机智和敏感只能通过对生活体验的原始素材的不断反思来培养。"①其实，杜威写于1902年的《教师教育中的理论和实践的关系》就已指出，教育者从长远来看要发展一种指向于儿童的价值取向；这种取向伴随着对儿童的生活经验的重要性及其教育学意义的不断反思，远比去获得一套外在的行动技能要重要得多，因为这些行为技能使人短期地"改善学校的管理机制……不能使人成为一名灵魂生命的教师、鼓舞者和引路人"②。

教育现象学的旨趣与苏霍姆林斯基的德育思想，以至于整体的教育思想竟是那样的契合。换句话说，如果考察苏霍姆林斯基的全部教育工作及研究经历，可以认为他正是教育现象学的积极行动者。他完全是从自己的教育教学和学校管理生活中形成"活教育学"的。他的所有思考及其理论都是扎根性的，是基于实践认识论的实践教育学。他一生细心地观察，敏锐地发现，勤奋地写作，将看似平常的教育生活事件作为他写作的素材，对这些素材总能刻画出最初的场景，尤其是细节，推理出原初的当事人与自己的体验。从教育现象学的角度来说，推断的过程就是一个解构的过程，也是一个反思的过程，同时又是一个重构的过程。经过多次反思的过程，教育知识才变为个人化的知识，体现为教师敏感而机智的行动。在持现象学立场的教育学者心目中，

---

① 李树英：《关注生活的体验与以人为本的德育——现象学的人文科学方法在德育中的运用》，载《中国德育》，2006(8)。

② ［加拿大］马克斯·范梅南：《教学机智——教育智慧的意蕴》，李树英译，15页，北京，教育科学出版社，2001。

"教育学的交互式的实践具有一种微妙的、极高规范性的特征。这种规范性的活动期望教育者以一种正确的、良好的或恰当的方式从事教育活动，使人在道德直觉上形成个人的品质。从这个意义上说，教育现象学与德育有着密切的关系"①。教育现象学立场的几个主要特征——回归生活、关注体验、追究"关系"的道德性等都在苏霍姆林斯基的德育思想和实践中有丰富而奇妙的体现。他很少受教育中"科学主义"的影响，他教育活动的起点和终点永远是孩子，他只为改善教育、为孩子成长而工作、而研究。

---

① 李树英：《关注生活的体验与以人为本的德育——现象学的人文科学方法在德育中的运用》，载《中国德育》，2006(8)。

论德育过程是人的情感交往的过程①

　　马克思主义在哲学上的根本变革是科学地阐释了实践范畴，并把它作为自己理论的出发点。在马克思主义的认识视野里，交往和生产一起构成了社会实践活动中至为前提和不可分割的两个基本方面。教育既依赖于交往和生产所形成的生产力及其生产方式，又通过其特有的教育性交往和教育产品为生产力和合理的生产方式输送素质和能力合格的人才。教育活动中的教育性交往显然应当成为教育学理论中一个极其重要、需要认真开掘其意义的范畴。教育性交往在理论和实践上归结为两个主要领域——情感领域和认知领域。德育过程中的教育性交往主要表现在情感领域，以人与人的情感交往为基本的交往方式。它取决于人类道德学习主要采用情感性体验的方式，取决于德育的本性是满足人在精神成长（包括情感成长）方面的自我需求，同时也取决于德育的过程必然是引起受教育者内在情感运动的过程。过去我们显然强调德育过程中人与人的交往关系，如强调教育者与被教育者双边的平等、信任关系，强调教育者的人格权威地位与受教育者的主体地位，但是缺乏情感领域这样更深层次的揭示。应当把情感交往及其质量看作德育过程的内在要求、内在本性以及内在固有的特点，全面认

---

① 本文是作者发表在《上海教育科研》1994 年第 8 期上的文章。

识、把握德育过程中情感交往的效应特征。这不仅使我们对德育有效性的考察获得某些深层次的衡量指标，并由此证明德育过程中人与人相互关系的质量（人性度），而且直接关系到德育过程中对情感教育目标的实现。

德育过程中的情感交往具有以下三个层面的效应特征。

第一，生理—心理层面，以受教育者获得安全感为基本标志。

安全感是指人在一定的环境中没有恐惧感和防备心理，相反有一种受到庇护的情感体验。在人的心理需求中，安全感和需求处于较为基础的层次。马斯洛的需要层次说中，安全感为人的第一心理需求。埃里克森的人格发展阶段论中，安全感的建立是健全人格的首要的基本任务。人首先是在家庭中通过亲子、血缘关系获得安全感和依恋感体验的。在家庭——这一小社会结构中，人实践充当社会成员，学习道德规则，承担社会角色，锻炼成为符合社会期望的人。家庭中的自然亲情最有利于儿童早期的社会化过程。关键是儿童早期在家庭里获得的安全感在幼儿园及以后的学校生活中能否扩展为在较大社会环境中的安全感。社会学家涂尔干曾经提出过这样的理论假设，认为家庭中产生的安全感、依恋感可以扩展，并形成人的进一步社会化的基础。关键是扩展开的安全感、依恋感对人的道德形成以及情感发展究竟有什么作用。现在我们认识到，德育过程中安全感的效应不仅在于由安全感所带来的信任感，使受教育者在感情上容易接受、认同教育内容；也在于在一个有安全感的集体中，受教育者不会感到道德是外部强加的约束，而在自然、轻松的气氛中，甚至是在无意识之中接受一定的道德文化导向。更重要的是，安全感本身的道德意义需要发掘。人在获得安全感的状态下，可以将消极的情绪用他们能接受、认可的方式宣泄；人有表达自己情感的自由度。按照情绪学理论研究中情感产生及其相互转化的规律，安全、信任容易转化为同情与爱。显然亲子、师生、伙伴之间的安全、依恋与爱集体、爱祖国等高级社会性情操在内容、境界层次上不同，但它们有着相近的心理结构。其所引起的爱的情感在脑神经的加工方式及在脑部留下的痕迹，在感受状态方面是相近的。我们完全可以在安全感体验的基础上发展同情心、仁爱、关心、责任感等情感品质，发展道德积极性和创造性。

第二，社会—文化层面，以受教育者获得共通感为基本标志。

共通感在这里指的是人们由于对某种道德现象有相似的解释、相似的理解而产生的同感和共鸣的感情体验。德育过程中产生共通感是较为重要的情感效应。德育的基本任务是帮助受教育者将外在于自己、客观既定的、社会通行的道德规范体系内化为个人的行为习惯和思想感情。就个人来说，他天生没有带镜子，而需要从别人那里求借一个参照构架。共通感正是这种用以反观自己、控制和制约自己的情感参照系。

共通感不仅产生于直接的情感交往中，也产生于间接的情感交往中。在直接的情感交往中，共通感是通过表情、体态、声调上的情感传递、情绪感染、移情以及经过模仿、强化、从众等心理机制产生的。在间接的情感交往中，社会的律令、规范及各种道德评价则是通过媒体、舆论、习俗，携带着浓郁的情感色彩引起人们的认同和共鸣的。因此，很明显，共通感不再是植根于人的最基本的自然—社会性需要的个人的内在感情，而是突破个人的心理外壳，有感情移入，产生于个体之间，属于社会心理范畴的社会情感。对于个人来说，获得一种天下人同此心和心同此理的心理上的满足，并由此带来社会适应感、顺逆感以及与人分享精神果实的愉悦感；对于社会来说，所造成的情感氛围本身就是通过相互沟通、传递、蔓延、助长，引起一定的或大或小的社会范围内情感的流向，实际上成为无声的社会导向，是社会群体形成一定秩序和凝聚力的保障。共通感虽然以个体原有的道德认识为基础得以产生，但一旦在人与人之间形成，便反过来验证、丰富和充实人的道德认识的内容。德育过程要重视因共通感一步步地构筑群体的道德氛围，先从最明显、浅易、有共同或相近的善恶认可标准的教育做起。

第三，精神—价值层面，以受教育者获得道德崇敬感与自我的道德尊严感为基本标志。

道德崇敬感是一种对高尚、美好、难能可贵的人和事物品性的尊敬、仰慕、向往之情。它主要包含爱与敬的感情，同时也可能会有惧怕的感情。德国斯普朗格用形上哲学来解释崇敬感，认为人在发现生活中的垂直层面时，才有突破原有生活内容的等级的欲望，产生形上的感觉。皮亚杰研究儿童认知发展与情感发展的同步关系时，提出崇敬感的出现与逻辑思维的关系，认为这是一种由爱和恐惧混合而成的情感，是影响儿童生活的三种感情中对道德意识锻炼作用最大的情感。

由于并不是每个人都有机会接触美好的人和事，德育过程必须自觉地、有计划地将美好的东西呈现于人，将高雅文化、高尚文化作为与世俗文化有一定距离的文化刺激，给人一种文化选择的压力和威慑力。德育过程中崇敬感效应的形式受交往的次数、崇敬对象与受予者的关系、交往的时机、给予的方式以及所造成的特定心理氛围等因素的影响，更与受教育者原有的价值倾向有关。然而，积极有效的德育正是通过使受教育者在不同程度上产生崇敬感的心理体验，并有机会反复体验，渐渐构成对此类价值追求的情感定势，从而实现道德价值导向的目标。

自我的道德尊严感指向自身，它是人在社会道德交往中成功扮演道德角色的满意感、自我克制、自我战胜的自豪感，或是人在对象性活动中反求诸己、问心无愧的心理体验。德育过程产生这一情感效应的机制是激励、报偿以及困难时的精神支撑。也就是说，德育过程不仅要为人提供道德表现的机会，使人及时获得精神报偿的权利，而且特别要在人对价值选择定向的关键时刻给予人精神上的支撑。道德尊严感的形成有一个从外部强化到内部强化的过程。当人把道德上的自我崇高归因为自己主观上的努力、意志与性格，为自己对道德价值的主动选择而表现高贵与尊严时，这一道德尊严感是人自觉追求道德最深厚、最强大的内部动力，是一种能够对人持续产生作用的人格力量。因此，崇敬感与尊严感的出现无疑应该被视为德育过程中较为重要的情感交往效应。

由于道德尊严感与人的一般自尊心在心理结构上有相似性，因此日常教育应当注意从一般自尊心的培养入手。例如，让每个人在学业、交友、工作、事业上有程度不同的成就感、友谊感、有力感、成功感的体验，它们是人的道德尊严感产生的基础。

课程改革的道德目标
——一个不容忽视的教育命题①

普通高中新课程方案，包括各学科课程标准如期公布了（除高中思想政治课课程我们还在紧张研制中之外）。几年来，各方通力合作探索基础教育课程改革的全部理想、信念，为此付出的千辛万苦终于要进入教育活动的现场了（尽管还只是实验区）。

艰苦琐碎而具体的工作过程常常容易使人忘却工作开始时的初衷，忘却事情本身最重要、最根本的目的。现在我们特别需要回到中国新一轮课程改革的目的本身，即我们不能忽视一个重要的教育命题——学校教育改革的道德目标。

我们必须严肃地思考课程改革将如何体现和保障学校道德目标的实现。关于这一论题我将在日后再做拓展性的论述，现仅发表三点框架性的思考。

第一，新课程改革究竟要变革什么，为什么要变革，这场变革要变到哪里去。回顾起来，当时已明确变革的聚焦点是为学生的终身发展奠定基础。现在已公布的新课程方案在培养目标部分做出了一系列具体的表述，既有时代性，又有民族性，旨在为 21 世纪中华民族的复

---

① 本文是作者发表在《全球教育展望》2003 年第 8 期上的文章。

兴培养健全的公民、培养有适应能力和创造能力的人。我们有必要再从目的论上将其凸显和清晰化为学校教育的道德目标，因为教育的本性是通过培养人的目标来体现的。当年赫尔巴特的教育思想在培养人的目标上已明确教学与教育（作为道德与心理品质教养的教育）的一体性。现代社会中，当有些人在大力发展教育规模进而迷失教育的目的和方向时，美国学者古德莱德已明确地提醒过人们不要忘记学校教育的根本职能在于育人，而止于办学过程中的物化层面和管理制度的层面。当代日本学者佐藤学精辟地论述过教育的伦理本性。加拿大学者迈克·富兰则直接明确指出教育具有一种道德上的目标，教育中的一切变革均应导向这一目标。我个人认为必须强调和保证学生在思维品质上的创造性特征与人格品质上的道德性特征取得内在的一致性或内在的一体性，具有这种一致性或一体性的人的培养才是课程改革的核心目标，从而才能真正体现教育的本性和学校教育的职能。

第二，课程改革的道德目标不仅在于方案中培养人的规格目标，而且从课程功能观的调整中得以体现。新课程要求将知识、能力以及情感、态度和价值观三类目标在学习过程中得以统整。我一直坚持认为，不能小视这一整合性取向，要把它当作课程改革最重要的哲学思想前提。现在各学科标准都设有明确体现上述三类目标的具体目标，但其中的道德意涵远远尚未被挖掘和诠释清楚。比如，如何真正地把学习各学科知识看成建立人的道德认识的基础，而不仅诉诸特设的德育课程（德育课程仅应理解为学习讨论和践行思想道德课题的一个集中的平台和场合）。又如，强调学习方式的转变，转向重视学生的兴趣和主动积极的情感体验，重视学生以合作的方式学习，重视学生以探究的态度、敢于批判和独立思考的态度学习，重视联系生活经验、起于问题和归于应用的学习，等等。这些学习方式本身就是道德化的学习方式，因为只有在这样的学习中才真正有助于人形成那些最宝贵的道德品质。它是改变长期以来学校德育与智育分离、德育与生活分离、人的成才与修德分离的最重要的学校教育模式的转型。这其中的道德意义如果看不深切、悟不明白，是不能深刻理解课程改革的用心的。

第三，课程改革的道德目标若要得到实现，必须以新的体制、制度、机制，新的组织形式与结构所引发的人的相互关系（或曰互动关系）的改变来保障。因为道德意义的生成深藏于"关系""联系"之中，此次课程改革在组织课程的合理结构、试图打破学科分割、设置综合课程等方面所做的努力对于帮助学生建立"联系"的意识与能力已经富含深刻的道德意义。同时，更要以评价与制度的改变，以教师对教学的理解、对学生的期待及态度的改变来调整师生关系、生生关系、亲子关系，使其变得更民主、更人道、更公正。只有这样的合道德性的"人的关系"，才是适宜人道德成长的"关系"。最后，学校办学管理制度上的配套改革相当重要。比如，课程的管理模式、社区与学校的合作与互动、校长和教师接受社会监督的制度与机制等，它们都涉及一个发展中的学生遇到什么样的环境、被放置和参与到什么样的文化之中的问题。在各种关系的互动中人能否在增长知识、才干和能力的同时生成和培植起个人的信任感、尊严感、正义感和责任感，这是需要我们密切关注并进一步向制度层面追问的。

总之，学校课程改革的道德目标是一个可能被隐没、被偏移甚至容易被消解的目标和追求，有必要把它郑重而特别地提出来。

育德是教育的灵魂 动情是德育的关键①

一、教育的核心和灵魂是德育，教育的根本目的是育德

教育的灵魂是什么？教育究竟能做什么？这是每个时代对教育进行哲学反思时必须回答的根本问题。在反思德育时，则必须回答：德育是什么？它与知识教学有何不同？有魅力的德育的核心特征是什么？

从历史上看，在古代，知识与道德、智慧与道德是不分的。它们有机结合而构成人类的生活和教育，并借以提升和丰富人的生命。只是到了近代，知识与道德、智慧与道德才开始分离。特别是后来教育制度化了，德育在追求形式化的教育中被抽离出来、单列起来，情感在追求知性的德育中被排斥出去或被看成一个单一的心理因素，知识与道德之间、智慧与德性之间出现了明显的分界。此后，教育便逐渐地失去其德性的光彩，而德育也日渐丧失其生命的激情和情感的魅力。

教育与德育、德性之间的内在关系，在古代哲学家们那里曾被做过反复的、深刻的揭示和强调。亚里士多德曾深刻指出，教育是培养人的"美德的事业"。苏格拉底指出，知识即美德。学知识即为成就美

---

① 本文是作者发表在《教育研究》2000 年第 4 期上的文章。

德。当时所讲的知识主要是指"懂道理"的知识，而不是现在所讲的事实性知识。因此，知识与美德常常可以画等号，有知识的人即有美德的人。孔子认为，君子"好德"，君子"近仁"。从实践的角度看教育的本质，应强调教育目的性即善的目的性，实践本身内蕴着合目的的善即内蕴着道德。亚里士多德曾经深刻预见并指出，教育作为实践活动，就应是内在地、有目的地"导向善"的活动。柏拉图一直强调"善的理念"。他认为，教育应该有知识的传播，但一般的知识只是意见而不是真理；追求善的理念才是最重要的，才是教育的根本。教育集中到一点就是造就美德。同时古代的"德"是内在于生命的，智德一体的人才称得上"智慧"的人。上述思想一直被作为教育的一个传统。

进言之，古代的哲学家们普遍认为，人的认识、情感反应、行为习惯都要有一种定向，导向美德的方向。教育的方向就是导向德，因此育德是教育的灵魂。

经过中世纪、近代，教育的这种存在状态和本质特性开始向另外的方向演化。到中世纪，这一传统被部分继承，但已把德变为教条、戒律，变成外在、僵化的东西，变成束缚人的东西。到了近代，知识成批量地增加，学校教育开始制度化。知识传播在教育中的空前凸显，掩盖、遮蔽了导向德的教育的本质。随着科技发展，改造自然大于或高于生命本身，人的本质、教育的本质开始异化。本来是生命一体化的东西，一旦变成生命外的东西，便不再是生命本身的需要了，进而变成束缚人、压迫人的东西。于是受教育者便产生了一种想远离、逃脱和反叛这种教育的生命冲动。

正是因为看到了当代教育的这种缺陷，江泽民同志发表了《关于教育问题的谈话》。整个谈话的核心就是讲教育的教育性问题、育德问题。江泽民同志从战略高度透视教育的本质，明确而深刻地指出教育的灵魂就是思想品德教育。他反复强调，不能只进行单纯的、片面的知识教学；对青少年的德育，不仅是各级各类学校的责任，而且要放到各级党政领导干部的议事日程上来，要高度重视和空前加强对青少年思想品德的了解、引导和培养。

二、德育实效性低迷的归因分析及改革路向

德育实效性低迷的原因，从根本上做哲学分析，是知德分离、智德分离。在这种分离状态下，德育变成被割裂的教育的一部分，而不再是生命、灵魂的统领性的东西了。德育本来该贯彻在教育实践的各个方面，但却被抽离出来，并独立运行。这样一来，整个德育便丧失了其发挥功能和作用的土壤和氛围。

从深层看，缺乏情感性是德育的机能性缺陷。具体表现为：德育并没有把情感作为其核心目标。而道德的深层本质应该是发于情、出于自愿的行为。正如马克思所指出的，道德的本质精神是自由、自律。事实上，只有用率真的情感才能展现人的行为表现是否是真诚的、自愿的。德育要重视培养人的优美的、良好的情感和情操，必须努力使人的话语、行为习惯等变为内心的感受、动机的一部分。现代德育学理论揭示，在德育过程中必须经过由外到内、由内到外、不断内化、不断外化的循环往复之后，受教育者的道德才可能形成。需要明确的是，并不是把外在的规范告诉受教育者之后，外在的规范就会变为他们的美德。另外，道德规范本身的特点和价值很重要。好的道德规范应该是生命内在的要求，而不应该是游离于生命之外的什么东西。只有内发、外烁的有机结合，才会成德。如果德育没有对情感的品质、状态给予足够的重视，忽略了它的内化的能力，往往会出现以教多少知识、培养多少行为、参加多少活动为满足的现象。其实，继续深究下去，没有或缺乏真情实感的言语和行为，并不是真正的美德。

从道德发生学的角度看，道德是一个高度情境化的东西。当我们说某人有没有道德时，不能脱离具体的情境去谈。古今中外德育的事实证明，任何国家，如果只是在课堂里、在与具体情境无关的环境下讲道德，那么德育就无法避免出现低效甚至无效的现象。在德育过程中，有些教育者自身缺乏情感、信念的投入，有些教育者只是例行公事似的向受教育者讲解、传授道德规范。这样的教育怎能培养受教育者的灵魂呢？这样的德育又怎能培养出受教育者的道德呢？须知，道德学习和知识学习根本不同的一点是，知识学习是主—客关系，而道德学习则是主—主关系。事实上，生命需要信息，需要学习，需要知识，需要美德。可见，好的教育和德育不仅应该符合教育规律，还应该符合生命的成长规律。在此，情感可能是生命最内核的东西，它是最率真、最有个性的品性，是极不易伪装的东西。可以设想用情感作为生命的一个重要标志，从而也作为教育和德育的一个重要标志。

站在现在的时代高度，反观古今中外的教育史和德育史，可以明晰地看到这样一条基本线索，那就是任何社会中，当把德育从教育中抽离出来的时候，德育会丧失其现实效能，而且教育随之丧失其内在的、根本的目的；而当把情感从德育中抽离出来、只剩下道德规范知识传授的时候，德育就丧失了它的魅力。为此，教育把育德作为核心和灵魂，是其健康发展的根本保证；而德育把情感培养作为其核心追求目标，则是构建有魅力德育的关键所在。

由此可见，如果要从根本上深化德育改革，需要科学把握德育过程中的各种关系，通过师生、生生之间丰富多彩的活动和交往，进而转化为精神沟通、交往和理解的"我—你"关系，来增强德育的情境性、情感性和生命活力，以取得德育的实效。

跟随鲁洁先生学习道德教育哲学^①

　　我的教育学博士导师鲁洁先生 80 华诞即将来临。所有热爱和尊敬她的人都在诚挚地祝愿她健康长寿、永葆学术青春。对于她这样一位视学术思考为生命中最大乐趣的人，祝贺她寿辰的最好方式无疑是激发人们重温她的作品，走进她的学术生活，更深入一些地研究她的思想。这无论是从有助于一位老教育家分享做教育的快乐、幸福，还是从传承、发展其学术思想，对中青年学者、后辈晚生示范治学与做人来说，都相当地有意义。在当代中国教育学者中，她的学术成就是很高的，尤其长于对教育问题写作单篇系统而精粹的哲学论文；其思想的高度，文辞的大气、犀利，极为突出，思维方式相当有个性，有个人风格。

　　20 世纪 80 年代后期，人届中年、40 岁出头时，我才有机会做了她的博士研究生。先生曾是我的硕士论文评审专家。后来我因研习伦理学、研习西方哲学史的一点基础和未泯的兴趣，投到她门下学习教育学，期望通过教育学科继续研习伦理学，并转向道德教育哲学。入学后不久，她有一次对我谈起，现在教育学术界，有些人不大愿意做德育研究，但这么重要的事情总得有人做。

---

①　本文是作者发表在《南京师大学报(社会科学版)》2010 年第 2 期上的文章。

一晃 20 余年过去了，教育学术界志愿和专注研究德育的人还是不多。我想，这既是德育本身的难度和复杂性所致，也是德育作为学术研究，其学科边界不清、学术成就难以判定、学术吸引力不足所致。然而先生所治道德教育哲学，其学术性和专业性却是被公认的。教育学术界的同人，无论是前辈，还是后学，无不承认，她对当代中国教育学理论，尤其是德育理论有着重大的、特殊的贡献。

凡了解先生的人都知道她鲜明的个性特征：她从不人云亦云、趋炎附势，更不随波逐流。坚持独立判断和选择，坚持独立思考与写作，既是她极为令人羡慕的优秀禀赋和能力，也是她坚定明朗的价值观和信念。自从选定从道德的角度研究教育，她就一天没有放弃过。道德教育哲学是她治教育学的核心和灵魂，以道德之"眼"看教育、思教育是鲁氏教育学派的明显标识。

先生专注与醉心于道德教育研究，从根本上说是出于对人类命运的关怀。她对当今人类陷入的道德危机，对中国社会转型中出现的人的道德失范和精神迷失问题，一直抱有深深的忧虑。她认为，正是唯经济主义导致的消费道德观、快乐道德观使教育在追求现代化的过程中放逐了人文精神，使道德教育无以依附。她担心人们为经济发展所付出的道德代价可能是巨大的……这种道德的失序可能会殃及几代人。① 她一再提醒我们，现代化并不是一路高歌，现代化过程中凸显出来的各种悖论、思想倾向和现实问题特别要警惕。人不能只做经济的动物、消费的奴隶、学习的机器。正是工具理性主义、盲目的科技至上主义将知识学习工具化、客体化，它导致教育，包括德育的知识化倾向。她认为，一方面现代化进程使教育在事业的规模上取得了巨大的进步，另一方面现代化思维也限制了教

---

① 鲁洁：《道德危机：一个现代化的悖论》，载《中国教育学刊》，2001(4)。

育的发展。人们在成就中可能会忘记了教育的根本目的和教育追求的大方向。

对于当代中国现行的德育，先生一直是不满意的。她说，反观我们的道德教育我有强烈的紧迫感，怎样使我们的德育获得其应该有的魅力，以无愧于我们飞速发展的时代？德育的前路在哪里？这是我们时代的课题，不会轻易就得到正确的答案。作为这一领域的研究者，我们注定要苦苦追寻、探索。①

她深信德育本该有魅力："因为德育面对的是人而不是物，即使是物，我们也要显示它背后的人，显示它和人的关系；它面对的是一个个有血有肉的人，它面对的是人的向善之心，它展示的是人对美好生活的向往和对美丽人生的追求。"她问道："人—人心—人的善心，世间还有什么比这些更有魅力？"

几十年的实践证明，这一信念的力量真是无比强大！

由于她学术带头的优势，也由于学校在教育学科方面的整体实力，南京师范大学于 20 世纪 80 年代中期获得教育学博士点。德育成为其中最重要的研究方向，也是在我国教育学科中第一个建立的该方向的博士学位点。在 20 余年里，从这里走出当代中国最大的、专攻德育的博士群体。20 世纪 90 年代末，在她的指导下，南京师范大学建立了国家人文社会科学重点研究基地——道德教育研究所；之后，又有机会在教育科学学院自主设立德育学博士授权点。一批中青年德育学者成长起来，有更多的德育学子从这里走出来，南京师范大学被誉为德育专门人才培育的摇篮。作为她的学生和一段时间里的助手，我其实十分清楚，她一直是上述发展道路最重要的规划者、设计者和引路人。直到如今，她依然是我们这群人的主心骨，也是中国德育专业团队的

---

① 鲁洁：《道德危机：一个现代化的悖论》，载《中国教育学刊》，2001(4)。

思想灵魂、精神领袖。

进入晚年以后，她越发关注中国现实的德育及其改变，也越发有了更超脱的心境思索那些基础理论问题了。她一边耗费心智地周密论证，一边不间断地亲自去考察学校道德教育的实际。每次去她家聊天，她都感慨地说，我们并不能指望学术一定会改变什么，但总是做一点好一点，改变一点是一点。

地处南、北两地，我俩更多是用电话交流学术，讨论究竟怎么理解德育的本质、理解德育过程的特征。我们共同地认为，德育主要是一种心灵的艺术。对这种更多表现为内在的、隐性的、精神性的现象，怎么能够期待以简单化的、外在性的工作做处理呢？又怎能逼迫它在短时间内外显化呢？无论是对一所学校还是对一个个体，如果我们急于要求德育有显性功效，也许真正的德育就荡然无存了。她鼓励我说，如果能把这个问题想得再透彻些、说得再清楚些，就是理论贡献，对实际的德育实践一定会有帮助。是啊，20多年来，她一直秉持研究人员对学术使命不变的情怀和信念。她那求索的专注和执着，随着岁月流逝早已变成她的学术爱好和信仰，变成她精神享用的人生过程。她是一个超越了自我、脱离了低级趣味的、纯正的人。在我的心目中，这样的人正是一个最幸福的人。

先生的德育研究独树一帜。她的研究是批判性的，也是建构性的。她的批判集中指向两个方面：一是批判长期以来受到"左"的和教条主义影响的德育体系；二是批判现代化过程中唯经济主义、科技至上主义、工具理性主义等"病症"对德育的冲击和侵蚀。这两方面都造成无"人"的德育，而她建构的是有"人"的和"为人"的德育，是以人的生活为坚实基础的德育。

人的理论是先生的教育学理论的逻辑起点，也是其道德教育理论的逻辑起点，是其全部思想贯通性的主线。然而，究竟怎么看待人的本质？当今时代应该持怎样的人学观？我们需要进入先生的读书、思考和研究中去分析、把握。据我入学之后与她的接触交流，我知道她一直在关注对西方现代化的反思。她不迷信过度物质化、占有式的西方现代化，同时却高度重视西方现代人本主义的新发展，敏感于它们区别于近代人本主义的新特征。比如，她认同马斯洛把人的尊严、爱心、创造、自我实现等精神需要看成不可或缺的类似本能需要的一种根本性需求。又如，她重视哈贝马斯的语用学理论、交往理论，承认通过语言可以深入地研究人们的交往行为。哈贝马斯认为，理性不止是个人的认知能力，人的理性其实是交往关系的总和。由此，她也必然地认同迦达默尔的解释学从历史文化交往的崭新视角研究人。在那一阶段，我在构思情感教育研究，我们一起在她的书房谈论这些人物的思想及研究方法、视角的出新。她的评点总能一语中的，令我佩服之至。当然，她时时警惕西方人本主义的负价值，警惕其中的绝对化倾向。世纪之交，她正式提出将"共生性的人"作为人的教育，也是德育的起点。她认为，人在当代社会中的生存方式正在发生巨大的转型，因而人学观一定要改变。现在的每个人可以跟地球上任何地方的任何人发生即时联系，形成某种关系；人际关系已不为"在场"所限定，而呈现出"在场"和"缺场"的交叉。它表明在人与人之间，一种生死与共的生存结构正在逐步形成。①

正因此，她所论证的道德的正当性、道德教育的正当性、共同价值观建构的现实必要性都有了新的、更为开阔的角度，有了更为丰富新颖的思想资源。她坚信，德性是人之为人的本质。由于建立在对人的社会本质更新的、更丰富的认识基础上，她更加深信人的道德需求、人类社会的道德需求、道德教育的需求是人类历史文化建构的结果。

① 鲁洁：《道德教育的当代论域》，58页，北京，人民出版社，2005。

她的结论不仅有严密的逻辑推理，有来自自然科学和人文社会科学的知识支撑，而且是历史辩证法自然、必然的结果。从人类文明史和从人类经历的经济、政治、文化交互作用的规律看，人终究不会放弃把道德作为自身的内在尺度。

道德究竟是什么？怎样理解道德的本质？通观先生这些年思考的脉络可以清楚地看出，她完全不满足于传统的道德概念，她试图冲破规范论的道德解释论，冲破知识论的道德解释论，冲破工具论的道德解释论以及现存论的道德解释论。她极力要突破的是外在的、现存的主要从客体方面理解道德、理解人的道德学习、理解道德的价值与功能的困境；至少，她要扬弃并超出它们，侧重从内在的方面、从人的主体方面、从选择的可能性上去解释道德，求证道德、道德教育的本真含义。

道德教育要培养什么样的人？通过什么以及通过怎样的道路去培养？我们期望道德教育体现什么样的功能？其实，对这一系列重大问题的认识和处理归根结底都有赖于对道德的理解，对人的图景的认识和展望。她的人学观鲜明地反对做奴化的人：在中国语境下不能做教条主义的、意识形态的奴隶，在现代性文化中不能做金钱、商品拜物教的奴隶。她也反对做西方传统的"单子式"的人，虽然她承认西方单子式的"人"观有相对中国传统文化而言的历史进步意义，但认同它必然会过度夸大自我价值，最终必将走向消亡。她说，道德教育就是培养有德性的人。什么是有德性的人呢？她的系列论文中有不同的描述，却透射着共同的价值取向和企盼：有理想的人，选择过可能生活、有意义生活的人，具备共在性取向的价值主体，超越的人，走进世界历史的人，等等。

分析上述价值取向，有两个重要的坐标定位值得注意。

第一，现存与可能。"在人的面前存在着两种世界，一个是现实世界，它是由现存的一切事物以及它们之间的相互联系所构成的。另一个是可能世界，它以事物可能存在的状态呈现于人的精神、思想之中……正因为在人的精神和思想中存在着这个可能世界，才使人能够成为惟一的、得以超越现实存在的动物。"① 道德"是对可能世界的一种把握。道德所反映不是实是而是应是。它不是人们现实行为的写照，而是把这种现实行为放到可能的、应是的、理想的世界中加以审视，用应是、理想的标准来对它作出善或恶的评价，并以此来引导人的行为"②。因此，"道德教育的要旨不在于使受教育者了解现实生活中人们的行为是怎样的，而在使他们掌握：人们的行为可能是怎样的？应该是怎样的？道德的理想是什么？人何以接近这种理想？道德教育如果离开了这种要旨，它就不能成其为道德教育。它只可能成为某种社会学、经济学等等学科的教学与传授"③。

第二，主—客体、单个体与多元主体间的交往实践。由于"我们生活中正在出现并扩大着的人与人之间的共同利益、共同价值，以及正在形成着的共同规则、共同伦理，这些都是一个现代人所必须承认和遵守的"，她告诫人们，不忘人类发展的大目标，对于有悖这种大目标的……所推行的各种霸权主义、强权政治，必须保持清醒头脑。④ 同时，她特别敏锐地提醒，"学会关心""学会共同生活"其实已开始成为当代各国教育的主题。因而，我们要以一种世界性、世纪性的眼光，着力培养一代能够走进世界历史并推动世界历史发展的主体，通过他们的主体性实践去获取人的完全解放。

最近十多年，她极力倡导生活形态的、整体性的道德教育。它既包含了外在的道德规范，也关注着内在的道德精神和心灵；它既涵盖

①②③ 鲁洁：《道德教育：一种超越》，载《中国教育学刊》，1994(6)。
④ 鲁洁：《走向世界历史的人——论人的转型与教育》，载《教育研究》，1999(11)。

了道德的知识，又统摄了道德行为、情感信仰等。她认为，在这个整体中不排除道德知识的存在，但道德不能还原为道德的知识；虽包含道德的规范，但不能将道德归结为道德的规范。[①] 基于这样的认识，她坚持着重对外在性的、知识性的道德教育予以批判。坚持德育是引发、激励人内在的向善性的过程，而不是从外部输入的过程。关于人的德性究竟是怎样形成的，我们该调整到怎样的道德教育模式？这在当代中国，特别在学校教育中实在是一个重大的理论问题和实践问题。先生有一个基本判断：我国的道德教育从主流方面看还存在一种传统的模式。这种德育模式的目的是使受教育者接受既定规范，养成与之相符的行为习惯，方法则是灌输、管理、训练。她大声疾呼，正因为如此，本来应当是充满了人性魅力的德育，变成毫无主体能动、没有道德意义、枯燥无味、令人厌烦的灌输和说教。道德教育必须从这种模式中走出来。[②] 她坚信，一切道德规范都是出自人性的追求和需要，它所规定的只能是人与人之间的合乎道德的关系，对于这种关系的把握只能建立在人与人之间理解的基础上。[③] 至于何谓理解，人怎样理解，通过理解把握什么，理解的双向性质和功能，尤其是为什么理解是个体道德发展的基础和根据，她大量收集已有心理学、哲学文献，收集国内研究者和幼儿教师的研究，收集国内外德育模式和教育家的实验，耗费心血、旁征博引，做出一个重要结论和预测：理解人是当代道德教育实践的走向。我相信，这作为一项基础性研究价值重大，因为它将衍生出道德教育操作的一系列结构性要素，如创造有利于人与人理解的制度、群体结构、风尚等文化环境，培养人的理解能力，

---

① 鲁洁：《道德教育的当代论域》，285 页，北京，人民出版社，2005。

②③ 鲁洁：《人对人的理解：道德教育的基础——道德教育当代转型的思考》，载《教育研究》，2000(7)。

建立以人为本的人道主义的关系，以及重视教师、领导的理解能力，等等。

最后，我们该期待什么样的道德教育的功能效果呢？人们一般对道德教育的功能主要是从社会整体的角度去论及；谈及个人，主要是强调把一个自然人变为一个社会人。先生并不反对德育有经济、政治、文化功能，但她更多地从人的改变才是根本的改变这一思路上去认识。在中国德育界，大家都知道，德育的享用功能是先生率先提出的理论命题。这是她20世纪90年代初、中期提出的。之后她回应国内不同人的质疑、商榷后又做了进一步的研究，自信地指出，德育的享用功能不是任何人任意赋予的，而是德育过程之逻辑必然，它植根于德育的本质。① 试想，既然德育具有个体享用功能，它与每个个体的生命意义、生活幸福感息息相关，这就使人们从社会整体利益的角度肯定德育价值、发挥德育功能有了一个极大的思路调整。她说，个人如果以助人为"乐"，以"为善最乐"，我们的德育怎么能拒绝这种快乐感的产生，反对学生们从自己的德性外化、创造中享受人生的幸福呢？② 她坚持从内在的、个体的角度期待和评价德育的功能效果。这是一种符合德育本性的、符合人的德性生长规律的思维方式和立场，它必然地与急功近利的、形式化的评量德育效绩相对峙。现在德育的改革虽然不少，但真正要改变德育面临的困境，使之真正成为心灵的艺术，特别需要倡导用这样的眼光、尺度、方式看待德育工作的成效、看待人的德性之变化和生成。

综观她对一系列重大问题的思考，分析其中若干重要命题的关联，显然她已相当完整地构筑起道德教育哲学的理论大厦，也相当深刻地

---

① 鲁洁：《道德教育的当代论域》，91页，北京，人民出版社，2005。

② 鲁洁：《道德教育的当代论域》，93~95页，北京，人民出版社，2005。

回应了中国社会转型中道德教育面临的种种现实问题。我多次在不同场合听到她谈及德育理论的研究和创新时总爱说：反正要想通。一个"通"字，可以形象地表明她理性思考的习惯，即思想的深邃、逻辑论证的严密以及精神主旨的一以贯之。事实已证明，先生的思想理论无论是运用于指导学校德育实践，还是贡献于国家课程政策，都是起了大作用的。说实在的，我们似乎不能设想，在当今中国教育学界，在中国德育学界可以没有先生的思想和声音，可以不运用她潜心研发的基础理论。

对先生来讲，学术就是她的生活、她的生命。她在南京师范大学教学了一辈子。就她带博士生和指导博士后的经历来看，我觉得有两个特点是十分突出的。第一，她重视基础训练。她自己在 20 世纪 50 年代受过苏联专家的马克思主义哲学训练，又有此前在 20 世纪 40 年代受过的较严格的社会学训练，她本人的理论基本功是相当扎实的。她对学生也要求有较好的哲学基础。我投到她的门下后，向她谈起我在萧焜焘先生那里学西方哲学史的体会。她当即表示，要请萧先生为南京师范大学教育学博士生亲授西哲史，重点讲授黑格尔的精神现象学。由此，从 1990 级至 1996 级，每一届教育学博士生都受到过萧先生的西方哲学史的熏陶。萧先生是先生的革命战友、学长和老朋友。他们的个性不尽相同，但关心社会正义、情系人类命运的学术责任感和看问题高屋建瓴的洞察力和大气度十分相像。

第二，她是一位真正体现出教学相长的导师。她指导学生时通常总是先听学生自发地说，她更多是倾听、思索，机敏地做出回应，从而激发对方进一步思考，展开深一层的讨论。这样一种互动过程，对博士生理性求知欲望的激发、深入读书的兴趣以及重视理性思维的治学习惯大有益处。现在想来，她的带教方式正是她德育信念的体现。因为她相信每一个人都可以是道德的主体、学习的主体，教师只是点拨和引领。我感觉，教学对她来说就像日常生活那样自然、从容、随性。她乐意参加学生的学术讨论，每次总能从别人的发言中获得富有挑战性的思考线索。学生的研究论题常常是她思考的源泉和动力，学生研究方向的选择和结果也往往是她本人学术信念与兴趣的投射。师生交流成为彼此生命价值的共同表达和享受。说起来，我对那种场景、氛围的留念、向往、期盼，不亚于等待一个盛大的节日。因此，我不能想象，一个有创造力的研究者在她学术生命依然旺盛的时期没有资格带学生、带助手。因为，研究人员如果没有教学相长的过程，缺少研究思考的刺激因素，对学术创造无利，而对年青一代是重要的损失。我以为，高等教育机构，包括大型研究机构中，老、中、青学者之间的代际交流断不可少。它是拓展研究视野的需要，也是道德交往的需要。人文学科更需要有师徒间近距离的、经常性的、个人化的接触和交流。心灵的沟通、感应与学术的切磋、探讨，对偏于人文性质的专业来说，尤其是两相交融、难解难分的。

其实，先生的研究生活并不都是抽象的理论论证。她热爱基层学校的教师，只要有机会总愿意蹲在中小学课堂里。她多年来潜心研究的德育基础理论在我国第八次基础教育课程改革中发挥了重大作用。作为小学思想品德课程标准制定组组长，她带领大家对小学思想品德课程标准从教育理念、课程性质定位、概念要目的构架到教学思路的调整转换，甚至语言文字的表述，彻底、全面地出新。同时不满足于此，她以高龄亲率团队编写品德与生活新教材。她常常坐到小学教室观课、听课，向小学教师，甚至向小朋友征求意见。听说这几年她在中小学收集到的生活素材有几大口袋。她深信其中一定有教育经验和思想的宝藏，深信德育的真理一定深藏在生活中。她决意要从里边发掘、提炼出有价值的德育理论来。我们见面数次谈及一线教师现在的生存状况和职业困惑，感受到她总在为他们操心。她充满感情地告诉我，她所接触到的教师是多么可爱，多么渴求成长；只要给他们信任和空间，他们是完全能够发展的。

"博学而不穷，笃行而不倦。"先生一生爱读书，在"文化大革命"期间，她设法去找书悄悄读。据说后来在她患病治疗期间，她也是边挂水边专心读书。她曾对我说，这是克服病痛、消磨时间最好的方法。读书更是她进入中老年后最主要的生活内容和生活方式。20世纪90年代以来，她围绕着对现代化的反思读了大量的书，如马尔库塞、吉登斯、哈贝马斯的著作。她较早地关注存在主义心理学、人格心理学、积极心理学、婴儿心理学以及多元智力理论，关注人的潜能、人的发展可能性、生命独特性。她既欣赏皮亚杰的发生认识论，又对苏联以维果茨基为代表的历史文化学派高度赞同，认为它们是对皮亚杰研究的有益补充，单是皮亚杰的理论不能合理地解释人。在教育学科建设上，她从没有忽略过心理学对教育学的支撑作用。她对高觉敷、刘恩久等南京师范大学老一辈心理学家十分尊重，对一批有才华的中青年心理学者倍加爱惜。南京师范大学教育学科和许多研究课题的讨论、博士生的开题工作，多有邀请心理学者参加的惯习。重视教育学专业的学生接受心理学的系统训练，更是长期保留下来的好传统。

最近一年，先生搬到了新居。郊外的静谧使她的读书生活更加惬意。女儿帮她从城里分批拉来她最想读的书。我几个月前去，知道她正在钻研人类学，对教育人类学尤感兴趣。我相信，她在读书中获得的思考乐趣足以让她感受晚年生活的满足和幸福。

先生一向爱花草，她的老伴离休后把满屋花草侍弄得生机勃勃。先生也爱音乐，她的老伴也喜欢。老夫妻各有偏爱，又有同好。他们的前后居所无论大和小、新与旧，总是一样地洁净、雅致、协调。其不变的审美趣味有如她清旷、高洁的人格，始终如一。

先生其实是一位热爱生活的人、有生活情调的人。她总是把生活安排、处理得井井有条，饮食起居清淡、节制而有序。一切都足见她的清醒和智慧。作为老一代知识分子的优秀代表，她从未把知识、理性与生活对立起来，更未漠视生活、傲视生活。她既反对中国数千年的"道德人"的人性预设，也反对在现代化进程中发展起来的"知识人"的人性预设，她只信念"生活之树长青"。如果说人的学说是贯通她整个道德教育理论体系的线索和灵魂，生活理论则是她全部教育学思想的基石。也可以说，正因为在根本上她对生活的理解是真正透彻的，所以她才可能做到言行一致、表里如一，才可能达到学术与人格的完美统一。

先生于我有恩，恩似大海般宽阔，情似小溪般绵长。

因在硕士阶段的研究积累和兴趣，我一入学就拟选情感教育作为研究方向。她尊重我的意愿，认为从中国教育的现状，从青少年与儿童精神成长中的问题以及世界性的教育走向来看，建立起重视情感教育的教育理论，并切实探索情感教育的特殊机制确有必要。相比之下，教育理论对这方面的开发研究较为薄弱。[①]

1992年，莫斯科大学哲学系伦理学教研室主任阿·依·季塔连科接受我去做访问学者。1993年，我刚回国，她便把教育科学研究所所长担子交给了我。1994年，她亲自打电话动员我申报正教授。见我犹豫，她在电话里干脆利索地说，这不是你个人的事，专业需要梯队，你必须快些接上来。那坚持的语调至今犹在耳际。那年，她还亲自出马，劝说组织放弃要我担任大学副校长的决定。她相信，我放弃13年行政工作的经历后投到她门下，确是诚意要从事专业工作的，并认定我还算有点专业潜质。但是，我后来的人生道路还是服从组织，再次担任行政职务，"双肩挑"一挑就又是15年。我从事过三个行政领导工

---

① 朱小蔓：《情感教育论纲》，1页，南京，南京出版社，1993。

作，有着很不相同的视野，面临不同的服务对象及挑战。这进一步丰富了我的人生阅历，拓展了知识范围，或许体现出个人对公共事业的某些价值，但同时也消耗了我大量的时间和精力；虽说我对专业工作从不敢懈怠，学者生活几乎一日未曾放弃，但终究不成器，没有什么像样的作品可以向老师交代。

由于"文化大革命"前及至整个"文化大革命"期间，大小政治运动不断，先生其实是年过半百以后才有机会专心做专业工作，而真正摆脱行政管理事务已经60多岁。但正如她自己所言，她从此只专注做一件事。所谓"大德不器"，她做到了，而且实现了她自主选择生活意义的最大可能性。

"小德川流，大德敦化，此天地之所以为大也。"先生的道德教育哲学建树从思考的范围、结构的完整、逻辑的缜密尤其是思想高度来说，我估计，迄今甚至相当一段时期里，国内德育学术界无人可望其项背。

现在我63岁，开始进入老年，可望解甲归田，专事于心爱的专业工作了。回想起20世纪80年代，有人预言，21世纪人类重要的学科当是生物学和教育学。当时被这一预言极大鼓舞起来的学术热情和信念，现在依然强劲奔放。我深信，从情感入手研究人的道德品行乃至人格的发育与健全，恰是生物学科与教育学科交接联袂的地带。希望自己还有专注的心境和健康的体力，在这一领域里用哲学思考和人文方法的实证再做一些有益的工作。此外，学习导师，用道德之"眼"看教育、思教育。我愿意继续用人文哲学的思维、感受与话语方式总结自己30多年教学、研究与行政服务之经验得失、职业感悟，揭示其中的道德意义。我希望这可以成为我对老师补交的另一份道德教育哲学作业。

春天来了，万物复苏，万象更新。纪念我敬爱的导师80寿辰的时刻到了。借此向先生贺寿之际，学生鼓起勇气、怀抱愧歉之心，祈求先生原谅，原谅我自主选择力不足，没有在专业研究的道路上走得更好，辜负了她的苦心提携和期望。

望余生补过更新，仍能追随先生治学为人之大道，顺己本性，扬己所长，尽己所能也。

然，受自身天赋、基本功及专注能力之所限，吾自知永远无法抵达先生之学术成就与境界矣。

在有道德的教育中成就人格^①

　　积极倡导教育的另一种模式就是要教育孩子学会关心。这是现在亟待倡导的，也是针对现有模式的检讨。我们提出倡导情感教育，有些人总是问我，难道不要认知吗？不要知识吗？我说，你们理解错了，我们从来就没有这样要求。内尔·诺丁斯说得很清楚，这些质疑恰恰是对教育者提出的挑战。在引导学生探讨人类生活中最重要的问题的时候，如何促进他们的智力发展？如何引发他们积极的情感？引导他们去讨论、去思考、去质疑、去认识问题，在这个过程中能够促进他们的智力发展。而且教育的职责就是在这个过程中促进人的智力发展。诺丁斯教授所提倡的关怀教育与传统社会一直被认为是基本道德的"仁爱"有所不同，她的关心理论具有现代社会的价值取向。诺丁斯教授着重关心的和中国传统中的同情、仁爱有所不同，她关心的是这些品质有哪些能在现代社会得到延伸、发展和创造。

　　关怀和正义是社会品质和公民品质的一部分。作为公民，我们一定要会关心自己之外的那些人、社区、民族、国家、地球、自然等。现在，仅仅讲社会公正是不够的，仅仅从公正的视角无法切实解决目前的一些现实问题。有了关怀这样一个品质，就会有新的彰显空间。

---

① 本文是作者发表在《光明日报》2012 年 2 月 11 日第 5 版上的文章。

生活在北美的内尔·诺丁斯教授关怀和思考的是人类面临的共同性的问题：在现代社会，人应该走向何方？21世纪的人应当被培养成什么样子？中国的教育将为21世纪的中国和21世纪的世界培养什么样的人？等等。现在中国的国内生产总值已经有这样大的提升，中国的人口占世界这么大的比例，中国希望更多地参与世界事务。中国的未来，中国的下一代在全球的生活中，在地球村、在国际社会的未来发展中将起什么样的作用？这些都是我们必须思考的问题。

道德教育不仅是旨在培养有道德人的特殊教育形式，也是任何的在方法上合乎道德的教育形式。从世界范围看，当前的教育体制中，考试仍然会影响着学校的生活。最近美国伊利诺伊大学一位教授写信给政府，抱怨考试制度。他说："请让教师们松一口气吧！"中国的学校教育同样存在为考试而学、为考试而教的现象。尽管改革一天也没有停止，我们迫切需要一个更加合乎道德、人性化的教育。要相信每一个生命都是独特的，教育是为所有的学习者提供关怀和支持，帮助他们成为能干而自信的人。同时，我们需要更加合乎道德的教育政策。我非常想从内心里呼唤这句话。

思想品德：更加关注公民意识教育
——《义务教育思想品德课程标准(2011 年版)》热点问题访谈①

一、凸显生命教育的重要性

记者：我们注意到，《义务教育思想品德课程标准(2011 年版)》[以下简称《标准(2011 年版)》]中增加了有关生命教育的内容。请问，为什么要增加这部分内容？请具体谈一谈这部分内容。

朱小蔓(以下简称朱)：合理增加有关生命教育的内容，这是因为生命教育的重要性在当代被凸显出来。在我看来，宽泛意义上的生命教育伴随着素质教育的呼唤，从 20 世纪八九十年代以来，在中小学教育中已经出现。21 世纪以后，随着党和政府以人为本的理念的明确提出，特别是汶川大地震以后，关注和尊重自然生命存在与质量，讨论和思考生命意义与价值，教育引导青少年认识生命、尊重生命、珍爱生命、发挥生命潜能与价值等那些更多涉及生命现象、关注生命关键期的变化、指导生命健康成长以及包含更多生命元素的教育理念、纲

---

① 本文是作者和施久铭合作发表在《人民教育》2012 年第 6 期上的文章。

要和地方课程、校本课程在一些地区、学校开始出现。

同时，社会深度转型过程中出现的社会矛盾、价值失范、不良风尚现象混淆了人们的生命价值观念，对青少年有很强的冲击力。

据统计，1995—1999年，自杀是我国15～34岁人群的首位死亡原因，自杀率每年约为26.04/10万人。此外，青少年吸毒、暴力犯罪行为偶有发生。造成这些问题的原因是复杂的。在学校教育中，应该对这些问题予以重视。生命教育既是一切教育的前提，同时也是教育的最高追求。思想品德课程作为一门关注学生生活、引领学生成长的课程，更是责无旁贷。很高兴看到，在《国家中长期教育改革和发展规划纲要（2010—2020年）》中，生命教育已经明确作为重要教育专题被提出来。

《标准（2011年版）》把珍爱生命、感悟人生作为思想品德课程的任务之一，将"感受生命的可贵，养成自尊自信、乐观向上、意志坚强的人生态度"作为课程目标，同时规定了以下课程内容："认识生命形态的多样性，理解人类生命离不开大自然的哺育""认识自己生命的独特性，珍爱生命，能够进行基本的自救自护""体会生命的价值，认识到实现人生意义应该从日常生活的点滴做起"等。

除了上述集中体现的生命教育目标及内容外，也有分散、融合在其他教育内容里的。可以把生命教育的角度考虑在教学活动中。

记者：具体来说，教师应该如何把握这些内容呢？

朱：对学生进行生命教育的前提是，教师要对生命这个议题有所认识和思考。孩子关于生命的经验，是通过父母、教师及周围人如何对待他而形成的。如果教师能够温和地对待孩子、尊重他、爱他，那么他也会这样去对待自己、对待别人。所以，教师是帮助孩子正确面对生命、热爱生命的重要的人。在教学过程中，教师不需要过多讲述有关知识，而需要更多引领学生去体验、去感悟，包括以自己的平等、坦诚，以自己的生命经历及经验与学生分享。

例如，引导学生"认识自己生命的独特性，珍爱生命，能够进行基本的自救自护""体会生命的价值"，我认为教师的教学可以分为如下几个层次进行。

①感受生命的奇迹：你有这样的感受吗？什么会让你相信生命是一个奇迹？可以展示一个生命的诞生，了解生命的起源，了解生命的神奇。

②感受生命的脆弱：感受在各种灾难面前人的脆弱。

③生命值得敬畏：展示在灾难面前生命的坚强。

④生命中有爱：寻找爱的图片与故事（亲人、同伴、社会成员彼此间）。

⑤生命中有美：发现和感受生命的美。

⑥生命的意义：探讨"人活着是为了什么？""是什么让你觉得你的生命值得一过？"

⑦寻找到生命的方向之后，你要怎么做？

教学过程中，生命话题被一步步引向深入，学习和探讨这个话题的主人则是学生。

进行生命教育，对于教师来说，是对自己生命的一种触动，是生命活动的"在场"。教师要以敬畏生命为首要原则，关注课堂中学生的生命生存状态，精心地呵护每一个学生的生命，避免不尊重学生的人格、伤害学生的情感、体罚学生，甚至无端剥夺学生受教育权的生命伤害……总之，我们反对脱离学生生命个体空谈生命尊严与意义。

生命教育中很重要的影响作用在于教师用自己对生命的感悟和力量去和学生的生命相遇、碰撞。

二、公共精神、公民意识的培养势在必行

记者：《标准（2011年版）》中还加强了对公共精神、公民意识教育的关注。为什么？

朱：是的，的确有所加强。为什么加强呢？首先，公共精神、公民意识教育是中国教育的现代诉求。我国的基本体制——市场经济、民主政治、法治社会等的实现，需要现代公民的支撑；而现代公民意识是实现人的现代化的基础和重要途径。党的十七大报告明确指出："加强公民意识教育，树立社会主义民主法治、自由平等、公平正义理念。""尊重和保障人权，依法保证全体社会成员平等参与、平等发展的权利。"这是党的历史上第一次将公民意识教育列入国家政治发展目标，第一次将公民意识教育的重要地位确定为社会主义民主政治与构建和谐社会的基石。至此，公民意识教育成为中国教育的现代诉求。其次，公共精神、公民意识教育的目标是学校思想品德课程的价值追求。学校要为未来社会培养新人，这样的人是有公共精神、公民意识的人。公共精神、公民意识教育既包括承认价值观，也包括获取知识和学习如何参与公共生活、如何把行使以公共自由为基础的个人权利同履行对他人及所属社区的义务和责任协调起来等。这些内容围绕公民的权利与义务关系，反映了公民对待个人与国家、个人与社会、个人与他人的道德观念、价值取向、行为规范等。

受我国传统历史文化的影响，人们的公共精神有待继续提升。早在20世纪上半叶，梁启超、鲁迅等人就曾对民族精神中整体的"公共精神"维度之稀缺、国民公德心之缺乏、公共人格之萎缩等问题做过犀利的批判和解剖。在现阶段，人们的公民意识有待继续提升。愿意享有权利但逃避承担义务的情况还存在。公共精神的缺失是一个影响着

我国和谐社会建设的问题。因此加强公共精神的培育和公民意识的培养势在必行。学校教育，尤其是思想品德课是进行公民意识教育的重要途径。

记者：能不能解释一下，何为公共精神？何为公民意识？

朱：公共精神和公民意识是《标准(2011年版)》中的重要概念，需要认真把握。公共精神是公民应该具备的基本精神，是指社会成员对公共生活中应该遵守的行为准则和规范的主观认可，并体现于客观行动上的遵守和执行。它事关个人生命健康和生活秩序，事关社会稳定和经济发展。一个国家的文明面貌如何，一个社会的进步和成熟程度如何，在很大程度上都可以由这个国家公民的公共精神表现出来。随着我国社会主义市场经济体制的不断完善，社会公共生活愈发丰富多彩，人们生活的公共性质愈发明显，公共目标和公共价值的意义日益彰显，公共精神成为现代公民必须秉承和塑造的精神品质。对中学生进行公共精神教育的内容应该包括独立人格的权利主体教育、公共责任意识教育和公共参与精神的教育。

公民意识是公民个人对自己在国家中地位的自我认识，是公民自觉以宪法和法律规定的基本权利和义务为核心内容，以自己在国家政治生活和社会生活中的主体地位为思想来源，把国家主人的责任感、使命感和权利义务观融为一体的自我认识。公民意识教育围绕公民的权利与义务关系，反映公民对待个人与国家、个人与社会、个人与他人的道德观念、价值取向、行为规范等。它强调的是人在社会生活中的主体参与意识、监督意识、责任意识、法律规则意识等。

公民主体参与意识主要是指公民对自己在国家中主人身份的认同，并具有直接参与或间接参与公共权力运行的主人翁意识，实质上是一种行使权利的意识。公民参与是现代民主政治的核心，是政治文明的重要标志。公民有序的参与是成熟民主的标志。公民监督意识是指用公民权利制约公共权力，它是人民主权原则的核心。公民责任意识是指公民在遇到有关国家政治和社会利益的问题时，必须自觉维护公共利益的观念。公民法律规则意识即依据法律和规则来协调各种相冲突的意志和行为的意识。

记者：与《全日制义务教育思想品德课程标准（实验稿）》[以下简称《标准（实验稿）》]相比，《标准（2011年版）》在公民意识教育方面调整和加强的是什么？

朱：从对课程目标的规定来看，《标准（2011年版）》明确提出了公共精神和公民意识的培养。

《标准（实验稿）》只在"总目标"部分提到"为使学生成为有理想、有道德、有文化、有纪律的好公民奠定基础"这一目标内容，在"分类目标"中没有明确提及对学生进行公共精神和公民意识培养的内容。

《标准（2011年版）》将"总目标"中的"好公民"修改为"合格公民"，降低了培养要求，更符合教育实际。同时"情感·态度·价值观"目标中明确提出了"树立规则意识、法制观念，有公共精神，增强公民意识"的目标内容。"能力"目标中明确提出了"逐步掌握交往与沟通的技能，学习参与社会公共生活的方法"的目标内容。

从对课程内容的规定来看，《标准（2011年版）》对公共精神和公民意识培养的内容规定得更明确具体。

《标准（2011年版）》"课程内容"的"我与国家和社会"的"积极适应社会的发展"这一部分中，明确提出了有关公民意识教育的内容："知道责任的社会基础，体会承担责任的意义，懂得承担责任可能需要付出代价，知道不承担责任的后果，努力做一个负责任的公民。""理解遵守社会规则和维护社会公正对于社会稳定的重要性，正确认识和理解社会矛盾，理解发展与稳定的辩证关系。""积极参与公共生活、公益活动，自觉爱护公共设施，遵守公共秩序，有为他人、为社会服务的精神。"等等。同时，《标准(2011年版)》围绕公民意识教育的内容提出了一些活动建议。比如，"尝试分析自己在家庭、学校和社区中的不同责任。就'怎样做一个负责任的公民'进行一次主题讨论""考察社区内残障人群在生活上的主要困难，向社区管理部门提出改善的建议。组织一次志愿者活动，在社区内开展有意义的公益服务"等。

记者：关于公共精神的培育、公民意识教育，您对教师的教学有哪些建议？

朱：《标准(2011年版)》特别强调引导学生了解社会、参与公共生活。也就是说，公共精神、公民意识的培养主要是通过参与，通过实践，在增长社会经验，尤其是增长公共生活经验中逐步形成的。因此，最重要的是教师要通过多种方式激发学生的参与热情，包括在参与中改变周围的生活，一定程度上创造比较好的公共生活。学校生活中就有公共生活的因子，师生应当创造、共建学校的公共生活。陶行知认为，有什么样的生活，过什么样的生活，便受什么样的教育。思想品德课教师应带头敏于学校公共生活的构建，如师生关系、生生关系中的平等与尊重，学校管理制度的民主、公平与正义等。公民意识教育要通过体验公民生活来完成。在班级和校园生活中，要努力创造让学生过一种能够体现公民意识的生活的机会。比如，如果学校决定给一个学生处分，那么这个学生有权申辩，有权知道学校的决定是怎样做出的。还比如，在学生代表大会上，大会主席团和学校领导要当面回答学生代表的提问。学生通过代表大会参与学校管理，成为学校真正的主人，而不是被监督的对象——这就是培养公民意识的实践。

教学活动应体现民主化，教师本人要避免"一言堂"，尊重每一个学生，以此熏陶和培养学生的民主、平等意识。教师还要善于设置教学情境，给学生营造公民生活的氛围，引导学生在情境中体验公民生活。比如，组织开展模拟村委会、县人大代表选举等活动，让学生去体验和感悟公民的责任。

除此之外，教师更要充分运用社会实践这一开展公民意识教育必需的活动载体。要与社区建立联系，组织学生深入社区开展活动，在实践中渗透公民意识。组织学生参加关爱处境不利群体的志愿者活动，在活动中接触和了解社会，为社会奉献爱心。

三、课程内容更具时代性

记者：据了解，《标准(2011 年版)》中关于法律的课程内容变动较大。请问，主要变化在哪里？教师在教学中应该注意什么？

朱：《标准(实验稿)》突出了法律意识的要求，但淡化了法律知识的要求。《标准(2011 年版)》则增加、落实了法律知识的要求。同时，每条法律内容都从知识、能力、情感·态度·价值观三个维度去做行文要求。这为法律意识的树立与形成提出必要的法理知识的支撑。但是，教师在处理这部分教学时，一定不能上成法律知识课，枯燥地讲解法律条文。另外，《标准(2011 年版)》选择的法律知识内容多与初中生的生活主题相关，与初中生适应社会、提高公民意识相关。因此，教师在教学中应该体现新课程的理念要求，突出情感、态度、价值观目标的达成，避免单纯的知识性讲解。在相关法律意识教育过程中，教师要尽量使用案例教学，引导学生在案例分析中思考、探究与体验。

记者：这些变化的确使我们的课程内容更加切合时代要求了。请问，类似这样重要的变化还有哪些？

朱：《标准(2011 年版)》中还有一些比较重要的变化，如在保护生态环境与可持续发展教育方面，在重视现代社会生活中媒介素养教育方面，在认同中华文化、弘扬民族精神与树立全球观念、尊重文化多样性方面。我们本着与时俱进的原则，本着调整完善既有认识以及处理好与小学品德课程更好、更合理衔接与递进的原则，在目标设置、内容安排、教学要求上都做了反复审视与仔细推敲。

例如，让学生"理解人类生命离不开大自然的哺育"。让学生从整个生命体的高度来认识各种生命存在的价值，认识人类在整个生命体中的价值和意义，而且从人与自然相互依存关系上去理解生命，理解保护生态与可持续发展的关系。这体现了中小学的衔接，体现对学生在认识上、在道德要求上的递进。

例如，让学生学会"孝敬父母和长辈""与父母平等沟通"，"与家人共创共享家庭美德"。孝敬父母、与父母平等沟通不仅是中华传统美德，而且是现实社会少年儿童中存在的有针对性的问题。但我们并不是要求对父母一味盲从，沟通也不仅限于交往技能。其实沟通是代际交流的过程。还有提倡家庭美德要共创，还要共享，体现了民主社会对个人、对家庭成员在伦理道德上的要求。这对学生道德意识和能力的要求都比过去递进一个层次了。

例如，让学生"体会青春期的美好"。《标准（实验稿）》中仅强调青春期的烦恼是不够的，因为青春期也是美好的，青春生命是极其宝贵的生命阶段。组织开展体会青春期美好的活动，可以激发学生对生活和生命的热爱，感受到难忘的美好记忆是一种积极的情感体验。

例如，《标准（2011年版）》中增加了"富有正义感"这一内容："知道每个人在人格和法律地位上都是平等的，做到平等待人，不凌弱欺生，不以家境、身体、智能、性别等方面的差异而自傲或自卑，不歧视他人，富有正义感。"正义既是政治的概念，也是个人品德的概念。一个孩子能够从小就知道不能欺负弱小，敢于主持公道，那么他就有正义感。个人美德上的正义感是和社会正义感相通的。

例如，让学生学会"合理利用互联网等传播媒介，初步养成积极的媒介批评能力，学会理性利用现代媒介参与社会公共生活"。《标准

（2011年版）》中的这一增补完善高度正视了时代发展的新情况、新要求，积极关注了青少年成长中的重要环境变化——各种新媒介的普及。要求在网络时代能够合理利用网络工具，而不是被网络奴役。要求引导学生学会甄别媒介信息和价值导向，有初步的媒介批评能力，而且能够学会理性利用媒介参与社会公共生活。这些要求不仅更高了，也更具体了。

四、培养学生综合应用知识解释和处理问题的能力

记者： 最后一个问题，义务教育思想品德课程被定位为综合性课程。请问，怎样理解这门课程的"综合性"？

朱： 思想品德课程的综合性，即将四个知识领域综合为学生的生命成长服务。因此，该课程要培养学生综合应用知识解释和处理问题的能力，而不是一味教知识、记考知识。它的生活化特征在于善于围绕学生的生活与成长主题组织教学，不回避生活中的矛盾。思想品德课教学，对教师在知识面、综合素质、教学设计与应变能力和在个人美德与性格操守方面都有比较高的要求。教师必须能够亲身示范良好的品德以及如何发展品德。他们不必是美德的典范，但他们必须用行动证明他们一直在努力提升自己的品德。教师必须清晰地表明自己的道德立场，但又不是简单地将自己的观点强加于学生，而是积极引发讨论和思考，创设条件帮助学生积累正向的情感体验、丰富生活经验。下面举一个例子来说明。

"责任意识教育"是新课程的亮点之一。《标准（2011年版）》的课程内容"体验行为和后果的联系，懂得每个行为都会产生一定后果，学会对自己的行为负责"进一步提到了责任的问题。而在现实生活中，有些学生做事不计后果，做不到对自己的行为负责。对于这个内容，教师

可以从公民意识教育，从个人美德教育，也可以从生命教育等多个角度，调动起学生的认知，利用知识学习、模拟试验、行动体验、思维训练等多种方式来进行教学设计。

开展一次安全、守法的"行为后果体验"活动，从中感受"为自己行为负责"这一意识的重要性。

活动过程：①从家庭、学校、社会等领域，选择一个具体的"安全、守法的行为"问题案例，并引导学生对这种行为后果做出明确的判断。（比如，在社会生活中遵守某个具体的交通规则，在学校生活中课间操时排队依次上、下楼梯等。）

②在体验过程中，引导学生关注行为的后果，并对行为后果出现的原因进行多角度的分析。

③在学生自我体验的基础上，先组织学生分组交流，然后再在全班进行交流。在交流的基础上，引导学生对活动进行总结。

活动总结：行为前，判断；行为中，学会自律和自控；行为后，要学会反思。自我负责的过程是一个自我认识、自我接纳、自我调节、自我引导的过程。

不承担责任的确会付出代价的：①负担。承担责任通常需要时间、精力或金钱。

②怨恨。人们可能对做不想做的事情感到怨恨或生气。

③担心失败。人们可能担心不能履行责任或担心由于未能履行责任而受到惩罚。

④放弃其他的利益或牺牲其他的兴趣。当人们承担一定责任时，他们可能不得不把其他感兴趣的事情或需要放在一边。

⑤不公正。如果一个人在一件事上承担主要责任，合作者可能会不认真负责。

社会越开放，就越需要负责的公民。责任感和负责的态度是行事能否成功的基础性条件。它能催生出智慧和能力，能促使人去做好事情，并因工作成功而感受到一种尽责和胜任的欢愉和满足。正是在这种负责行事的过程中，人的社会意识和社会责任感得以提升。

承担责任对于其他人的好处：①可预测性。当人们承担其责任时，其他人知道期待他们什么。②安全性。当人们知道其他人在承担责任时，他们感到更安全。③有效性。当有关的每个人都承担其责任时，就能更有效地，或更快、更容易地工作。④合作性。当人们一起完成某项任务，明确每一个人应该承担的责任后，大家会增加合作。⑤公正性。如果每个人都承担了他的那份责任，另外一些人就不需要做超出他们的责任的工作。⑥社区精神。如果一个群体中的所有成员都能认真承担其责任，就可能形成一种社区精神或群体荣誉感。

承担责任对于自己的好处：①独立性。承担责任具有良好记录的人可能享有更多的自由和极少的监督。②自尊。承担责任的人可以赢得自尊和自信。③被接受和认可。承担责任的人更容易被其他人接受和认可，尤其是依赖于他们的人。④获得知识、技能和经验。承担责任的人可以获得知识、技能和宝贵的经验。⑤得到承认、地位或收入提高。承担责任的人可以赢得荣誉、奖励、新职务的机会或薪俸收入提高。

记者：您的一席谈，让我们受益匪浅。十分感谢您接受我们的采访。

永恒的道德　无尽的思念
——写在俄罗斯伦理学家季塔连科教授 20 周年忌辰①

　　2013 年 5 月 2 日，是我在莫斯科大学哲学系做访问学者时的导师阿·依·季塔连科教授逝世 20 周年忌辰。20 年前那个令人悲伤的日子里，那时我刚刚从莫斯科回国，带着他亲手交给我的论文——他留给人间的最后一篇学术论文，正忙着准备接待他到南京师范大学讲学，突然接到莫斯科大学访问学者朋友的国际长途电话，被告知先生去世的噩耗。一时间真是难以置信、难以接受！刚过 60 岁的他还处在学术盛年啊！他 29 岁获副博士学位，36 岁获博士学位，38 岁升任莫斯科大学哲学系伦理学教研室教授，1981 年起任职教研室主任。他在苏联时期就成为全国伦理学教学委员会主任，组织编写的苏联国内第一本《马克思主义伦理学》被翻译成中文、英文、德文等十几种文字。我去俄罗斯访学时他已被选为世界伦理学会主席。俄罗斯伦理学界评价他是"创立了具有发展前景的研究方向，在伦理学基本理论问题、伦理学理论的方法论问题上形成学派的重要伦理学家"。假如他健康地活到今天，不过 80 岁出头，这位活跃的伦理学家还能为人类道德文明宝库添加多少财富啊！

---

① 本文是作者发表在《教育研究》2013 年第 5 期上的文章。

20 多年来，我一直在享用着他给我的学术恩泽。我个人在教育学术上发现和寻找到的"安身立命"之根，最早是从他的思想理论中捕获灵感的。2008 年年初，我曾筹备为他去世 15 周年写篇悼文，终因刚赴任新的工作岗位而耽搁下来。多年来，我一直为自己不能写出一点像样的东西，哪怕些许文字纪念他而愧疚难安。滴水之恩，当涌泉相报。如果不向他的亡灵表达内心的感激和敬意，不对他的思想理论做些力所能及的传播，无论如何我是不能心安的。

知道季塔连科教授是 1984 年。他作为苏联伦理学界的权威，主编的第二版《马克思主义伦理学》，由中国人民大学哲学系伦理学教研室组织翻译、中国人民大学出版社于 1984 年出版。由于那时还鲜有国外引进的学术著作，它为改革开放后我国重建伦理学科注入了一股清新的学术空气，一时间成为中国伦理学界的来自域外、有重要参考价值的专业著作。季塔连科教授除组织、指导《马克思主义伦理学》全书编写外，还亲自执笔撰写了"前言""结束语"以及第二、三、四、十一章。那时，我在一所大学做中层干部的同时兼教大学生德育课程。因工作需要，同时也是个人兴趣与好奇，我自发去听我国伦理学界前辈、东南大学王育殊先生的伦理学讲座，不久考上了萧焜焘、王育殊先生的研究生。季塔连科教授的这本著作自然成为我们专业入门重要的启蒙之作。

那时我对伦理学知道得太少，没有建立起对学科的整体概念、概貌，完全没有形成自己的关注点，当然也无从发现季塔连科教授伦理思想的主旨、研究特色和学术趣味。直到 1986 年，当我读到了翻译发表在我国《哲学译丛》上季塔连科教授的《情感在道德中的作用和感觉论原则在伦理学中的作用》时，因其新颖犀利的观点切中当时大学德育管理中出现的片面追逐量化评价的弊端，我对他的学术思想一下子有了全新的感觉和深究的冲动。并且由此开端，我对道德哲学、道德教育学术领域中这类话题，尤其是情感在道德教育中的价值及其机制发生了浓厚和持续的兴趣。

20 余年岁月如梭，中国社会已经发生巨大的变化。但为了建设现代化国家，现在也许比当年更需要有全社会、全体国民对道德力量与人文价值的崇尚，更需要有核心价值观的凝聚与引领，更需要对什么是人的最基础的道德品行以及依循怎样的机制和方法予以培育有更多的共识。在敬爱的季塔连科教授忌辰 20 周年之际，我重读他的代表作品，见字思人，重新梳理他的伦理思想体系及脉络，感到有几个重要的理论观点、价值趣味特别值得反刍、回味，在当下尤显其深刻和光辉。

第一，道德作为人类创造的文化形式与其他的文化形式有什么不同？与此相关，道德的功能是用什么特殊的方式表达的？与其他的伦理学教科书相比，季塔连科的表述别具特点。他认为，道德是一种特殊的把握世界的方式，道德的特殊本质具体地表现在它在历史上形成的各种功能的相互作用中。这些功能是调节、教育、认识、评价—命令、指导、激励、沟通（保证人们的交往）、预测，等等。[①] 当时的苏联伦理学家对上述多种功能的排序并不一样，多数人都把调节功能排在第一位，季塔连科也赞成。但他特别指出道德的调节不同于法律调节之处是超然于制度之外、适用于一切人、比较灵活多样，而且表现为劝说和社会舆论的赞同，以及自我评价——问心无愧或问心有愧的道德情感、道德情绪。[②] 作为认识功能的道德具有特殊性，季塔连科认为："道德不像科学，它关心的不是知识本身，而是反映在价值中或

---

① ［苏联］А. И. 季塔连科：《马克思主义伦理学》，黄其才等译，103 页，北京，中国人民大学出版社，1984。

② ［苏联］А. И. 季塔连科：《马克思主义伦理学》，黄其才等译，104 页，北京，中国人民大学出版社，1984。

能说明道德选择的条件的知识。""道德要求中包括着这样的知识，它转化为内心的命令，它从情感上承认某种行为的必需性。"他认为，道德与科学不同，它不是单纯地给人提供客体本身的知识，而是使人理解他周围的文化价值。此外，季塔连科还指出，道德不可能不传递所积累的道德经验（由社会传递给集体，由集体传给个人，由个人传给个人，由上代传给下代等），所以，它取决于社会交往的条件、社会舆论发生作用的方法，取决于现有的以传播关于准则和价值的观念的沟通思想的手段。① 他提出，道德是人们交往的一种特殊形式，交往是人们之间的道德接触，共同感受某些信息，通过别人的探索而丰富自己的生活经验。② 在列举了上述种种特殊性后，他的结论是要使道德有效地发生作用和得到发展，重要的是使它的所有功能自由地、不受限制地表现出来，使它们成为协调的整体。③

第二，道德有没有全人类性？怎样看待道德的人类性？关于道德的阶级性与继承性，是伦理学的一个老话题、基本问题。新中国成立后，哲学界在几个不同历史时期反复出现过对这个话题的讨论。在现在全球人类与各国经济、政治、文化频繁往来互动的形势下，这个话题必然引发、延伸出有关道德的相对恒定性、道德的人类性以及道德的基础性等相关命题。季塔连科 1968 年完成博士论文《关于道德进步问题》。在其中，他研究了道德进步的标准、道德与政治的关系、思想意识与道德的相互影响、道德—继承性在不同历史时期的不同内容。毫无疑问，他是赞成道德具有历史性、阶级性和时

----

① ［苏联］A. И. 季塔连科：《马克思主义伦理学》，黄其才等译，29 页，北京，中国人民大学出版社，1984。

②③ ［苏联］A. И. 季塔连科：《马克思主义伦理学》，黄其才等译，105 页，北京，中国人民大学出版社，1984。

代性的。

在 1980 年版的《马克思主义伦理学》中，季塔连科引证恩格斯的思想，认为在基督教——封建道德、资产阶级道德、无产阶级道德三种道德体系当中不可能不存在许多共同的东西，全人类性表现在阶级性中。[①] 尔后他还提出，道德的全人类性和阶级性，不是平行存在、相互隔绝的道德成分。[②]道德中的阶级性与全人类性的对立不是绝对的，而是相对的。它们是复杂地交织在一起的。

在他看来，有如下三个组成部分构成具有全人类性的道德内容。

其一，最普通、基本的道德规则。它们作为一种道德文化，构成社会存在不能缺少的"黄金储备"，也成为人们交往所需要的共同的道德"背景"。[③]

其二，道德感受、激情和感情的某些共同心理形式。虽然道德在内容以及它们的社会意义上会因不同社会而不同，但这些内心活动的心理形式是相似的，否则人们无法理解和感受别人的道德经验。[④]因此，它们也是道德中的全人类因素。

其三，那些有几千年历史根源的、普通但却十分宝贵的道德文化遗产。它们是人类历史上各种先进的道德成就，有如许多小溪汇集成汹涌澎湃的大河一样。[⑤]诸如同情、感激、诚实、谦虚、有礼、友善、真挚、豁达、温良，就是一些具有全人类意义的规则和准则，它们随

---

①② ［苏联］A. И. 季塔连科：《马克思主义伦理学》，黄其才等译，41 页，北京，中国人民大学出版社，1984。

③④ ［苏联］A. И. 季塔连科：《马克思主义伦理学》，黄其才等译，43 页，北京，中国人民大学出版社，1984。

⑤ ［苏联］A. И. 季塔连科：《马克思主义伦理学》，黄其才等译，44 页，北京，中国人民大学出版社，1984。

着社会的进步日益丰富和巩固。① 他甚至自信地断言：这三个部分是有决定意义的前景，而未来是属于它们的。②

第三，对道德意识结构的细微分析是季塔连科的专攻方向之一。1974年，莫斯科出版他的《道德意识的结构》。其中一个有意思的观点是，道德准则是道德意识的要素；在不同时代，不同人们社会意识中的准则、规则、原则有不同的并列或从属关系和等级次序，它们的变化会显现社会的道德状况，但规则和原则的总和仅是道德意识结构静态的"切片"。

季塔连科强调，决定道德意识功能的还有一系列机制，其中最重要的是价值目标，价值目标才是道德意识更稳固、更深刻的表现。因为在意识的总方向中它体现着个人所持的基本道德立场……表现在个人的整个行为方针和道德自我感觉上，表达着这种行为和自我感觉的一定的准则倾向性。③ 个人的道德水平，在很多方面取决于以正面的生活价值为对象的坚定目标（并且是真正的和起决定作用的目标，而不是宣言式的形式的目标）在他心里深入的程度。④ 让我感到敏感和惊异的是，他当时已明确意识到，道德绝不仅是准则和原则的总和，而且最重要的是价值目标，是人对某些价值目标的偏爱、爱好、倾向性以及坚守。他对准则性的、道德说教式的伦理学一直持保留、消极的态度。

---

① ［苏联］А. И. 季塔连科：《马克思主义伦理学》，黄其才等译，117页，北京，中国人民大学出版社，1984。
② ［苏联］А. И. 季塔连科：《马克思主义伦理学》，黄其才等译，44页，北京，中国人民大学出版社，1984。
③ ［苏联］А. И. 季塔连科：《马克思主义伦理学》，黄其才等译，119页，北京，中国人民大学出版社，1984。
④ ［苏联］А. И. 季塔连科：《马克思主义伦理学》，黄其才等译，120页，北京，中国人民大学出版社，1984。

在《马克思主义伦理学》中，他在多处论述关于道德中的主观—个人因素。在论及道德对社会经济关系的反作用时，他强调指出：贬低道德中主观—个人因素的任何做法，都意味着使道德失去作用，变成软弱无力的空话。只有当社会关系中产生的价值被人们接受成为个人的财富时，它们才能成为道德动力，成为人的积极性的发生器。道德发生作用的这种心理特点，即道德的隐秘—个人因素，用威信、解释或劝诫都是不能完全代替的。①

具体来说，在分析道德动机时，他强调它是道德主体——个人的独立性、自主性的表现，人要根据自己的意向并由自己负责加以选择。② 论及道德评价时，说它包括责难或者赞同，表达感激、钦佩或者不悦、厌恶的感情；论及自我评价时，说它同良心感和义务感紧密联系，是自我控制的工具。③ 他指出，良心同义务感、荣誉感和自尊感一起是人的行为最古老、最隐蔽的调节器。④ 总之，对于道德中的主观—个人因素，季塔连科的论述特别有色彩。这深刻地揭示着，要使道德真正发挥功能，尤其是发挥其巨大的创造潜能，诉诸外部的、整体的、静态的力量显然不够；简单告知，甚至强制，更加无效。真正可靠的道德力量必须从人的内部生长起来。因而，道德中的主观—个人因素一定不能忽略。在现在的时代氛围中，重温这些重要的思想具有深刻的理论启迪意义。

---

① ［苏联］A. И. 季塔连科：《马克思主义伦理学》，黄其才等译，33 页，北京，中国人民大学出版社，1984。
② ［苏联］A. И. 季塔连科：《马克思主义伦理学》，黄其才等译，124 页，北京，中国人民大学出版社，1984。
③ ［苏联］A. И. 季塔连科：《马克思主义伦理学》，黄其才等译，121 页，北京，中国人民大学出版社，1984。
④ ［苏联］A. И. 季塔连科：《马克思主义伦理学》，黄其才等译，127 页，北京，中国人民大学出版社，1984。

第四，考察他的研究经历及成就可以发现，重视情感在道德中的作用和特殊价值是贯穿他全部伦理思想的旨趣和特色，而且日益凸显。他论述道德的起源、道德进步及继承、道德的功能、道德倾向与选择、个人道德面貌水平的内在机制等无一不直接或间接地与人的情感相关。

20世纪80年代完成的《情感在道德中的作用和感觉论原则在伦理学中的作用》是季塔连科集中阐述自己对情感在道德中的特殊价值、交代其思想方法来源的重要论文，也是他在苏联伦理学中独立开拓了新的研究方向的重要见证。直到1993年他留下《道德价值体系中的情感因素》未及发表的珍贵遗稿。一直以来，他肯定情感在道德及伦理学中的价值，指出"情感，特别是道德感，在生活中起着使人高尚的作用，没有它们，任何真正伟大的东西都是不可能有的"①。他说的情感指什么？考察他的两篇论文可以看出，他说的情感并不仅指道德情感，而且指人的直观感觉、情绪、各种感受体验、情绪情感性认知等，是一个较为宽泛的情感范畴。因为"个人内心生活的一种复杂的多层次的过程，包括感觉和知觉；情绪、激情、心境、热情；赞成和谴责；共同感受、同情、爱情、友谊、忠诚和许多许多其他的东西。这是充满热情的深刻的道德—心理的机制，人的道德积极性和伦理上的自我发展正是通过这一心理机制表现出来的"②。所以，道德不是只与规范相关，也不是只与现成的道德感相关，道德是人的全部心理财富。情感为什么特别重要呢？他运用现代心理学的新知识加以论证。"现代心理学从人的基本需要中划分出交往的需要、在交往者的激情中定向的需要、共同感受的需要、特殊的价值信息的需要。这既是维持生命的、

---

①② ［苏联］A. И. 吉塔连柯：《情感在道德中的作用和感觉论原则在伦理学中的作用》，石远译，载《哲学译丛》，1986(2)。

'基本生活的'需要，又是社会最高的'人道主义的'需要。"①因此，"情感不仅是获得生活和文化价值信息的唯一直接渠道（经过感觉、知觉等），是找到这些价值和在价值起伏变化的世界里的方向的复杂工具，而且也是内在主观的利益动因本身，是认识和行为动机的道德意义"②。

当然，季塔连科并没有否定理智，特别是道德反思的作用。他把道德反思比喻为"最高抽象"的神秘力量，比喻为赐予个体的某种"美好之光"，认为它并不是个体一开始就具有的。但他反对片面夸大反思的作用。他认为，"道德意识作为一个结构—功能的整体，它的许多机制绝不是根据反思的反照而起作用的，它们只在各种特殊的、一般说来是冲突的情境里才会受到自我观察的控制"③。因此绝不能低估、简化人的道德生活的全部丰富性和深度。他批判近代西方伦理学出现的过分看重理性、强调道德反思而忽略情感的倾向，并揭示其原因在于：不了解道德情感在人生命活动中的作用，总是与片面地、夸大地理解内省（自我反思）联系着的。④ 由于过分夸大道德反思的作用，人的道德情感、激情、表现意志的动机就会被看作某种反思的"噪音"。同时，反思本身也被片面地、简单地呈现为抽象的、算术的程序。"这种程序在其逻辑完成的形态上必然表现为功利主义的谋算。"⑤他尖锐地指出，"在心理学中，为摆脱将内省绝对化及其具有的将心理因素和自我反思

---

①②③ ［苏联］A. И. 吉塔连柯：《情感在道德中的作用和感觉论原则在伦理学中的作用》，石远译，载《哲学译丛》，1986(2)。

④ Carr，D.，"Rival Conceptions of Practice in Education and Teaching," *Journal of Philosophy of Education*，2003(2).

⑤ McLaughlin，T. H.，"Teaching as a Practice and a Community of Practice：the Limits of Commonality and the Demands of Diversity," *Journal of Philosophy of Education*，2003(2).

相等同的情况，花去了好几个世纪的时间"①。而哲学界恰恰受到实证心理学的消极影响。他清醒地指出，"夸大道德反思的作用，是十八至二十世纪初伦理学特有的特征，这对那个时代来说，是完全可以理解的。然而，重复这种夸大，不仅有碍于正确地理解理论（伦理学）中的道德，而且有碍于有效地安排好教育和自我教育的事情"②。对于他的这一判断，不仅仅是他对马克思主义的捍卫、对哲学感觉论的捍卫，其实也完全可以看作他对唯理性主义、唯科学和技术至上主义的西方现代化思潮的批评与抗衡。

20 世纪 80 年代中期，当我第一次读到《情感在道德中的作用和感觉论原则在伦理学中的作用》时，兴奋激动之情难以言表，因为文章的观点深深触动了我十多年从事德育工作的生命经验。那时，我已经连续在两所大学从事大学生德育工作（任大学团委书记、党委宣传部门负责人等）十几年。恢复高考后的大学逐步建立起日渐完备的大学生品德课程体系，在学生德育的管理制度与方法上兴起一种所谓科学量化的德育评价方法。知识教育、科学管理之于真正的"人"的教育、心灵的教育究竟是怎样的关系？如何正确借鉴和恰当使用量化方法？我们的道德教育中到底缺失了什么更为重要的东西？我因困惑而寻找、而求索。季塔连科把情感看作伦理大厦的基石的思想观点拨开了我的思想迷雾，促使我不仅由此确定了硕士论文的选题"道德情感简论"，而且在之后选择攻读鲁洁教授的博士生，入学后不久便决定继续做"情感教育"为题的教育学博士论文。也正是这篇文章激发了我遏制不住的求教冲动和想象，我立刻与季塔连科通信表达求学的意愿，最终于 20 世纪 90 年代初追随他成为莫斯科大学哲学系访问学者。

---

①② ［苏联］А. И. 吉塔连柯：《情感在道德中的作用和感觉论原则在伦理学中的作用》，石远译，载《哲学译丛》，1986(2)。

回想 20 世纪八九十年代的我，并没有读懂季塔连科。当初我们对马克思主义的理解是有些简单化，还停留在非此即彼、二元对立的封闭、僵化的思维方式里。20 世纪 90 年代初在莫斯科学习、生活的短短岁月，让我对这位马克思主义学者、老共产党员有了新的、更为直观鲜活的认识。

1992 年，我负笈莫斯科，那是我平生第一次走出国门。当时从北京经过了五天六夜长途劳顿的我，对在车站有受季塔连科教授委派的两位研究生接站感到意外。更让我感到意外的是，他竟亲自带着鲜花、提着一盒大蛋糕端坐等在我将生活的宿舍里迎接我。因为是"博士"，他们给了我相当于"教授"月薪的基本工资部分。我在俄的那段时间正是俄罗斯开始实行经济"休克"疗法，物价急剧飞涨、物质匮乏，靠卖东西换取生活基本用品的妇女、老人充斥着地铁进出口、街边和体育场。在刚去莫斯科的前两个月，物价不算高，我不需要自己贴钱便可以满足生活开支，靠的正是这份"工资"。季塔连科教授会亲自安排我的学习计划，包括指导阅读文献、参加研讨课、补习俄语以及可以用电话预约与他见面交流等。

特别幸运的是，季塔连科教授 1991 年起担任了世界伦理学会主席。在我访学期间，由莫斯科大学伦理学教研室组织召开了一次伦理学国际会议。导师给予我在分会场发言的机会。会前、会后，他对我的报告《以情感发展为特征的中国学校道德教育模式》，给予了极大的肯定，数次在教研室会议上表扬我，后来还将这篇论文编入《关于人的权利的伦理学》俄文版专著。这一切给了我莫大的鼓舞和学术自信。我和季塔连科导师最后一次见面是在 1992 年 4 月中旬的一天中午。他那天身着军人的迷彩服，我俩一起用完午餐，围着莫斯科大学文科二号楼转了一圈又一圈。记得他谈到俄罗斯的社会危机时，忧心忡忡，时而情绪激动，脸涨得很红。他的心事重重让我有种隐约不安。就是这次会面，他交给我用老式打字机打出来的讲学稿，交代来中国访问、到南京师范大学讲学的具体事宜。他说，不管政治局面如何演化，他相信道德与文明的力量，愿意抱持伦理乐观主义。

季塔连科出生在一个哥萨克族边防军人家庭，战争时期生活艰辛，在莫斯科念中学时便对哲学产生浓厚兴趣，课余时间大都沉浸在列宁图书馆的"少年阅览室"里。莫斯科大学毕业后，他曾在卡卢加州的师范学院担任过几年团委书记，还做过塔斯社记者。1961年，他以"批判以胡克为代表的美国现代实用主义"完成副博士论文。在之后1968年的博士论文工作中，他又继续批评英美学者的唯心主义观点，同时深入细致地研究英美哲学与马克思主义相互影响的主要方面。现在，我们终于可以看清楚，他作为马克思主义哲学家，其实思想并不僵化。他比较早地通过批判性研究在实际上构成了与实用主义哲学、西方马克思主义哲学的"对话"关系，也是在他那个时代较早地意识到西方科学主义、工具理性主义的偏颇之处。他善于在历史比较、哲学批判与对话中阐发自己的思想，最终确立起以价值范畴为核心的、成为伦理学基本方法论的历史价值论。坚实的比较研究、历史研究以及方法论基础，使他论证道德进步标准的可能性、质疑历史发展中的道德缺失、剖析伦理思想史中的反人道主义思想以及鲜明地肯定道德的人类性等均清晰地体现出思维与价值倾向的连贯性、学理论证上历史与逻辑的一致性。

由于丰富的人生经历和生活经验，他对道德心理学的新知识特别敏感并总能及时地吸收，对伦理学应用于道德教育的实践有不同于其他伦理学者的见解和情怀。他自觉地从教育家的作品中吸取思想资源。比如，他数次提及教育家苏霍姆林斯基、科尔恰克等，认为他们的全部志向、希望和感情都服从一个崇高的目的——教育青年一代。① 他引用教育家马卡连柯的说法，正是价值目标帮助人们选择他们的"生活计划"。在他的一系列论证中，我们看出历史的、人类的生活经验与道德意识的制约及其辩证关系，以及具有主体性的个人对于生活经验的选择与超越的可能；信服在任何历史时期，不同的活动领域里人的道德主体性的真实存在、优秀的道德人物历代辈出的可能。

他不仅将情感作为全部伦理大厦的基石、作为道德中的本体地位，而且重视情绪情感在道德中的作用机制。他认为："情感是复杂的、多级的、深刻的道德心理机制，人的积极性、自我发展正是通过这一机制表现出来。"②"情感是人的社会活动中的复杂的探索的机制，而这种机制是获得道德观念的根据和最初的渊源。"③如何发挥情感在道德教育中的作用呢？在他看来，其一，重视道德情感的修养。"情绪—道德生活的修养、道德感发达的程度是个人自我完善和修养的最重要的基础"④这一迫切必要性早在童年和道德情感自我培养时就产生了，因为人经历的每个生长阶段对其发展一定种类的情感都具有自己的作用。其二，要使人的全部情感(包括无意识的、意志的和其他的心理领域的情感)都为使人的一切生活和行为路线高尚起来服务，不断增长发展个人的道德力量。他认为："情感世界的一切都不是自发产生的，这是与意识和实际技能同样复杂、同样繁重的内心的工作，是全部情感的工

① ［苏联］А. И. 季塔连科：《马克思主义伦理学》，黄其才等译，117 页，北京，中国人民大学出版社，1984。

② А. И. Титаренко, Чувства в системе моральных ценностей（季塔连科未发遗稿），Work of Alasdair MacIntyre，Cambridge，Polity Press，1994.

③④ ［苏联］А. И. 吉塔连科：《情感在道德中的作用和感觉论原则在伦理学中的作用》，石远译，载《哲学译丛》，1986(2)。

作。"①其三，提升交往的情绪—道德氛围，改善情感道德的社会微环境，保障交往中的人道主义。他认为："个体精神价值的道德内容总是从属于与他人交往的性质，取决于道德强弱、道德影响的情感紧张度。"②因此，要通过相互尊重、相互帮助、同情、容忍等扩展人际互动中道德心理的"信任范围"，增强交往中深刻而友善的共同感受。他看重人与其他个体情绪道德的统一性、道德同感、结构性道德想象（通常所说的形象性道德想象）、对周围人的价值取向直观的理解，并认定这些是所谓社会微环境，是价值世界主观方面最重要的完善方向。③

我从他的为学为人中渐渐体会到他的伦理学研究之使命与志趣所在。他敏锐地意识道，情感问题，确切地说即情感和理性的相互关系问题，在伦理学史中一向占据着中心的地位。他还深刻指出，大多数的感觉论者难以跨越区分情感与理性的界线，难以说明理论思维的认识力量；而忽略了情感，又很难回答思维的认识究竟来自哪里。后来，他在《道德价值体系中的情感因素》中指出，从直观感觉活动—实践的立场出发的态度可以保证解决这一问题，才有可能实质性地解决情感与理性的相互关系问题。由此，我们看到他不仅是马克思主义的，或者说哲学的感觉论原则（感觉论原则就其本质，意味着如不涉及情感，归根结底，在人的认识中什么也不会发生）的坚守者，还是马克思主义实践唯物主义的信仰者。他强调，哲学是活的理论，主张将感觉主义原则提升到新的方法论层次，即以历史实践活动的范畴透过直观物质

①② А. И. Титаренко，Чувствав системе моральных ценностей（季塔连科未发遗稿），Work of Alasdair MacIntyre，Cambridge，Polity Press，1994.

③ ［苏联］А. И. 吉塔连柯：《情感在道德中的作用和感觉论原则在伦理学中的作用》，石远译，载《哲学译丛》，1986(2)。

理解情感世界，价值作为对象本身也被纳入人的情感认知世界中。①
这正是他以历史—价值的方法学对于哲学—伦理学攻克情感与理性相
互关系的理论难题所做的卓越创造性贡献。他在最后的遗稿中反复强
调情感反应的选择性，反对将人的道德选择机制归结为准则和原则而
对情感的意义避而不谈或视为形式。他还强调"情感是获取对生活价值
的道德认识的基础和基本来源"②。在他生命的最后时刻，他思考的依
然是情感对调节行为、对认知的选择性、对掌握道德信息为何有最直
接的关系，思考情感的选择性为什么是确定人在社会环境中行为价值
的机制。他甚至直截了当地发问：道德是什么？为什么不是价值世界
和价值关系中进行定位的绝对方式？③他认为，讨论这些问题才与教育
的道德因素有最直接的关系。④

　　这是季塔连科留给人间最后的精粹言论。追随过季塔连科教授的
我相信，这是一位严肃学者辛勤劳作一生的智慧心声，这一具有学术
价值的理论之声将长驻人间。

---

①　［苏联］А. И. 吉塔连柯：《情感在道德中的作用和感觉论原则在伦理学中的作用》，
　　石远译，载《哲学译丛》，1986(2)。
②③④　А. И. Титаренко，Чувствав системе　моральных ценностей(季塔连科未发遗稿)，
　　Work of Alasdair MacIntyre, Cambridge, Polity Press, 1994.

关于大中小学德育课程衔接的思考^①

一、德育课程衔接的研究缘起

关于大中小学德育整体构建的意图和求索在 20 世纪 90 年代以来已几度出现。它是一个在理论上和实践上不断有追问，认识上有进展，但又远未思考清楚的问题。改革开放以来，我国大中小学伴随着思想解放运动、经济社会的发展变迁以及学校教育改革的诉求，重建了德育课程。随着教育改革，学校德育课程在名称、设置和结构上不断调整。21 世纪初，中小学德育课程在形态、功能和理念、内容与方法方面都有较大突破。在第八次基础教育课程改革的背景下，教育部于2002 年颁布了中小学各科的课程标准。经过多年来的努力探索，从总体上看，中小学德育课程在教学理念、教与学的方式方法上产生了重要变革，课堂已经发生很大变化。其中最为明显的是倡导品德教育以生活为基础，密切结合学生的生活经验；重视学生认知判断、情感体验与行动能力的协调与整体发展；强调积极的教育引导与学生主动学习、多样化参与相结合等。品德课教师在课程改革的引领下，对德育

---

① 此文是作者与王慧合作发表在《课程·教材·教法》2014 年第 1 期上的文章。

课程的认识、理解以及教学设计和组织的能力有了较大提升。品德课的改革努力及收效在一定程度上带动和引领着中小学的德育改革。

2003年开始修订义务教育阶段各学科课程标准，2011年公布新版课程标准。在2003年修订工作后期，值《国家中长期教育改革和发展规划纲要(2010—2020年)》(以下简称《纲要》)颁布，《纲要》重申加强大中小学德育整体构建。德育课程是现行各级各类学校德育工作基本的、重要的载体。由于课程是教育目标、教育意图的集中体现，也是教育制度性的"公共框架"，其目的性与计划性明显，因此德育课程在各级学校及各个学段的衔接状况必然成为考量大中小学德育整体构建的重要观测点，也是相对便于审视的重要路径。为响应《纲要》的精神，我们对正在使用的课程标准、教材加以考察，检视其是否体现大中小学德育整体构建的思想及设计要求；同时利用义务教育课程标准修订之机，从课程衔接的角度审视正在修订中的课程标准，并进行相应调整。

本文以基础教育课程标准和大学教材为依据，具体文本包括：《义务教育品德与生活课程标准(2011年版)》(以下简称《品德与生活课程标准》)、《义务教育品德与社会课程标准(2011年版)》(以下简称《品德与社会课程标准》)、《义务教育思想品德课程标准(2011年版)》(以下简称《思想品德课程标准》)、2004年颁布的《普通高中思想政治课程标准(实验)》(以下简称《思想政治课程标准》)，以及2010年版的大学四门课程教材《毛泽东思想和中国特色社会主义理论体系概论》《思想道德修养与法律基础》《马克思主义基本原理概论》《中国近现代史纲要》。首先从文本上考察由国家编制的大中小学德育课程标准或教材是否存在错位、缺失、断裂以及无意义的重复等现象，进而思考如何从更宽阔的课程概念来理解和处理德育课程的衔接问题。

二、德育课程衔接状况分析

德育课程作为学校课程的一种，与"课程"的界定一样，可以有多种含义。首先是指基于一定理想的观念性课程（ideological curriculum）；其次是指基于理念而设计的文本形式的正式课程（formal curriculum），也有经研究者和教师诠释的领悟课程（perceived curriculum）；此外，还有真正实施的课程（operational curriculum）以及为学生所经历和体验的课程（experiential curriculum）。① 本文考察德育课程衔接主要限于前三种含义，具体从以下几个方面展开：课程的目的与功能是否较明确、一致；培养目标的设置及表述是否较准确、有层次且贯通；课程性质、形态及设计思路是否吻合思想道德学习的特有方式与学生认知发展阶段及生活经验；课程内容的选择与编排是否得当、适宜，有区分度及辩证的递升等。

（一）课程目的与功能

新中国成立以来，学校德育课程历经多次改革，包括各种政治思潮的冲击、思想误区以及反思调整。总体上看，传统德育课程强调以成人为中心，以传递意识形态和关于道德的知识为主，以统一行为规范和意志、帮助青少年适应国家与社会的要求为主要目的。当今德育课程已调整为以"立德""育人"为基本课程目的，它与 2002 年国家层面提出"以人为本"的社会治理理念直接相关。目前，在大中小学均已倡导德育以生活为基础，密切联系学生的生活经验，培养社会主义合格公民，为学生的生命成长服务。《品德与社会课程标准》在"前言"中指

---

① John Goodlad, *Curriculum Inquiry*：*The Study Of Curriculum Practice*，New York，McGraw-Hill，1979，p. 61.

出，"良好品德是健全人格的根基，是公民素质的核心"；课程"根据社会与时代发展的需要和儿童身心发展的特点而设置，旨在以正确的价值观引导儿童更好地适应学校生活"。① 《思想品德课程标准》在"前言"中指出，"道德是人自身发展的需要，也是人类文明进步的重要标志"；"初中学生处于身心迅速发展和学习参与社会公共生活的重要阶段……迫切需要学校在思想品德的发展上给予正确引导和有效帮助"，课程正是"为适应初中学生的成长需要"而设计的。② 《思想政治课程标准》在"前言"中指出，思想政治课教学必须贯彻党的十六大精神，以邓小平理论和"三个代表"重要思想为指导，着眼于当代社会发展和高中学生成长的需要，增强思想政治教育的时代感、针对性、实效性和主动性。③ 《思想道德修养与法律基础》在"绪论"中指出，大学生是国家宝贵的人才资源，本课旨在帮助同学们树立正确的世界观、人生观、价值观、道德观和法制观。④ 这些表述不但明确了课程立足于个体发展，彰显了原先被遮蔽的"道德的个体享用功能"，而且跨越了德育在目的观与功能观上社会本位与个体本位的二元对立。

（二）培养目标的设置及表述

培养目标的设置是课程功能得以实现的前设条件。《品德与生活课程标准》提出，"旨在培养具有良好品德和行为习惯、乐于探究、热爱

---

① 中华人民共和国教育部：《义务教育品德与生活课程标准（2011 年版）》，1 页，北京，北京师范大学出版社，2012。
② 中华人民共和国教育部：《义务教育思想品德课程标准（2011 年版）》，1 页，北京，北京师范大学出版社，2012。
③ 中华人民共和国教育部：《普通高中思想政治课程标准（实验）》，1 页，北京，人民教育出版社，2004。
④ 《思想道德修养与法律基础》编写组：《思想道德修养与法律基础》第 5 版，1 页，北京，高等教育出版社，2010。

生活的儿童"①。《品德与社会课程标准》提出，"旨在培养学生的良好品德，促进学生的社会性发展，为学生认识社会、参与社会、适应社会，成为具有爱心、责任心、良好行为习惯和个性品质的公民奠定基础"②。《思想品德课程标准》提出，"为使学生成为有理想、有道德、有文化、有纪律的社会主义合格公民奠定基础"③。《思想政治课程标准》的总目标是"知道中国共产党是中国特色社会主义事业的领导核心，马克思列宁主义、毛泽东思想、邓小平理论和'三个代表'重要思想是中国共产党的指导思想……具有爱国主义、集体主义和社会主义思想情感；初步形成正确的世界观、人生观和价值观"④。该总目标与小学、初中培养目标的设置在政治要求的显性程度和力度上存在差异；在分目标的情感、态度、价值观这一维度中提出的"关注社会发展……增强社会责任感和民主法制观念，培养公民意识"⑤，与初中阶段目标一致。鉴于大学德育课程未以"课程标准"形式表达其培养目标，无法与中小学相对应的文本做比较。仅依据大学《思想道德修养与法律基础》教材，其表述是要求大学生立志做有理想、有道德、有文化和有纪律的社会主义事业合格建设者和可靠接班人。⑥

---

① 中华人民共和国教育部：《义务教育品德与生活课程标准(2011 年版)》，6 页，北京，北京师范大学出版社，2012。

② 中华人民共和国教育部：《义务教育品德与社会课程标准(2011 年版)》，5 页，北京，北京师范大学出版社，2012。

③ 中华人民共和国教育部：《义务教育思想品德课程标准(2011 年版)》，5 页，北京，北京师范大学出版社，2012。

④ 中华人民共和国教育部：《普通高中思想政治课程标准(实验)》，5 页，北京，人民教育出版社，2004。

⑤ 中华人民共和国教育部：《普通高中思想政治课程标准(实验)》，6 页，北京，人民教育出版社，2004。

⑥ 《思想道德修养与法律基础》编写组：《思想道德修养与法律基础》第 5 版，249 页，北京，高等教育出版社，2010。

综上，大中小学德育课程的主导性目标基本一致，即培养爱祖国、有道德、能担当的社会主义合格公民。其中，培养合格公民的目标具有一致性。做合格公民是任何社会对公民的基本要求，也是德育的重要社会功能。从个体发展的角度而言，各个学段的具体培养目标是"为儿童""为公民""为合格公民"奠定基础等。合格公民能够知法守法、行使权利、履行义务、维护社会正义，能够参与国家政治生活和社会公共生活等。不同层级和学段的培养目标初步体现出由儿童期的基础性、人类共同性品质逐渐向更多思想性、政治性以及理论素养递升，有一定的层次性；不同层级和学段在阐发具体目标时亦各有所侧重。

目前的培养目标的表述依然过于笼统、不够具体，区分度也不够。高中、大学培养目标的表述较为空洞、概念化，缺少更为贴近学生、准确而生动的表述。

（三）课程性质、形态及设计思路

关于课程性质及形态，大中小学均将其规定为必修课，共同地强调思想性、人文性和实践性。具体而言，《品德与生活课程标准》表述为："一门以小学低年级儿童的生活为基础，以培养具有良好品德与行为习惯、乐于探究、热爱生活的儿童为目标的活动型综合课程。"[①]《品德与社会课程标准》表述为："一门以学生生活为基础、以学生良好品德形成为核心、促进学生社会性发展的综合课程。"[②]《思想品德课程标准》表述为："一门以初中学生生活为基础、以引导和促进初中学生思

---

① 中华人民共和国教育部：《义务教育品德与生活课程标准（2011年版）》，1～2页，北京，北京师范大学出版社，2012。

② 中华人民共和国教育部：《义务教育品德与社会课程标准（2011年版）》，1页，北京，北京师范大学出版社，2012。

想品德发展为根本目的的综合性课程。"①由此可见，义务教育阶段品德课程在性质和形态定位上是连贯而递进的。小学为完全的综合课程，初中将有较明确学科背景的四块知识领域有机融整为综合性课程。《思想政治课程标准》虽然不呈现为综合课程形态，但以经济生活、政治生活、文化生活、生活与哲学四个模块为必修内容。可以说，将学生的生活经验作为课程学习基础的基本理念贯穿小学至高中。相比之下，大学德育课程仍较多地反映国家意志，从正面对大学生提出要求，对大学生切近的生活经验关注不够。

在课程设计思路上，从小学到大学的德育课程设计均基于人所面对的诸种道德关系，从个体与自我的关系入手，扩展到个体与他人、与社会和国家、与自然和世界的关系，帮助学生学会处理逐渐复杂的关系、提升道德能力。小学品德与生活课程主要涉及的是儿童与自我、与社会、与自然的关系；小学品德与社会课程、初中思想品德更多关照学生与社区、社会和国家的关系；高中和大学学段的德育课程更侧重学生与社会、国家和世界的关系，体现为学生个体生命与历史、思想和理论的逐渐深刻关系。目前高中和大学在内容选取、呈现方式等方面与义务教育学段有较大差异，强调学科性和一定的系统性、理论性。这具有一定的合理性，但还有两个问题需要考虑：其一，高中作为中间学段如何处理生活逻辑和学科逻辑之间的过渡问题，如何更好地区分高中与大学在课程结构、形态上的殊异以及难度和要求，需要进一步探索。其二，大学德育课程更多地侧重理论和历史的维度。这是对义务教育阶段的"学生生活世界"的延伸和扩展，可以促进学生的心智和道德方面的发展。但它如何能够展现思想的张力，激发学生的

---

① 中华人民共和国教育部：《义务教育思想品德课程标准(2011 年版)》，1 页，北京，北京师范大学出版社，2012。

思维矛盾，触动学生的精神世界，促进其独立思考和思维品质的提升等问题，值得深入探讨。

（四）课程内容的选择与编排

对课程内容的选择与编排是考察大中小学德育课程衔接最为具体而直观的方面，主要考察不同学段的课程内容是否得当、适宜，有无一定区分度且辩证的递升等。

九年义务教育阶段品德课程均为综合课程的形态，在编排方式上采用螺旋式上升的方法。也就是说，以联系学生生活的议题为单元主题，课程内容方面有恰当的连续性和递升性，在难度、深度和广度等方面有过渡和提升。比如，知识难度逐渐增加，引发的认知矛盾更深刻，情感体验更加深入内心，道德活动范围逐步扩大等。螺旋式上升必然包含某些德育的核心精神和永恒要素不断复现。从一定意义上说，道德与思想政治教育的许多学习主题或议题是恒定而常学常新的。它需要在不同的年龄段、不同的情境下，用适合年龄发展阶段的方式反复学习、讨论。具体来说，小学品德与生活课程以儿童最常见、最需要学习的生活为线索，融合丰富、可感受、活泼的知识，以开启心智和培养习惯（道德的、情感的、行为的、思维的习惯）为重。小学品德与社会课程以学生的生活为基础，视社会环境、社会活动、社会关系为主要因素，将学生品德与社会性发展的知识做"一条主线"，采用点面结合、综合交叉、螺旋上升的处理方式。[①] 初中思想品德课程的形态虽仍为综合性质，但不同于小学。它根据基础教育课程改革确定的"综合为主、分科为辅"的原则，明确将道德、心理、法律、国情等领域的知识有机整合进各内容板块、各年级的学习单元。课程标准研制

---

① 中华人民共和国教育部：《义务教育品德与社会课程标准（2011年版）》，3页，北京，北京师范大学出版社，2012。

者基于青春期学生所特有的认知和情感特点，在内容选择上秉持连续性和递升性的原则，力求增加知识深度、扩展知识广度，期望学生在感受生活的过程中深化相关知识的理解。

采用螺旋循环的编排方式就必然有某些基本价值范畴，诸如诚实、友谊、关爱、利他以及尊重、公平、正义等反复出现，并应在深度和广度上适当地逐步提升。而这就会存在区分度是否得当的问题。在2011年版课程标准的修订过程中，曾发现在小学高年级与初中的知识深浅难度方面存在区分度不够明显的问题。比如，学习与同伴相处、与教师交往、自我救护的知识与能力要求等就存在此类问题。此外，还有些具体提法有错位。初中课程标准研制组就对"关于人与自然的关系"适当提升了难度，将原课程标准中的"我与自然的道德规范"单列出来，作为一条新的目标内容呈现，增加"人类生存与生态环境的相互依存关系""生态环境问题及其根源""掌握环境保护的基础知识"的目标要求。再如，《思想品德课程标准》对法律和国情部分的内容做了调整：法律知识更多地集中在与初中学生生活关联度较大的部分上，国情部分删减了过于抽象的概念以及比较生硬笼统、初中学生不容易理解的内容。[1]

当这些反复循环出现的基本价值范畴之间的区分度明显时，就产生有意义的重复，反之则产生无意义的重复。有意义的重复表现为内容逐步加深、扩展或巩固的过程，有助于学生品德的发展。无意义的重复主要是指那些表面的、简单告知的一般性道理，缺乏不断加深的知识含量和思维难度。以"解放思想、创新思维"的主题为例，《品德与生活课程标准》提出，"敢于尝试有一定难度的任务或活动""喜欢接触

---

[1]　朱小蔓：《在坚持中发展与完善——思想品德课程标准修订说明》，载《基础教育课程》，2012(Z1)。

新鲜事物""能对问题提出自己的想法与看法".①《品德与社会课程标准》提出,"尝试合理地、有创意地探究和解决生活中的问题"②。《思想品德课程标准》提出,"发展独立思考和自我控制能力"③。《思想政治课程标准》中没有具体提及。大学学段虽提出创新、批判性思维和解放思想等概念,但多与解放思想相关涉,侧重在理论层面的论述;而且侧重其对国家的意义,与个人独立思考、创新品质等关涉不够。就此而言,其知识线索及价值取向的脉络不够连续和贯通。

此外,内容的选择和编排中容易出现错位和缺漏的问题。错位主要是指德育课程内容与学生的思维发展规律不相符合,本应属于低一级学段的内容被放置在高一级学段,或刚好相反。缺漏是指重要的道德内容在某一学段存在缺失。

三、小结与进一步讨论

通过以上四个方面的考察,本文认为,如果仅就课程标准文本字面表述而言,目前大中小学德育课程的衔接状况,尤其是九年义务教育阶段的衔接基本是好的,没有明显的错位、缺漏和所谓无意义重复,而且在课程标准反复修改的过程中已尽可能地做了弥补和完善。但是,这种考察方式还是浅层、初级的和粗糙的。我们还需要摒弃简单的线性思维,以更为宽阔、复杂、开放的思维看待和处理大中小学德育课

---

① 中华人民共和国教育部:《义务教育品德与生活课程标准(2011年版)》,9~10页,北京,北京师范大学出版社,2012。

② 中华人民共和国教育部:《义务教育品德与社会课程标准(2011年版)》,6页,北京,北京师范大学出版社,2012。

③ 中华人民共和国教育部:《义务教育思想品德课程标准(2011年版)》,13页,北京,北京师范大学出版社,2012。

程的衔接问题。

第一，对于德育课程的衔接而言，道德知识的相承、连续、有序、合理是十分重要的观测点。由于部分的道德知识和关于道德的知识并不直接以显性知识的方式呈现，因此课程标准或教材中的各种明确的知识成为此次考察的主要内容。道德学习主要不是知识学习，或者说是一种特殊知识的学习。它所需要的知识包括准确而客观的知识，但更需要大量缄默、实践性的知识。这些知识却未必出现在文本上，因为价值观的认同、态度和行为方式的改变往往不是通过明确有序的知识支撑的。因此，不能用简单的、线性思维看待和追求品德课程的知识衔接。我们考察明确的知识是否衔接，不能拘泥于知识的点对点的衔接，还需重点考察知识的脉络及其功能的衔接。

知识主线清晰而有绵延性，知识脉络在连贯中逐步拓展、深化，不过度跳跃。具体包含三个层面：其一，在同一学段、不同的知识领域中，知识的范围与涵盖相对合理，知识的深度和广度相互一致；其二，在前后学段、同一知识领域中，知识之间有必要的连续性、递升性和过渡，不存在严重的断裂、脱节、错位和缺漏，能够持续促进学生思维的跃迁；其三，在同一学段、德育课程与其他课程之间，所涵盖的知识在广度、深度上尽可能相互照应。

考察道德知识的脉络和功能时，还需要兼顾影响品德形成的两个基本维度，即社会需要和个体发展的需要。就满足社会需要方面而言，德育课程需要满足公民道德的知识和能力需求，一以贯之地坚持社会主义核心价值观教育。社会主义核心价值观教育需要选择具有基础性和核心价值的德目和概念，选择有生发力、有一定张力的命题作为学习议题。这也是生命价值教育与公民意识教育二者共有的思想灵魂。就关注和满足个体发展的需要而言，德育课程的教学内容、编排方法以及教学设计的选择的根本依据是学生的认知发展水平和学生所处的特定的社会历史文化经验。德育课程需要大量地综合相关学科知识，特别需要根植于当代中国青少年儿童生活的本土研究。然而，目前满足德育课程需要的基础研究存在不足，而且我国的学校德育课程在国际范围内几乎是独有的，很难有现成的参照。这导致现有文本表述难以进一步精细和适切。

第二，正视必要的阶段性或相对独立性。德育课程衔接意味着既重视德育课程的连续性，也顾及其阶段性，是连续性和阶段性的统一。目前，小学采用完全综合课程，初中采用由一定学科背景的不同知识领域整合的综合性课程，高中采用以生活为基础的分科形态。正是基于不同学段学生认知发展的水平及特征，学生可以从整体、直观、浪漫的学习逐渐走向精确、抽象、结构化的学习。就道德学习而言，学生可以从正面的、模仿的、信奉的姿态向善于推理、对话、批判和独立思考过渡。

不同学段需要相对适切的知识内容与知识组织方式，因而采用不同的课程形态，以及不断有新的知识领域和学科加入，采用不尽相同的教学设计以扩宽和加深学习，具有一定的正当性。我们不能简单地视其为不衔接。同时，由于九年义务教育的初中毕业生面临普通高中、职业高中和直接步入社会的选择，这就要求初中思想品德课程保留那些涉及学生步入社会所需的基本的法律常识、国情知识等，也就是要求初中学段保持一定的独立性。这体现了九年义务教育的完整性，也就是课程的阶段性或独立性。

当前高中课程标准修订在即，高中德育课程作为义务教育学段和大学学段之间的过渡学段，将如何体现衔接？如何在综合课程与分科课程、生活逻辑和学科逻辑、必修课程和选修模块之间做出选择抑或两者兼具？作为一个相对独立的学段，也需要有相对独立的课程体系，但究竟何为与初中、与大学保持相承、连续的关系？这些问题尚需研究。大学德育课程的呈现形态为理论性学科，它既是大学政治理论课程，又可看作大学通识教育的一部分，对知识容量、思维含量和理论性、系统性都有更高的要求。同时，由于大学生的认知水平和主体意识的发育，需要加强课程的思想性以及历史、辩证的综合性。但目前的教材仍然更多地体现国家和社会对大学生的要求，思想容量、历史维度和思维张力还不够明显。

第三，以开放的学习观检视德育课程衔接。追求德育课程衔接，要充分考虑其开放性。德育课程标准和教材虽有自身的框架体系，但它仅是人为选择与预先设定的学习系统，而非真实教育情境的操作手册。"从发生学的意义上来说，进入教育实践活动中的主客体都不是预成的，它们都是主体实践创造、重建的结果。"①

德育课程的开放意味着知识、能力和情感、态度、价值观目标与学生的生命经验之间在一定条件下有可能交接和耦合。"道德发展是一种不断增长着的认识社会现实或组织和联合社会经验的那种能力的结果。"②儿童的道德成长不仅依赖教育、外部环境，还依赖儿童自身的主体性和自主性，需要主体与环境的相互作用。衔接良好的课程永远是提供更多更好的可能性。虽然现在基础教育课程改革已从更多地关注教走向更多地关注学，但就道德学习的特性而言，今后将更大力度地循着自下而上、以学习者的生活经验为基础、激发学习者的主体能动性的改革方向前行。从这个意义上说，研究大中小学德育课程衔接以及大中小学德育整体构建，其根本要义是回归生活、育人为本，讲求科学性和艺术性，而不是刻意追求课程的外表、规则和形式、缺少开放性和创造活力的衔接体系。

---

① 鲁洁：《教育：人之自我建构的实践活动》，载《教育研究》，1998(9)。
② ［美］科尔伯格：《道德教育的哲学》，魏贤超、柯森等译，8 页，杭州，浙江教育出版社，2000。

尊重价值观学习特性及学习者

——论中学生社会主义核心价值观教育①

　　社会主义核心价值观教育既是当前中国人凝聚思想方向、提升精神素质、建设良序社会的迫切现实需要，从长远看也是实现中华民族伟大复兴，让我们的祖国真正屹立于世界民族之林的奠基工程。根据党和国家的要求，而且教育部明确提出，要把社会主义核心价值观融入国民教育全过程。为此已经投入了大量的人财物予以探索和实施。两千多年前的《学记》早已总结出"君子既知教之所由兴，又知教之所由废，然后可以为人师也"，认为脱离了学习者的教育是低效、无效甚至于有反作用的。陶行知在 20 世纪 20 年代至 30 年代创造"教学做合一"理论，主张事情怎样做，就怎样学，学的法子就是教的法子。现在，社会主义核心价值观教育需要更多地回到原点问题上来考察，即人是如何学习价值观的。中学生正值青春期，是自我认识形成的关键时期，也是对社会、人生、自然等所意识到的对象，以及在与这些对象交互作用过程中进行价值确认的最为敏感的生命阶段。本文基于我们对价值观学习之特性的认识以及中学生青春期成长的需求和特点，讨论社会主义核心价值观教育的几个相关问题。

---

① 　此文是作者与刘巧利合作发表在《中国教育学刊》2016 年第 3 期上的文章。

一、价值观学习的特性不同于知识学习的特性

为了应对因社会深刻变迁、文化与价值观多元、青少年道德价值观教育面临的新挑战,我们和学术界同人曾及时提出"道德学习"的概念。研究内容更多是从教育者的立场转向考察学习者是如何学习道德,探查道德学习、价值观学习不同于知识学习的那些虽有感知、意识和朦胧经验,但并不清晰的特征与机制。同时,现代脑科学、神经认知科学、心理学等科学的研究已经在主体学习的"黑箱"中不断投进些许的"光",不断揭示人的学习,包括价值观学习的一些新知识。当前,智力学习中的价值观学习未被充分重视,德育和美育中的形式化、技能化、浅表化的现象还存在。对于社会主义核心价值观教育这样严肃的百年大计,我们必须再次回到"人们是怎样学习道德,怎样学习价值观"的命题上,思考价值观教育如何进一步改善。价值观学习作为有别于知识学习、技能学习的三大学习样态之一,具有自己的一些明显特性。结合当前价值观教育的实践,参考相关理论研究,着重表述以下三点。

(一)基础性

价值观学习有其共同和稳定的基础性内容。价值不是永恒的,它的具体形式,即使是基础价值的具体形式都是不断变化的。我们不可能一劳永逸地解决价值问题。① 但是人类千百年来已经从自己的文化习俗、哲学中积淀并稳定地认可一些最利于人过集体(集群)生活的价值,如生存、健康、友谊、互助、同情、公正、生活的意义感等。在

---

① [加拿大]克里夫·贝克:《学会过美好生活——人的价值世界》,詹万生等译,12~13页,北京,中央编译出版社,1997。

很大程度上，它们已植根于人性本身，是人的生命需要和切切实实被追求的基础性价值。社会主义核心价值观教育的内容与上述基础价值观并不相悖，而是连续一体的，没有必要也不可能从零开始。社会主义核心价值观体现在人们的日常生活中。无论是民主、公正，还是和谐、自由，在中学生的生活中都有丰富具体的表现内容和形式。社会主义核心价值观教育正是要从基础价值观开始，帮助和支持人们形成牢固稳定的价值基础，从而有条件认同更高和更加复杂的价值观以及价值体系。

(二)情感性

价值观学习尤重情绪感受、情感体验及其积累。价值观学习是个体对所习得经验的再体认，是个体关于主客体关系的一种价值体验。价值观念蕴含着情意。如孟昭兰教授指出的，情绪体验的意义和特有色调，不是从认知加工系统获得的，而是从有机体同环境相适应过程中的生存和需要的满足与否的感受状态发展而来的。[①] 个体对事物所产生的爱、恨、欢乐、恐惧等情绪情感是对该事物价值认知和判断的最直接的依据。所以，一个人的价值倾向往往首先通过情绪情感表征出来，这是价值观学习尤重情绪情感的重要理由。同时，使价值认同变成较为牢固的信念，需要认同、肯定的情感反复出现、反复体验，不断积累。这一过程中认知活动对情感既有与其相一致的解释，又需要对负性情绪或相悖情感做澄清或反思。经验证明，"价值信念是认识与情感的结晶"[②]。

第八次基础教育课程改革已经明确强调价值观学习中情感体验的特殊作用，反对道德价值观教育中脱离学习主体感受的"知识化"弊端。

---

① 孟昭兰：《人类情绪》，126～127 页，上海，上海人民出版社，1989。
② 王健敏：《道德学习论》，83 页，杭州，浙江教育出版社，2002。

苏霍姆林斯基在晚年深刻地认识道：千百年间形成的那些高尚的道德品质——帮助别人、有同情心、不计私利、慷慨助人等，成为儿童的精神财富。这是教育工作中最细致的一个方面，它和情感教育紧密地联系在一起。① 情感是一个人道德价值观最深刻的保障。而国外其他研究中也十分强调和孩子建立情感联结②，并具体化地总结出情感联结的原则和方法。

（三）弥散性

价值观学习具有无处不在、无时不有的弥散性（整合性）。人在生活的各个方面都有价值观念，只不过内容不同而已。总会有一种价值观念为人所把握，总会有价值观念为他解释生活的意义。③ 人与环境不断进行的信息交流和无意识的心理活动使人们与环境保持平衡。"人芝兰之室，久而不闻其香"，"入鲍鱼之肆，久而不闻其臭"。价值观说到底就是人对于生活中各种关系意义的认识。可以说，生活本身就是一个价值生活场。只要有社会生活和社会交往，便会有价值观，只是存在有意识与无意识，以及价值观具体样态的区别，从来就不可能将价值观学习从生活和具体学科知识、技能学习中抽离出来。由于价值观学习在本性上具有弥散性，价值观学习总是正式学习与非正式学习、直接学习与间接学习并存；它们在不同时空，但同样对价值观发挥全息性的渗透影响作用。也正因为如此，价值观学习总是具有包括知识学习、情感态度学习和技能学习在内的整合学习形态。价值观镶嵌在

---

① ［苏联］苏霍姆林斯基：《和青年校长的谈话》，赵玮等译，273 页，北京，教育科学出版社，2009。
② ［美］尼尔森·简、［美］琳·洛特：《十几岁孩子的正面管教》，尹莉莉译，23 页，北京，北京联合出版公司，2014。
③ 兰久富：《社会转型时期的价值观念》，161 页，北京，北京师范大学出版社，1999。

知识里，各科教学过程充满丰富的价值观教育的内涵。校园文化，尤其是班级文化中散发着各种价值观因子。加强社会主义核心价值观教育要从挖掘资源、汇聚力量、抓住契机、整合性学习上寻求突破。

二、中学生价值观教育需要关注中学生自身的特点

中学阶段是人生中进行价值确认的最为敏感的生命阶段，因而也是社会主义核心价值观教育融入国民教育全过程的至关重要的环节。这一教育过程中除了要尊重价值观学习的基本特性外，还需要关注中学生自身的特点。这是社会主义核心价值观教育的基石。

（一）价值观教育应关注位于教育教学活动中央的学习者

虽然知识学习需要学习主体的参与和投入，但相比而言，知识更容易被对象化、客体化，会与学习者处于暂时的、主客相分的状态。但价值观学习是学习者在自己已有的生活经验、感受、价值理解的基础上进行学习，准确地说必须是个人自觉自愿地认同、信赖与内化的过程。所以，价值观学习最为重要的是对学习者的关注，关注学习者基于生活经验和生命需求的价值观学习愿望、欲求、偏好和基础等。说到底，任何教育目的的实现最终还是寄希望于学习者的主体建构。在以组织化、标准化、显性化为主流教育评价的教育生态环境中，对智力学习效能的认定已经难以维护和坚守教育的目的性，会导致手段、工具、技术淹没和迷失本有的目的。而鉴于价值观教育的固有性质，就更难以回归其学习形态的本真。如果我们依然主要坚持外部的力量、成人世界的愿望与视角，依然主要坚持物质的、计划的、整齐划一的、有显性结果的思路，那就很难实现价值观教育的目的。

当前，特别需要价值观教育者回顾出发点，展望目的地，关注真正的应当位于教育教学活动中央的学习者，关注一个个具体学习者的

感受、体验，关注其认知与情感活动及其矛盾运动。在设计各种各样的教育教学活动时，问一问学习者是不是在中央；在开展各种各样的教育教学活动时，看一看、测一测学习者是不是真的"在场"。所以，回到价值观学习者主体，回到他们的生活，关注他们的学习过程及其反应，应是价值观教育的第一视角，也是最基本的工作思路。

(二)价值观教育要尊重中学生的生命发展需求与身心特点

中学阶段正是人的价值观形成的关键阶段。之所以如此认定，是因为中学生在生命发展中具有强烈自我认同的心理需求。这一年龄段正值他们的青春期，青春期是人的身体、智力走向成熟的转折时期。一方面，独立意识、批判质疑意识快速发展，情感较为敏感而变化多端；另一方面，自我期许高，独立处理事务的情感、意志和能力往往与自我想象及愿望不相匹配。若以禾苗为隐喻的话，小学生如春起之苗，天天看着它，虽不见其增，但日有所长；而中学生则如夏日之禾，眼见着就与前日不同，如果仔细聆听，是可以听得见它沙沙的生长之声的。人们所观察到的现象，也正为脑科学的研究所解释：青春期的大脑使十几岁的孩子不像一个未完成的草图，而更像一个精致、敏感、适应能力很强的造物，几乎就是为了完成从家庭的安全环境进入复杂的社会而完美地设计出来的。[①]

中学生对自我身份确认的需求强烈，他们追求个性，追求认同，寻找人生意义感和存在感。恰如西美尔所言：青年们则更多关心生命的进程。青年人只希望表现生命力和过剩的生命力，而不管它包含的目的。因此，文化向着生命及其表现的运动几乎藐视一切形式的东西，

---

① 〔美〕尼尔森·简、〔美〕琳·洛特：《十几岁孩子的正面管教》，尹莉莉译，2 页，北京，北京联合出版公司，2014。

并使青年人的生命的意义具体化。① 生理机制使他们似乎有着无穷的生命能量，想要冲破原有的"乖孩子"形象。有些中学生对来自父母和师长的权威变得特别敏感而有质疑，有学者称为"反教育性"。"所谓反教育性，是指儿童成长过程中伴随着自主意识的觉醒而产生的一种对外部教育的抵抗心理。儿童的反教育性是主体性的一种表现，主体性强的儿童往往更多地运用独立意志和自我选择。"②虽然此提法值得商榷，但它所揭示的受教育者主体觉醒同时出现逆反心理，对反思教育尤其是说教式教育的局限性很有意义。

　　青春的生命需要挥洒，青春的力量需要得到证明。青春少年就是在与他人、集体、自然及社会的诸种关系中一点点形成自我认识、生活态度、人生态度的。其中透射着他们对民主、公正、友善、和谐、自由等价值观的认同和服膺。现在中学生所生活的时代，是一个前所未有的多元文化并存、各种各样的信息和刺激无所不在的时代。但我们深信，社会主义核心价值观的种子、禾苗直到参天大树一定是生长在人性良善的心田里，生长在满足中学生成长需求和生命蓬勃展开的土壤上。这个充满理想而又缺乏经验的特定年龄段，特别需要成人的引导，需要明确的思想方向，需要正面生活经验构成的正能量。但我们不应该自封权威，指手画脚，而应该以参与的态度提出值得参考的价值和意见。我们的方法应该是对话的、民主的。因为对话、民主本身是我们要追求的核心价值观，而且中学生渴望与成人相互学习和共同学习，成人应当做出榜样、率先表达关心。

---

① ［德］西美尔：《现代人与宗教》，曹卫东等译，34 页，北京，中国人民大学出版社，2003。
② 王健敏：《道德学习论》，184 页，杭州，浙江教育出版社，2002。

三、以校园文化、班级文化促进价值观学习的个体微环境建设

学校作为一种专门的社会组织、公共教育机构，尤其是基础教育阶段的机构，超越以血缘为基础的家庭教育，为学生的道德学习、价值观学习提供了一个相对有组织、有目的、有计划的公共空间。它比社会教育更加集中，在价值交会、交融、交锋的信息化社会中，相对而言是最有条件促使学生形成核心价值观的机构。除了各门学科外，包括专设的品德课程、学生日常生活所处的学校及班级组织与管理环境、校园及班级文化氛围是个体感受环境，进而形成价值观倾向的现实而具体的微环境。

（一）建设精神丰富的校园文化

校园是学校开展教育活动的场域。校园就是一个价值生活场，它充斥和集聚的带有主导性的价值观，一定会自然、弥漫性地裹挟和影响着师生。校园文化是学校价值观最典型的体现。可以说，过什么样的校园生活，有什么样的校园文化，就会有什么样的情绪感受、经验形成和价值评价，就会受什么样的价值观影响。校园是洋溢着青春活力还是死气沉沉，是民主开放还是专横封闭；一个个活动是真实生动、凝聚着学生创造力的，还是被动编排、徒有形式，大抵都是体会得到的。即便是规范性较强的大型仪式活动，诸如升旗、庆典、生命宣誓等，如果庄重、人文且不失真，参与者身心沉浸其中，也一定能够获得情感和精神的升华。正如陈家琪先生所言：价值的重建有赖于习惯的形成，而习惯又大都是在各种各样的礼仪、程式中形成的。班级文化也同样如此。由于中学生的青春期特点，他们需要能够挥洒生命活力和创造力的场所，需要过富有朝气的生活。如果顺应这种特点，我

们的教育便在道德濡染中激发出生命内在向善臻美的力量而产生切实的价值观影响。

(二)累积具有价值观意涵的物质文化

学校物质文化是一种无处不在的隐性价值观课程。它既需要一定的物质条件去构筑，又需要靠思想力量和文化修养去精心设计和切实利用。大到校园整体布局、主体建筑、教室、亭台、路径、花草、走廊，小到卫生间、桌椅、窗台和墙壁，处处皆可联结起学校的历史文脉、校情，表达出办学理念，透射中华优秀传统文化，彰显社会主义核心价值观。我国建筑文化中有着很多可资借鉴的资源。先辈们通过大到建造宅第门楼、桅杆、下马亭，小到窗格、斗拱、柱础、匾联，传递着儒家的价值观，如"华容道""长坂坡""苏武牧羊"的图案雕饰，"奉先思孝""好义急公""耕读传家""风光月霁襟怀，海阔天高气象"的匾联，以"成教化、助人伦"。还有借雕塑、景物传播校友前贤的风范等，均具有潜移默化的作用。问题是对物质文化需要适切的解读，如何解读？成人的解读是否适合和有助于现代青少年的理解和欣赏？学生能否很好地利用和真正将它们享用起来？这些方面都是需要深思的。

(三)创造文明有序、民主包容的组织文化

学校的管理、活动、教学、评价都可以体现出社会主义核心价值观。价值观会从具体的规章、制度、管理理念、组织结构以及程序、方法等构成并传递出的文化信息、精神氛围中体现出来。然而，学校组织不同于其他组织的根本特性在于其鲜明的教育性。不能将政治学、经济学、社会学、管理学中的组织体系、管理层级、领导与被领导关系、指挥与服从、目标与结果等简单地移用到学校管理中来。中学生的身心还在快速成长，他们对自己与教师、同伴的关系以及对种种关系情境特别敏感，特别在意自己的存在和自己的价值是否得到承认，渴望友谊、渴望理解。故而班集体应能提供上述支持，使其成为学生

积极情感的基本来源，成为他们在日常生活中体会什么是民主、公正、诚信、和谐、自由等价值观时最贴近的感受和最切己的经验。班集体建设不仅培养学生热爱集体、愿意承担、诚信互助的公民品质，而且支持学生发挥个人创造力、彰显独特性，并在不同的学校环境中相互参照、弥补，涵养品德、完善和丰满个性。苏霍姆林斯基当年曾对青年校长发问：我们为培养学生的文明情操做些什么呢？怎样使集体关系转化为情感关系？集体中，人对人的态度怎样?[①] 这一发问对于我们思考班集体生活对于人的价值认同之作用深富启发意义，因为班集体成员的情感关系、人对人的态度已是某种价值观的标示器。在全球文化多元的今天，联合国教科文组织不断倡导人们要学会过共同生活和公共生活。这已是当代学校集体建设无法回避的新使命。我们看到不少学校的班集体鼓励学生参与制定规则、纪律，形成师生共同遵守的约定；用民主规则、程序选举班干部，决定班级重要议题；以班会形式展开道德叙事，讨论班级生活现象中的价值观问题；创造宽松的环境，学习自主道德评价，实现价值观的自我教育。对中学生来说，榜样的力量是无穷的，但这种榜样是需要他们在活动中、在民主平等的氛围中认同的。学校和班级弘扬什么、赞美什么，所弘扬、赞美的是不是学生群体所认同的，对他们价值观的形成至关重要。

形成集体里的民主、公正、和谐，需要学校管理层和教师的民主和公正，需要理解和对话。有些学校的事例让我们感到担忧：学生得不到教师的平等对待；学生的权利意识、独立意识、自我价值感需求已空前增长，而教师却没有相应的准备；学生要在文明有序的环境中锻炼社会生活、公共生活的能力，但教师自身的民主包容精神不足，

---

① ［苏联］苏霍姆林斯基：《和青年校长的谈话》，赵玮等译，273 页，北京，教育科学出版社，2009。

耐心不够，对话能力不强；教师自身的生命活力、公民意识尚待内外部的支持条件得以唤醒，尤其对学生进行价值观教育的专业能力亟须提升。由此，我们需要继续追问和思索：一个更加适合中学生正面积极价值观形成的文化环境和土壤如何培育？如何激发师生以及更广泛意义上的教育工作者及相关群体的内在活力而形成顺畅的联动？

图书在版编目（CIP）数据

朱小蔓文集/朱小蔓著. —北京：北京师范大学出版社，2023.8
ISBN 978-7-303-28957-8

Ⅰ.①朱… Ⅱ.①朱… Ⅲ.①教育学—文集 Ⅳ.①G40-53

中国国家版本馆 CIP 数据核字（2023）第 092316 号

图 书 意 见 反 馈	gaozhifk@bnupg.com 010-58805079
营 销 中 心 电 话	010-58802135 010-58802786
北师大出版社教师教育分社微信公众号	京师教师教育

出版发行：北京师范大学出版社　www.bnup.com
　　　　　北京市西城区新街口外大街 12-3 号
　　　　　邮政编码：100088
印　　刷：北京虎彩文化传播有限公司
经　　销：全国新华书店
开　　本：787 mm×1092 mm　1/16
印　　张：133.25
字　　数：1630 千字
版　　次：2023 年 8 月第 1 版
印　　次：2023 年 8 月第 1 次印刷
定　　价：980.00 元

策划编辑：冯谦益　　　　　　　　责任编辑：孟　浩
美术编辑：陈　涛　焦　丽　　　　装帧设计：陈　涛　焦　丽
责任校对：陈　荟　　　　　　　　责任印制：马　洁